Kosten- und Leistungsrechnung

Arbeits- und Studienbuch

von

Prof. Dr. Karl Lohmann
Prof. Dr. Jan Körnert

2., überarbeitete Auflage

Oldenbourg Verlag München

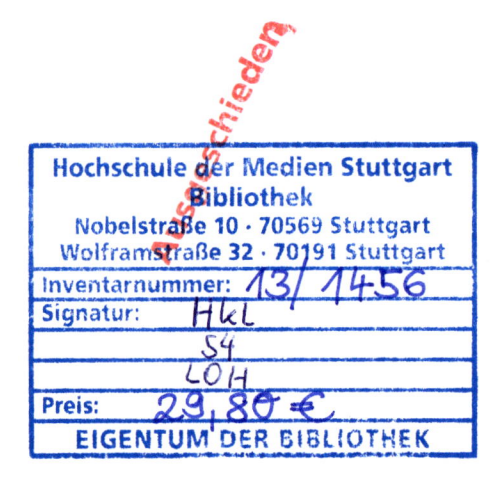

Bibliografische Information der Deutschen Nationalbibliothek

Die Deutsche Nationalbibliothek verzeichnet diese Publikation in der Deutschen Nationalbibliografie; detaillierte bibliografische Daten sind im Internet über http://dnb.d-nb.de abrufbar.

© 2013 Oldenbourg Wissenschaftsverlag GmbH
Rosenheimer Straße 143, D-81671 München
Telefon: (089) 45051-0
www.oldenbourg-verlag.de

Das Werk einschließlich aller Abbildungen ist urheberrechtlich geschützt. Jede Verwertung außerhalb der Grenzen des Urheberrechtsgesetzes ist ohne Zustimmung des Verlages unzulässig und strafbar. Das gilt insbesondere für Vervielfältigungen, Übersetzungen, Mikroverfilmungen und die Einspeicherung und Bearbeitung in elektronischen Systemen.

Lektorat: Thomas Ammon
Herstellung: Tina Bonertz
Titelbild: www.thinkstockphotos.de
Einbandgestaltung: hauser lacour
Gesamtherstellung: Grafik + Druck GmbH, München

Dieses Papier ist alterungsbeständig nach DIN/ISO 9706.

ISBN 978-3-486-57969-7
eISBN 978-3-486-75456-8

Vorwort

Das vorliegende Arbeits- und Studienbuch zur Kosten- und Leistungsrechnung war 18 Jahre nach der ersten Auflage gründlich zu überarbeiten und an einigen Stellen zu erweitern. Es soll nach wie vor den Leser in die Lage versetzen, sich in einem aktiven Lernprozeß die Grundlagen der traditionellen Kostenrechnung zu erarbeiten.

In den Teilen 1 und 2 des Buches wird das notwendige Basiswissen vermittelt. Entsprechend den Anforderungen in der Praxis liegt dabei der Schwerpunkt bei den Kalkulationsverfahren. Darüber hinaus bieten die Teile 3 und 4 eine Einführung in moderne Systeme der Kosten- und Leistungsrechnung. Die Teilkostenrechnung (Teil 3) wird insbesondere dann an sorgfältig ausgewählten Beispielen ausführlich erläutert, wenn – wie im Fall der linearen Optimierung – eine allgemeine Behandlung zu hohe mathematische Vorkenntnisse erforderte. Teil 4 gibt einen kurzen Einblick in die Abweichungsanalyse im Rahmen der Plankostenrechnung.

Unser Hauptanliegen haben wir darin gesehen, Aufgabenstellungen zu entwickeln, deren Lösungen zu ökonomischen Einsichten führen können. Dabei sollten die Zahlenkonstellationen der Aufgaben praxisnah und die Lösungswege möglichst leicht rechnerisch nachvollziehbar sein. Der ausführliche Lösungsteil (Teil 5) zu den insgesamt 54 Aufgaben erläutert nicht nur in Zweifelsfällen den Lösungsweg, sondern ermöglicht es dem Leser, jederzeit seinen Wissensstand zu kontrollieren. Um den Umfang des Buches nicht ausufern zu lassen, sind die einführenden Erläuterungen zu bestimmten Fragestellungen immer dann knapp gehalten, wenn dem Leser die zahlreich vorhandenen Standardwerke einen raschen Einstieg in die Grundlagen vermitteln. Im Umkehrschluß bedeutet das, daß ein paralleles Studium alternativer Standardwerke unerläßlich ist.

Das Arbeits- und Studienbuch wendet sich an Studierende der Wirtschaftswissenschaften an Universitäten, Fachhochschulen und vergleichbaren Bildungszentren der Wirtschaftspraxis. Das Konzept des Buches wurde in kleinen Arbeitsgruppen mehrfach erprobt. Der nachstehende Lehrtext ist in seiner Grundstruktur im Rahmen des gleichlautenden Veranstaltungszyklus an der Universität Göttingen entstanden; er wurde später in einschlägigen Lehrveranstaltungen an der TU Bergakademie Freiberg und an der Universität Greifswald verfeinert.

Beim Anfertigen der vielfältigen Versionen des Manuskripts zur zweiten Auflage haben wir in den letzten Jahren wertvolle und unermüdliche Unterstützung erhalten. Hierfür danken wir allen ehemaligen und aktuellen Assistenten und Hilfskräften des Greifswalder Lehrstuhls.

Emden und Greifswald, im März 2013   Karl Lohmann
                                                               Jan Körnert

Inhaltsverzeichnis

Vorwort	5
Inhaltsverzeichnis	6
Aufgabenverzeichnis	8
Übersichtenverzeichnis	11

1 Einführung	13
1.1 Aufgaben der Kosten- und Leistungsrechnung	13
1.1.1 Informationen für die innerbetriebliche Verwendung	14
1.1.2 Informationen für die außerbetriebliche Verwendung	16
1.1.3 Folgerungen aus dem Zweckpluralismus der Kosten- und Leistungsrechnung	16
1.2 Grundbegriffe des betriebswirtschaftlichen Rechnungswesens	18
1.3 Einzel- und Gemeinkosten sowie variable und fixe Kosten	36
1.3.1 Einzel- und Gemeinkosten	36
1.3.2 Variable und fixe Kosten	37
1.3.3 Beschäftigungsvariable Kostenträgergemeinkosten	45
1.4 Überblick über die Kostenrechnungssysteme und weiteres Vorgehen	47

2 Traditionelle Kostenrechnung als Vollkostenrechnung	49
2.1 Kostenartenrechnung (ausgewählte Beispiele)	51
2.1.1 Materialkosten	52
2.1.2 Personalkosten	59
2.2 Kostenstellenrechnung	64
2.3 Kostenträgerrechnung	71
2.3.1 Kostenträgerstückrechnung (Kalkulation)	71
2.3.1.1 Divisionskalkulation	72
2.3.1.2 Äquivalenzziffernrechnung	76
2.3.1.3 Zuschlagskalkulation	78
2.3.1.3.1 Summarische Zuschlagskalkulation	78
2.3.1.3.2 Differenzierende Zuschlagskalkulation	81
2.3.1.4 Maschinenstundensatzkalkulation	88
2.3.1.5 Prozeßkostenrechnung	97
2.3.1.6 Kalkulation von Kuppelprodukten	100
2.3.2 Kostenträgerzeitrechnung	102

3	*Teilkostenrechnung (Deckungsbeitragsrechnung)*	117
	3.1 Deckungsbeitragsrechnung bei einem Engpaß	118
	3.2 Lineare Optimierungsmodelle	124
	3.2.1 Problemstellung und Definitionen	124
	3.2.2 Graphische Lösungsmethode	126
	3.2.3 Verallgemeinerung zum Standardoptimierungsproblem	140
	3.2.4 Simplexverfahren	143
	3.2.5 Lineare Optimierung für nicht in Standardform vorliegende Probleme	156
	3.3 Mehrstufige Fixkostendeckungsrechnung	167
4	*Abweichungsanalyse im Rahmen der Plankostenrechnung*	171
	4.1 Unterschied zwischen starrer und flexibler Plankostenrechnung	171
	4.2 Abweichungsanalyse im Rahmen der flexiblen Plankostenrechnung	172
5	*Lösungshinweise zu den Aufgaben*	177
	Glossar	263
	Literaturverzeichnis	267
	Stichwortverzeichnis	270

Aufgabenverzeichnis

Nr.	Seite	Inhalt	Lösung
1	21	Abgrenzung von Auszahlung, Ausgabe, Aufwand, Einzahlung, Einnahme, Ertrag	177
2	22	Abgrenzung von Ertrag und Leistung	178
3	23	Kalkulatorische Abschreibungen	178
4	25	Kalkulatorische Abschreibungen	179
5	28	Kalkulatorische Abschreibungen und kalkulatorische Zinsen bei konstanter Preissteigerungsrate	181
6	29	Kapazitätseffekte und Maschinenbestandsentwicklung	185
7	29	Entwicklung von Maschinenbeständen und Restbuchwerten	190
8	31	Kalkulatorische Wagnisse	191
9	31	Kalkulatorische Zinsen	192
10	32	Kalkulatorischer Unternehmerlohn	193
11	34	Buchungen zu kalkulatorischen Wagnissen	193
12	35	Buchungen zum kalkulatorischen Unternehmerlohn	194
13	35	Buchungen zu bilanziellen und kalkulatorischen Abschreibungen	195
14	39	Extremwertbestimmungen zu Grenzkosten, variablen und totalen Stückkosten sowie zum Betriebsergebnis	196
15	39	Identität von variablen Stückkosten und Grenzkosten bei linearen Kostenfunktionen	201
16	39	Entscheidungsrechnung in Einproduktbetrieben, Gesamt- und Umsatzkostenverfahren	201
17	41	Maximierung des Betriebsergebnisses bei gegebener Preis-Absatz-Funktion	206
18	42	Ermittlung variabler Stückkosten	207
19	42	Kombination der leistungsbezogenen Abschreibung mit einem Verfahren der Zeitabschreibung	208
20	46	Beschäftigungsvariable, echte Kostenträgergemeinkosten	209
21	52	Beispiele für Kostenarten	210
22	55	Durchschnittspreisverfahren	210

Nr.	Seite	Inhalt	Lösung
23	56	Verbrauchsfolgeverfahren	211
24	58	Verrechnungspreisverfahren	211
25	67	Lenkung von Geschäftsbereichen	213
26	68	Verteilung der Kosten von Vorkostenstellen auf Endkostenstellen mittels Verrechnungspreisen (einseitige Leistungsbeziehung zwischen den Vorkostenstellen)	214
27	69	Verteilung der Kosten von Vorkostenstellen auf Endkostenstellen mittels Verrechnungspreisen (zweiseitige Leistungsbeziehung zwischen den Vorkostenstellen)	216
28	73	Zweistufige Divisionskalkulation	218
29	73	Mehrstufige Divisionskalkulation	218
30	74	Mehrstufige Divisionskalkulation	219
31	77	Äquivalenzziffernrechnung	220
32	78	Äquivalenzziffernrechnung	221
33	81	Differenzierende Zuschlagskalkulation	221
34	83	Betriebsabrechnungsbogen und differenzierende Zuschlagskalkulation	223
35	85	Innerbetriebliche Leistungsverrechnung und differenzierende Zuschlagskalkulation	224
36	87	Differenzierende Zuschlagskalkulation im Zweiproduktbetrieb	225
37	90	Maschinenstundensatzkalkulation	227
38	93	Maschinenstundensatzkalkulation, differenzierende Zuschlagskalkulation und Bedienungsverhältnis	230
39	94	Maschinenstundensatzkalkulation, differenzierende Zuschlagskalkulation und Bedienungsverhältnis	231
40	98	Prozeßkostenrechnung vs. differenzierende Zuschlagskalkulation	236
41	99	Prozeßkostenrechnung vs. differenzierende Zuschlagskalkulation	237
42	101	Kalkulation von Kuppelprodukten	238
43	111	Kostenträgerzeitrechnung und Umsatzkostenverfahren	241
44	123	Kostenträgerzeitrechnung und Gesamtkostenverfahren	243

Nr.	Seite	Inhalt	Lösung
45	117	Lagerbestandsbewertungen auf der Grundlage von Voll- und Teilkosten	245
46	121	Deckungsbeitragsrechnung im Vierproduktbetrieb	246
47	123	Deckungsbeitragsrechnung im Vierproduktbetrieb	248
48	140	Lineares Programmierungsproblem mit drei Entscheidungsvariablen und zwei $\leq$ - Bedingungen	251
49	161	Graphische Lösung zu einem Problem der linearen Programmierung	252
50	162	Graphische Lösung zu einem Problem der linearen Programmierung	253
51	164	Lenkungsrechnung mit Mengenzuweisungen	254
52	165	Lenkungsrechnung mit einem Verrechnungspreis	257
53	169	Mehrstufige Fixkostendeckungsrechnung	260
54	175	Plankostenrechnung	261

Übersichtenverzeichnis

Übersicht 1.1:	Leistungsflußbezogenes Beschaffungs-Kombinations-Absatz-Modell eines Betriebes	14
Übersicht 1.2:	Aufgaben der Kosten- und Leistungsrechnung	17
Übersicht 1.3:	Die Beziehungen zwischen Bestands- und Strömungsgrößen bei Grundbegriffen des betriebswirtschaftlichen Rechnungswesens	20
Übersicht 1.4:	Abgrenzung zwischen Aufwendungen und Kosten	21
Übersicht 1.5:	Kostenauflösung in fixe und variable Kosten mit der Ausgleichsrechnung	45
Übersicht 1.6:	Der Zusammenhang zwischen den Begriffen Einzel- und Gemeinkosten bzw. variable und fixe Kosten bei der Wahl der Bezugsgröße Kostenträger bzw. der Kosteneinflußgröße Beschäftigung	46
Übersicht 1.7:	Der Zusammenhang zwischen den Begriffen Einzel- und Gemeinkosten bzw. variable und fixe Kosten bei der Wahl der Bezugsgröße Kostenträger bzw. der Kosteneinflußgröße Beschäftigung mit Schraffur von beschäftigungsvariablen, echten Kostenträgergemeinkosten	46
Übersicht 1.8:	Überblick über die Kostenrechnungssysteme	47
Übersicht 2.1:	Abrechnungsstufen der Kosten- und Leistungsrechnung	50
Übersicht 2.2:	Gliederung der Personalkosten	60
Übersicht 2.3:	Überblick über zu behandelnde Kalkulationsverfahren	72
Übersicht 2.4:	Kalkulationsschema der differenzierenden Zuschlagskalkulation	81
Übersicht 2.5:	Definition der Herstellungskosten nach deutschem Handels- und Steuerrecht mit Rechtsquellen	109
Übersicht 2.6:	Definition der Herstellungskosten nach Handels- und Steuerrecht sowie nach IFRS im vergleichenden Überblick	110
Übersicht 3.1:	Graphische Darstellung zu den Zahlpaaren (x_A, x_B), die die Bedingung der begrenzten Fertigungszeit und die Nichtnegativitätsbedingungen erfüllen	127
Übersicht 3.2:	Graphische Darstellung zu den Zahlpaaren (x_A, x_B), die die Bedingung der begrenzten Maschinenlaufzeit und die Nichtnegativitätsbedingungen erfüllen	128
Übersicht 3.3:	Der zulässige Bereich zu dem linearen Optimierungsmodell der Fallgestaltung	129

Übersicht 3.4:	Gestrichelte Isodeckungsbeitragsgeraden in der x_A-x_B-Ebene durch den Punkt (0 | 5.000) mit D = 6.000 und durch den Optimalpunkt mit D = 6.900	132
Übersicht 3.5:	Der zulässige Bereich bei einer Ausdehnung der maximalen Fertigungszeit um 25 Stunden	133
Übersicht 3.6:	Der zulässige Bereich bei einer Ausdehnung der maximalen Maschinenlaufzeit um 25 Stunden	135
Übersicht 3.7:	Graphische Darstellung zum dualen Problem	139
Übersicht 3.8:	Die sechs Ecklösungen zu dem linearen Optimierungsproblem der Fallgestaltung	143
Übersicht 3.9:	Beispiel für eine Degeneration mit der degenerierten Ecke (x_A | x_B) = (0 | 5.000)	147
Übersicht 3.10:	Graphische Veranschaulichung für den Übergang vom ersten Tableau zum zweiten Tableau	148
Übersicht 3.11:	Graphische Veranschaulichung für den Übergang vom zweiten Tableau zum Optimaltableau	149
Übersicht 3.12:	Flußdiagramm zur verkürzten Simplexmethode bei einem Standardoptimierungsproblem	155
Übersicht 3.13:	Flußdiagramm zur Umformung eines allgemeinen linearen Optimierungsproblems in ein Standardoptimierungsproblem	160
Übersicht 4.1:	Abweichungsanalyse im Bereich der Materialkosten	174
Übersicht 5.1:	Ausschüttungsbeträge an den Jahresenden	184
Übersicht 5.2:	Investitionen, Maschinenbestände und Nutzungsabgaben im Zeitablauf	188
Übersicht 5.3:	Altersstaffelung der Maschinen unmittelbar nach Beschaffung der neuen Maschinen	189
Übersicht 5.4:	Skizzierte Kurvenverläufe zur nichtlinearen Kostenfunktion $K = 0{,}4x^3 - 96x2 + 12.600x + 62.500$	199
Übersicht 5.5:	Skizzierte Kurvenverläufe zur linearen Erlösfunktion $E = 7.920x$ und nichtlinearen Kostenfunktion $K = 0{,}4x^3 - 96x^2 + 12.600x + 62.500$	200

1 Einführung

1.1 Aufgaben der Kosten- und Leistungsrechnung

Die Kosten- und Leistungsrechnung ist Teil des betriebswirtschaftlichen Rechnungswesens. Leistungen und Kosten sind Begriffe im Bereich des betriebswirtschaftlichen Rechnungswesens. Da eine ausreichend präzise Definition von Begriffen niemals ohne vorhergehende Erschlossenheit des zugehörigen Umfeldes möglich ist, sei von folgenden, als vorläufig anzusehenden Begriffsabgrenzungen ausgegangen:

Leistung = Wertentstehung
Kosten = Leistungsbezogener Werteverzehr.

In der Kosten- und Leistungsrechnung wird versucht, Vorgänge, die sich in einem Betrieb oder zwischen einem Betrieb und seiner Umwelt vollziehen, unter dem Aspekt von Leistungen und Kosten auf ein strukturgleiches, rechnerisches Modell abzubilden. Diese Abbildungen der vergangenen, gegenwärtigen oder zukünftigen Vorgänge und der sich daraus ergebenden Zustände sind vor allem als Instrumente für Personen oder Organisationen entworfen worden, die mittels der Betriebe Interessen verfolgen, weniger zur Befriedigung des menschlichen Erkenntnisstrebens. Ein wichtiger Beitrag zum Verständnis der heute verbreiteten Kosten- und Leistungsrechnungen kann somit darin bestehen, die Aufgaben, die nach herrschender Meinung eine Kosten- und Leistungsrechnung erfüllen soll, zu betrachten.

Die Kosten- und Leistungsrechnung dient in erster Linie internen Lenkungszielen der Betriebe. Um die internen Lenkungsziele besser strukturieren zu können, ist es hilfreich, sich einen Betrieb aus einer leistungsflußbezogenen Sicht[1] als vereinfachtes Beschaffungs-Kombinations-Absatz-Modell (Input-Throughput-Output-Model) vorzustellen. Übersicht 1.1 skizziert dieses Modell. In diesem Modell ist ein Betrieb vorerst noch eine „black box", die Produktionsfaktoren beschafft, diese Faktoren kombiniert und das Resultat der Faktorkombination absetzt.

---

[1] Eine die leistungsflußorientierte Sicht matrixförmig überlappende systembereichsorientierte Sichtweise fußt auf der Systemtheorie und kann in einem einführenden Buch zur Kosten- und Leistungsrechnung nicht vertieft werden. Nähere Ausführungen zur systemtheoretischen Sicht sind Gegenstand des Hauptstudiums. Vgl. hierzu weiterführend *J. Körnert u. C. Wolf*, Systemtheorie, Shareholder Value-Konzept und Stakeholder-Konzept als theoretisch-konzeptionelle Bezugsrahmen der Balanced Scorecard. „Zeitschrift für Controlling & Management", Wiesbaden, Jg. 51 (2007), S. 130-140. *J. Körnert*, Der Managementansatz Deppes als konzeptionelle Basis einer zielgerichteten Unternehmensführung in Kreditinstituten. In: Th. Burkhardt, J. Körnert u. U. Walther (Hrsg.), Banken, Finanzierung und Unternehmensführung. Festschrift für Karl Lohmann. Berlin 2004, S. 207-231. *M.K. Götzinger u. H. Michael*, Kosten- und Leistungsrechnung. Eine Einführung. 6. Aufl., Heidelberg 1993, S. 17f.

Vereinfacht gesprochen verursacht der Einsatz (Beschaffung, Kombination) von Produktionsfaktoren in betrieblichen Leistungserstellungsprozessen Kosten; der Absatz als Resultat kombinierter Faktoren führt zu Leistungen (Erlösen). Die ökonomische Literatur vertritt häufig das Ziel, die Differenz aus Erlösen und Kosten zu maximieren. Dies hat vor allem didaktische Gründe. In der betriebswirtschaftlichen Praxis dominieren hingegen keine Maximalziele, sondern Anspruchsanpassungsziele. Man stößt dort bspw. auf das Ziel „Steigerung des Betriebsergebnisses um jährlich zwei Prozent" und nicht „Maximiere das Betriebsergebnis".

Übersicht 1.1 – Leistungsflußbezogenes Beschaffungs-Kombinations-Absatz-Modell eines Betriebs

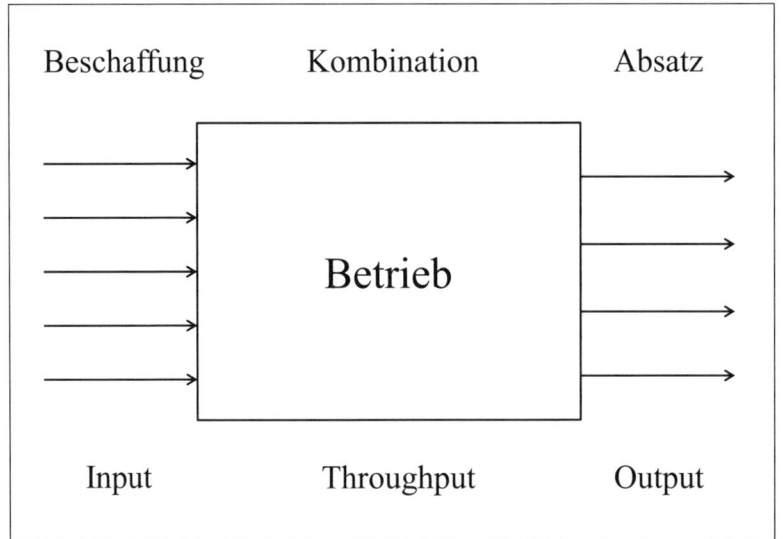

Der Unternehmensführung werden entscheidungsrelevante Informationen im Sinne von Planungs- und Kontrollrechnungen bereitgestellt. Dokumentationsrechnungen für externe Adressaten sind nur als Nebenaufgabe der Kosten- und Leistungsrechnung anzusehen.

1.1.1 Informationen für die innerbetriebliche Verwendung

Informationen für Planungsrechnungen: Die Kosten- und Leistungsrechnung hat u.a. die Aufgabe, Entscheidungen im Bereich der Beschaffungs-, Produktions- und Absatzplanung durch quantitative Fundierung zu unterstützen, beispielsweise für folgende Problemgebiete:

- Preisobergrenze für Beschaffungsgüter
- Eigenfertigung oder Fremdbezug

- Bestellpolitik und Lagerhaltung
- Fertigungsbreite und -tiefe
- Maschinenbelegung, Arbeitsverteilung und Losgrößen
- Preisuntergrenze für Absatzgüter.

Kosten- und Leistungsrechnungen sind nicht für den Zweck konzipiert worden, Probleme langfristiger Planung zu lösen (Abgrenzung zur Investitionsrechnung). Eine andere Sichtweise als bei Kosten- und Leistungsrechnungen ist für Planungsrechnungen im liquiditätsmäßig-finanziellen Bereich einer Unternehmung erforderlich, bei denen die Postulate der Aufrechterhaltung der Zahlungsfähigkeit und der Vermeidung der Überschuldung zu beachten sind (Abgrenzung zur Betrieblichen Finanzwirtschaft).[2]

Informationen für Kontrollrechnungen: Die Kontrollaufgabe ist die Hauptaufgabe der Kosten- und Leistungsrechnung. Dabei ist die Kontrolle von Verantwortungsbereichen durch Soll-Ist-Vergleiche und Abweichungsanalysen eng mit Fragen der Betriebsorganisation verbunden. Die Sollwerte können aus Daten anderer Verantwortungsbereiche (z.B. zwischenbetrieblicher Vergleich), aus historischen Daten des gleichen Verantwortungsbereiches (Zeitvergleich) oder aus gesonderten Studien (z.B. Arbeitszeitstudien) ermittelt werden. Produkterfolgskontrolle und Nachkalkulation sind weitere Beispiele für die Kontrollaufgabe der Kosten- und Leistungsrechnung.

Die skizzierte Kontrollaufgabe der Kosten- und Leistungsrechnung darf trotz der gleichen Wortwurzel nicht mit dem umfassenderen Begriff des *Controlling* verwechselt werden.[3] Das Controlling-Konzept stammt aus den USA und wurde durch Veröffentlichungen in den fünfziger Jahren in Deutschland bekannt. Der Begriff Controlling wird in der Literatur unterschiedlich weit gefaßt: Neben der Kontrollaufgabe geht es bei einigen Autoren nicht nur um die Bereitstellung und Aufarbeitung von Informationen der Kosten- und Leistungsrechnung, sondern auch um die Verwendung dieser Informationen in der operativen, taktischen und strategischen Planung.[4]

---

[2] Für eine integrierte Unternehmensrechnung sind jedoch die Schnittstellen zwischen der Kosten- und Leistungsrechnung, der Investitionsrechnung und der Finanzwirtschaft zu beachten, vgl. Aufgaben 5 bis 7.

[3] Der englische Begriff „to control" müßte mit „regulieren", „steuern" oder „überwachen" übersetzt werden, während das Wort „kontrollieren" eher mit „to check" zu übertragen ist.

[4] Vgl. hierzu bspw. Teil 1 des Buches von *R. Rollberg,* Operativ-taktisches Controlling. München 2012.

1.1.2 Informationen für die außerbetriebliche Verwendung

Nach Gesetz oder Verordnung erforderliche Rechnungen:

- Ermittlung von Bilanzansätzen für fertige und unfertige Erzeugnisse sowie selbsterstellte Anlagen in der Handels- und Steuerbilanz
  (Vgl. § 255 II HGB; Einkommensteuerrichtlinie – R 6.3 EStR).
- Nachweis der Selbstkosten bei öffentlichen Aufträgen
  (Vgl. VPÖA = Verordnung PR Nr. 30/53 des Bundesministers für Wirtschaft über die Preise bei öffentlichen Aufträgen vom 21. November 1953 und LSP = Leitsätze für die Preisermittlung aufgrund von Selbstkosten, Anlage zur Verordnung PR Nr. 30/53 des Bundesministers für Wirtschaft über die Preise bei öffentlichen Aufträgen vom 21. November 1953).[5]

Weder nach Gesetz noch nach Verordnung erforderliche Rechnungen:

- Unterlagen für Kreditverhandlungen,
- Begründung von Ansprüchen gegenüber Versicherungen bei Schadensfällen,
- Rechtfertigung von Preisen gegenüber der Öffentlichkeit oder Kunden.

1.1.3 Folgerungen aus dem Zweckpluralismus der Kosten- und Leistungsrechnung

Der Überblick über die Aufgaben der Kosten- und Leistungsrechnung hat gezeigt, daß diese Rechnungen in der Regel mehrere Zwecke zu erfüllen haben. Wegen der durchzuführenden Mehrfacharbeiten wäre es für die betriebliche Praxis offensichtlich nicht sinnvoll, für jede Aufgabenstellung eine eigene Kosten- und Leistungsrechnung zu entwickeln. Vielmehr bietet sich als Anpassung der Kosten- und Leistungsrechnung an diesen gegebenen Zweckpluralismus an, diejenigen Teile der Kosten- und Leistungsrechnung, die für alle Aufgabenstellungen erforderlich sind, zu einer Grundrechnung zusammenzufassen. Für Aufgaben, die mit der Grundrechnung noch nicht gelöst sind, müssen dann noch Sonderrechnungen durchgeführt werden, die auf der Grundrechnung aufbauen können.

In der Übersicht 1.2 auf der nächsten Seite sind die Aufgaben der Kosten- und Leistungsrechnung entsprechend der entwickelten Gliederung schematisch dargestellt.

---

[5] *K. Wilkens*, Kosten- und Leistungsrechnung. Lern- und Arbeitsbuch. 9. Aufl., München 2004, S. 20. Vgl. auch die straffe Einführung von *M.K. Götzinger u. H. Michael*, Kosten- und Leistungsrechnung. Eine Einführung. 6. Aufl., Heidelberg 1993.

1.1 Aufgaben

Übersicht 1.2 – Aufgaben der Kosten- und Leistungsrechnung[a]

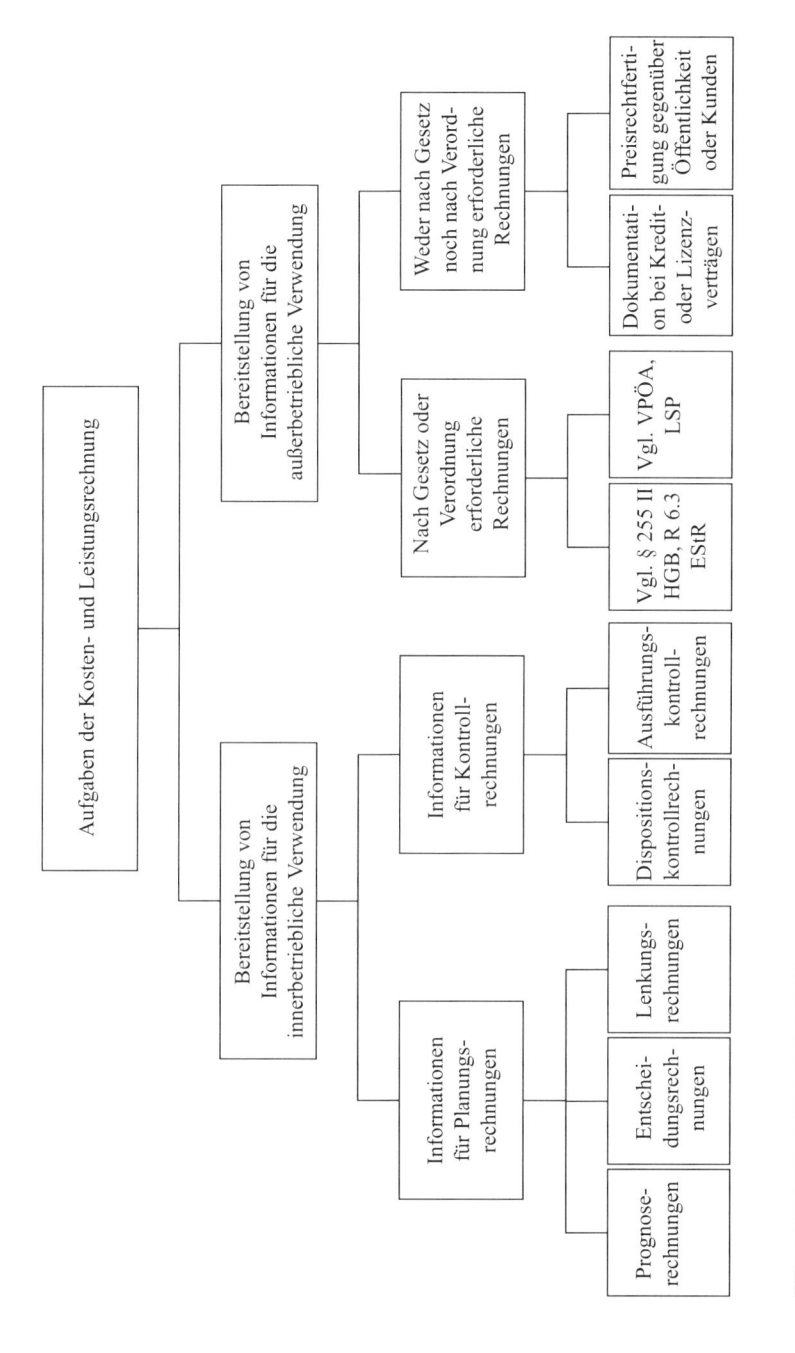

```
                        Aufgaben der Kosten- und Leistungsrechnung
                                         │
                ┌────────────────────────┴────────────────────────┐
     Bereitstellung von                              Bereitstellung von
     Informationen für die                           Informationen für die
     innerbetriebliche                               außerbetriebliche
     Verwendung                                      Verwendung
         │                                                │
   ┌─────┴─────┐                                    ┌─────┴─────┐
 Informationen  Informationen                     Nach Gesetz    Weder nach Gesetz
 für Planungs-  für Kontroll-                     oder Verordnung  noch nach Verord-
 rechnungen     rechnungen                        erforderliche    nung erforderliche
                                                  Rechnungen       Rechnungen
   │               │                                 │                │
 ┌─┼─┐           ┌─┴─┐                             ┌─┴─┐            ┌─┴─┐
Prognose- Entschei- Lenkungs-  Dispositions- Ausführungs-  Vgl. §255 II  Vgl. VPÖA,  Dokumentati-  Preisrechtferti-
rechnungen dungs-  rechnungen  kontrollrech- kontroll-    HGB, R 6.3    LSP          on bei Kredit- gung gegenüber
          rechn-              nungen        rechnungen   EStR                       oder Lizenz-   Öffentlichkeit
          ungen                                                                     verträgen      oder Kunden
```

---

[a] A. G. *Coenenberg*, Unternehmensrechnung, München 1976, S. 2.

1.2 Grundbegriffe des betriebswirtschaftlichen Rechnungswesens

In der Alltagssprache und auch in der nicht wissenschaftlich beeinflußten Praxis wird nicht immer deutlich unterschieden zwischen den Begriffen Auszahlung, Ausgabe, Aufwand und Kosten. Entsprechende Unklarheiten gibt es in der Umgangssprache für die Begriffe Einzahlung, Einnahme, Ertrag und Leistung. Auch in der betriebswirtschaftlichen Fachsprache ist man sich noch nicht bei der Definition dieser Grundbegriffe einig. Hier wird ein weit verbreitetes Konzept für die Begriffe dargestellt, das sich auf Buchungen von Geschäftsvorfällen bezieht.

Einzahlungen und *Auszahlungen* sind Strömungsgrößen, die den *Zahlungsmittelbestand* verändern. Der Zahlungsmittelbestand setzt sich aus dem Kassenbestand und den täglich fälligen Guthaben bei Kreditinstituten zusammen. Eine Transaktion, die den Zahlungsmittelbestand eines Betriebes erhöht, heißt Einzahlung. Eine Transaktion, die den Zahlungsmittelbestand verringert, heißt Auszahlung. Die Begriffe Einzahlung, Auszahlung und Zahlungsmittelbestand sind wichtig bei der Überwachung der Zahlungsfähigkeit (Vermeidung der Insolvenzgründe eingetretene Zahlungsunfähigkeit und drohende Zahlungsunfähigkeit).[6] Das Planungsinstrument zur Überwachung der Zahlungsfähigkeit (Liquiditätssteuerung) ist der Finanzplan.

Erträge und *Aufwendungen* sind Strömungsgrößen, die das *Reinvermögen* verändern. Die Messung des Reinvermögens erfolgt dabei aufgrund von handelsrechtlichen Bestimmungen. Eine Transaktion, die das Reinvermögen eines Betriebes erhöht und keine Zuführung von Eigenkapitalgebern ist, heißt Ertrag. Eine Transaktion, die das Reinvermögen eines Betriebes verringert und keine Abführung (Entnahme, Ausschüttung) an die Eigenkapitalgeber darstellt, heißt Aufwand. Die Begriffe Ertrag und Aufwand sind wichtig für die handelsrechtliche Erfolgsmessung (Gewinn- und Verlustrechnung). Der Begriff Reinvermögen hängt eng mit dem Insolvenzgrund Überschuldung zusammen.[7] Planungsinstrumente zur Erfolgssteuerung und zur Vermeidung von Überschuldung sind Planerfolgsrechnungen und Planbilanzen.

Die Strömungsgrößen *Einnahmen* und *Ausgaben* zur Bestandsgröße *Nettogeldvermögen* sind für betriebswirtschaftliche Analysen weniger wichtig und stehen zwischen den zahlungsbezogenen und erfolgsbezogenen Begriffen. Dabei ist das Nettogeldvermögen nach Übersicht 1.3 gleich dem um die Forderungen erhöhten Zahlungsmittelbestand abzüglich dem Fremdkapital. Eine Transaktion, die das Nettogeldvermögen erhöht, heißt Einnahme. Nach dieser Definition ist jede Umsatztransaktion mit einer Einnahme verbunden: Bei Barverkäufen nehmen die Zahlungsmittel zu, bei Zielverkäufen nehmen die Forderungen zu und im Falle von bestehenden

---

[6] Vgl. §§ 17, 18 Insolvenzordnung (InsO).

[7] Vgl. § 19 InsO.

1.2 Grundbegriffe

Kundenanzahlungen nehmen die Verbindlichkeiten ab. Eine Transaktion, die das Nettogeldvermögen verringert, heißt Ausgabe. Beschaffungstransaktionen sind mit Ausgaben verbunden.

In Aufgabe 1 wird die Unterscheidung folgender Begriffspaare geübt:

Einzahlung / Auszahlung,
Einnahme / Ausgabe,
Ertrag / Aufwand.

Kosten sind wie Aufwendungen Werteverzehre. Im Falle der Aufwendungen wird der Werteverzehr nach handelsrechtlichen Grundsätzen gemessen, im Falle der Kostenrechnung nach dem Kostenrechnungszweck („different costs for different purposes"). In der Übersicht 1.4 ist die Abgrenzung zwischen Aufwendungen und Kosten nach Wöhe[8] dargestellt. Dieser Abgrenzung kann man folgende Kostendefinition zugrundelegen:

Kosten = normalisierter, bewerteter, leistungsbezogener Güterverbrauch.

Diese Definition des sogenannten wertmäßigen Kostenbegriffs ist nicht unproblematisch. Durch die Normalisierung werden Zufallseinflüsse eliminiert, interessante Risikoaspekte somit ausgeblendet. Den Einfluß des Normalisierungsgedankens erkennt man in Übersicht 1.4 beim Vergleich der Positionen 2 und 5. Die Abgrenzung zwischen Erträgen und Leistungen erfolgt analog, vgl. Aufgabe 2.

In Übersicht 1.3 ist als Bestandsgröße zu den Strömungsgrößen *Leistungen* und *Kosten* der Begriff *„kalkulatorisches Vermögen"* eingetragen, der sich noch nicht durchgesetzt hat. Die Differenz zwischen den Leistungen und den Kosten eines Abrechnungszeitraumes ist das *Betriebsergebnis* dieser Periode. Die Differenz zwischen den Erträgen und Aufwendungen wird *Unternehmenserfolg* genannt.

---

[8] *G. Wöhe u. U. Döring,* Einführung in die Allgemeine Betriebswirtschaftslehre. 24. Aufl., München 2010, S. 700f. Die in der Übersicht 1.4 eingeführten Bezeichnungen „Zweckaufwand", „Grundkosten", „Neutraler Aufwand", „Zusatzkosten" sind weit verbreitet. Etwas andere, stärker abrechnungstechnisch orientierte Bezeichnungen verwenden *H. Wedell u. A. A. Dilling,* Grundlagen des betriebswirtschaftlichen Rechnungswesens. 13. Aufl., Herne 2010, S. 269.

Übersicht 1.3 – Die Beziehungen zwischen Bestands- und Strömungsgrößen bei Grundbegriffen des betrieblichen Rechnungswesens[9]

Bestände und ihre Komponenten	Zugänge	Abgänge
Kassenbestand + täglich fällige Guthaben bei Kreditinstituten[a] = Zahlungsmittelbestand	Einzahlungen	Auszahlungen
Zahlungsmittelbestand + Forderungen[b] − Fremdkapital = Nettogeldvermögen	Einnahmen	Ausgaben
Nettogeldvermögen + Sachvermögen = Reinvermögen	Erträge[c]	Aufwendungen[d]
Kalkulatorisches Vermögen	Leistungen	Kosten

[a] Einschließlich Zentralbankguthaben.
[b] Soweit nicht im Zahlungsmittelbestand enthalten.
[c] Soweit die Zugänge nicht Zuführungen (Einlagen) von Eigenkapitalgebern sind.
[d] Soweit die Abgänge nicht Abführungen (Entnahmen, Ausschüttungen) an die Eigenkapitalgeber sind.

---

[9] G. Wöhe, Bilanzierung und Bilanzpolitik: betriebswirtschaftlich, handelsrechtlich, steuerrechtlich. 9. Aufl., München 1997, S. 21, und G. Wöhe u. U. Döring, Einführung in die Allgemeine Betriebswirtschaftslehre. 24. Aufl., München 2010, S. 697f. – Zum Begriff „kalkulatorisches Vermögen" vgl. H. K. Weber u. S. Rogler, Betriebswirtschaftliches Rechnungswesen. Bd. 2: Kosten- und Leistungsrechnung sowie kalkulatorische Bilanz. 4. Aufl., München 2006, S. 15f.

1.2 Grundbegriffe

Übersicht 1.4 – Abgrenzung zwischen Aufwendungen und Kosten[10]

Verrechnung in der Gewinn- und Verlustrechnung						
AUFWENDUNGEN						
Neutraler Aufwand			Zweckaufwand (= Kostengleicher Aufwand)			
1	2	3				
			Grundkosten (= Aufwandsgleiche Kosten)	Zusatzkosten		
				4	5	6
KOSTEN						
Verrechnung in der Kosten- und Leistungsrechnung						

1 Betriebsfremder Aufwand (z.B. Spende an das Rote Kreuz);
2 Außerordentlicher Aufwand (z.B. Feuerschaden im Betriebsbereich, nicht versichert);
3 Periodenfremder Aufwand (z.B. bilanzielle Abschreibungen der Periode höher als kalkulatorische Abschreibungen der Periode);
4 Kalkulatorische Kostenarten, denen keine Aufwandsarten entsprechen (z.B. kalkulatorischer Unternehmerlohn);
5 Kalkulatorische Kostenarten, deren Aufgabe die Periodisierung aperiodisch eintretenden betriebsbedingten Werteverzehrs ist (z.B. kalkulatorische Wagnisse);
6 Kalkulatorische Kostenarten, soweit sie entsprechende Aufwandsarten übersteigen (z.B. kalkulatorische Abschreibungen der Periode größer als bilanzielle Abschreibungen der Periode).

Aufgabe 1: Abgrenzung von Auszahlung, Ausgabe, Aufwand, Einzahlung, Einnahme und Ertrag

a) Handelt es sich bei folgenden Geschäftsvorfällen um Auszahlungen, Ausgaben, Aufwendungen, Einzahlungen, Einnahmen oder Erträge?

a1) Bilanzielle Abschreibungen auf Sachanlagen in Höhe von 9.000 GE.
a2) Rohstoffeinkauf auf Ziel in Höhe von 3.000 GE.
a3) Lohnaufwendungen in bar in Höhe von 1.000 GE.
a4) Barinkasso von Warenforderungen in Höhe von 4.000 GE.
a5) Bareinlage eines Gesellschafters in Höhe von 2.000 GE.
a6) Tilgung eines kurzfristig gewährten Bankkredits von 6.000 GE.

---

[10] *G. Wöhe,* Bilanzierung und Bilanzpolitik: betriebswirtschaftlich, steuerrechtlich. 8. Aufl., München 1992, S. 22ff., und ähnlich in *G. Wöhe u. U. Döring,* Einführung in die Allgemeine Betriebswirtschaftslehre. 24. Aufl., München 2010, S. 700f.

b) Eine Maschine mit einem Restbuchwert von 60.000 GE wird für

    b1) 50.000 GE bar verkauft
    b2) 75.000 GE auf Ziel verkauft.

    In welcher Höhe liegen Einzahlungen, Einnahmen, Erträge, Auszahlungen, Ausgaben, Aufwendungen vor?

c) Eine Maschine mit einem Restbuchwert von 60.000 GE wird bei dem Kauf einer neuen Anlage in Zahlung gegeben.
Anschaffungswert der neuen Anlage: 100.000 GE.
Die alte Anlage wird für 75.000 GE in Zahlung gegeben.
Der Restbetrag von 25.000 GE wird per Banküberweisung gezahlt.

    In welcher Höhe liegen Auszahlungen, Ausgaben und Erträge vor?

d) Ein Kaufmann hat auf dem Kontokorrentkonto (KKK) einer Bank ein Guthaben von 2.000 GE.

    d1) Er überweist von diesem Konto 6.000 GE an einen Lieferanten als Anzahlung.
    d2) Er überweist von diesem Konto 6.000 GE zur Begleichung der Rechnung eines Lieferanten.

    In welcher Höhe liegen Auszahlungen, Ausgaben und Aufwendungen vor?

e) Ein Gesellschafter tätigt eine Sacheinlage. Einzahlung? Einnahme? Ertrag?

Aufgabe 2: Abgrenzung von Ertrag und Leistung

Erläutern Sie folgende Übersicht durch Beispiele:

Verrechnung in der Gewinn- und Verlustrechnung					
ERTRÄGE					
Neutraler Ertrag			Zweckertrag (= Leistungsgleicher Ertrag)		
1	2	3			
			Grundleistung (= Ertragsgleiche Leistung)	Zusatzleistungen	
				4	5	6
			LEISTUNGEN		
			Verrechnung in der Kosten- und Leistungsrechnung		

1.2 Grundbegriffe

Mögliche Beispiele:

a) Subventionen;
b) Erträge, die nicht aus einer betrieblichen Tätigkeit resultieren;
c) Rückzahlung einer bereits ausgebuchten Forderung;
d) Erträge aus dem Abgang von Gegenständen des Anlagevermögens;
e) Nicht aktivierte innerbetriebliche Leistungen;
f) Ansatz des Wertes von selbstgeschaffenen Produktionspatenten;
g) Umsatzerlöse aus in der Periode gefertigten Produkten.

Zur Einordnung der folgenden Aufgaben 3 bis 13: In den folgenden Aufgaben 3 bis 13 soll die Abgrenzung zwischen Aufwendungen und Kosten geübt werden. Dabei geht es in den Aufgaben 3 bis 7 um die Ermittlung von bilanziellen und kalkulatorischen Abschreibungen, ihre Abgrenzung nach den Punkten 3 und 6 der Übersicht 1.4 und verschiedene Anlagestrategien für Abschreibungsgegenwerte.

Aufgabe 3: Kalkulatorische Abschreibungen

Zu Beginn des Jahres 2005 erwarb eine Aktiengesellschaft eine maschinelle Anlage zum Anschaffungspreis von 36.000 GE. Die Anschaffungsneben„kosten" betrugen 4.000 GE. Bei einer wirtschaftlichen Nutzungsdauer von 5 Jahren sei eine gleichmäßige Entwertung unterstellt. Infolge von Preissteigerungen betrug der Wiederbeschaffungswert (einschließlich Nebenkosten) für eine leistungsmäßig gleichwertige Anlage:

Ende 2005: 42.000 GE
Ende 2006: 44.000 GE
Ende 2007: 50.000 GE
Ende 2008: 52.000 GE
Ende 2009: 54.000 GE.

Bei der bilanziellen Abschreibung wurde ebenfalls das lineare Abschreibungsverfahren gewählt. Die Abschreibungsdauer wurde nach AfA-Tabelle mit 4 Jahren angesetzt. Die kalkulatorischen Abschreibungen sollen die Preissteigerungen der Anlage berücksichtigen (Tagesbeschaffungswerte).[11] Tragen Sie die Abschreibungsbeträge und die durch die Abschreibungen bewirkten Grundkosten, Zusatzkosten und neutralen Aufwendungen in die folgende Tabelle ein:

---

[11] Welche Auswirkungen dieses Vorgehen auf den Ansatz von kalkulatorischen Zinsen hat, wird im Rahmen der Aufgabe 5 und dem vorgeschalteten Fallbeispiel analysiert.

Jahr	Kalkulatorische Abschreibungen	Bilanzielle Abschreibungen	Grundkosten[a]	Zusatzkosten[a]	Neutraler Aufwand[a]
2005					
2006					
2007					
2008					
2009					
Σ					
[a] Begriffliche Abgrenzung gemäß Übersicht 1.4.					

Wenn Aufwendungen und Kosten übereinstimmen, ergibt sich der Wertansatz für die Kosten aus den handelsrechtlichen Bestimmungen für die Wertansätze von Aufwendungen. Falls Aufwendungen und Kosten voneinander abweichen, erhält man einen entscheidungsorientierten Wertansatz für die Kosten mit dem sogenannten *Opportunitätsprinzip*. Das Opportunitätsprinzip besagt allgemein, daß die Kosten für eine Entscheidung gemessen wird am entgangenen Nutzen der nächstbesten nicht gewählten Alternative. In der Praxis läßt sich die nächstbeste Alternative nicht leicht bestimmen. Man behilft sich dann mit Alternativen, die funktionierende Märkte bieten. Das Denken in Opportunitätskosten kann bei der Lösung der Aufgaben 5 und 10 geübt werden.

Bei der Aufgabe 5 geht es um die Bestimmung von kalkulatorischen Abschreibungen und Zinsen bei der Nutzung einer gekauften Maschine. Statt die Maschine zu kaufen, hätte der Betrieb das knappe Kapital anderweitig anlegen können, z. B. am Kapitalmarkt. In der Aufgabe 5 werden die Kosten für Abschreibungen und Zinsen so bestimmt, als ob die Anlage am Kapitalmarkt die Alternative wäre, die wegen des Kaufs der Maschine nicht gewählt worden ist. Wenn als nächstbeste Alternative eine Möglichkeit gewählt wird, die der Geld- oder Kapitalmarkt bietet, sprechen wir vom „geld- und kapitalmarktbezogenen Opportunitätsprinzip" oder einfach nur vom „kapitalmarktbezogenen Opportunitätsprinzip".[12]

Die Analyse der Lösung 5 mit dem Opportunitätsprinzip zwingt zu der Schlußfolgerung, daß kalkulatorische Abschreibungen und Zinsen immer in enger Verknüpfung zu sehen sind. Bestimmt man die kalkulatorischen Abschreibungen wie in der Praxis vielfach üblich auf der Basis von Wiederbeschaffungszeitwerten (vgl. Aufgabenstellungen 3 und 4), so darf für die Berechnung der kalkulatorischen Zinsen nur die Differenz aus nominalem Zinssatz und Preissteigerungsrate angesetzt werden. Diese Differenz ist näherungsweise der sogenannte Realzinssatz. Nur so kann garantiert wer-

---

[12] K. Lohmann, Zur Bestimmung von kalkulatorischen Zinsen in Theorie und Praxis. In: Verband der Bauindustrie für Niedersachsen (Hrsg.), Festschrift für Egon Heinrich Schlenke. Hannover 1997, S. 121-130.

1.2 Grundbegriffe

den, daß Entscheidungen nach den Kriterien der Investitionsrechnung zu den gleichen Ergebnissen führen, wie Entscheidungen auf der Basis der Kosten- und Leistungsrechnung. Dieser Zusammenhang wird in der betriebswirtschaftlichen Praxis, der Rechtsprechung und auch in der Lehrbuchliteratur leider häufig übersehen.

Bei der Bestimmung des kalkulatorischen Unternehmerlohns in Aufgabe 10 ist ebenfalls das Opportunitätsprinzip anzuwenden. Die Inhaber eines Personenunternehmens verwenden ihre knappe Arbeitskraft dazu, die Geschäfte ihres Unternehmens zu führen. Eine Kostenbewertung für den Verbrauch der Arbeitszeit ergibt sich aus dem Vergleich mit der nächstbesten Alternative, beispielsweise aus dem Verzicht auf ein Geschäftsführergehalt in einem fremden Unternehmen.

Literatur zum Opportunitätsprinzip: P. A. Samuelson u. W. D. Nordhaus, Volkswirtschaftslehre. Das internationale Standardwerk der Makro und Mikroökonomie. Übers. der 18. Aufl., Landsberg am Lech 2005, S. 203f.

Aufgabe 4: Kalkulatorische Abschreibungen

Zu Beginn des Jahres 2005 erwarb eine Aktiengesellschaft eine maschinelle Anlage mit einem Anschaffungswert von 100.000 GE. Bei einer wirtschaftlichen Nutzungsdauer von 5 Jahren sei eine gleichmäßige Entwertung unterstellt. Infolge einer konstanten Preissteigerungsrate von 8% p.a. betrug der Wiederbeschaffungswert für eine leistungsmäßig gleichwertige Anlage

Ende 2005: $108.000 \text{ GE} = 100.000 \cdot 1{,}08$ und
Ende 2006: $116.640 \text{ GE} = 100.000 \cdot 1{,}08^2$ usw.

Die kalkulatorischen Abschreibungen berücksichtigen die Preissteigerungen der Anlage (Tageswertabschreibungen). Bei der bilanziellen Abschreibung wurde ebenfalls das lineare Abschreibungsverfahren gewählt. Die Abschreibungsdauer wurde nach AfA-Tabelle mit 4 Jahren angesetzt.

a) Tragen Sie die Abschreibungsbeträge und die durch die Abschreibungen bewirkten Grundkosten, Zusatzkosten und neutralen Aufwendungen in die folgende Tabelle ein:

Jahr	Kalkulatorische Abschreibungen	Bilanzielle Abschreibungen	Grundkosten	Zusatzkosten	Neutraler Aufwand
2005					
2006					
2007					
2008					
2009					
Σ					

b) Welcher Zusammenhang besteht zwischen den Beträgen der kalkulatorischen Abschreibung für 2005 bis 2009 und dem Wiederbeschaffungswert an der Jahreswende 2005/06 in Höhe von 100.000 GE · $1{,}08^5$?

Fallgestaltung zu kalkulatorischen Abschreibungen und kalkulatorischen Zinsen

Diese einfache Fallgestaltung dient der Vorbereitung auf die nachfolgende Aufgabe. Man gehe davon aus, daß ein Investor 100.000 GE zur Verfügung hat und sich mit dem Gedanken trägt, diese zum Aufbau eines Maschinenparks in ein Unternehmen zu investieren. Um dieses Fallbeispiel rechnerisch möglichst einfach zu halten, gehen wir von einer Nutzungsdauer der Maschinen von einem Jahr aus; der gesamte Maschinenpark müßte demnach wegen Verschleißes nach einem Jahr neu beschafft werden. Alternativ steht dem Investor die Möglichkeit offen, sein Geld nicht in den Maschinenpark, sondern am Geldmarkt für ein Jahr anzulegen; hierbei erzielt er einen Zinssatz von 10% p.a. Die Preissteigerungsrate für gleichwertige Maschinen beträgt 7% p.a. Fraglich ist nun, wie das Unternehmen kalkulieren muß, um den Anleger zur Investition in den Maschinenpark zu bewegen.

Lösung:

Dem Unternehmen ist klar, daß es aufgrund des Opportunitätsprinzips (vgl. Aufgabe 3) den Investor mindestens so gut stellen muß, wie bei der nächstbesten nichtgewählten Alternative am Geld- oder Kapitalmarkt. Würde der Investor die nächstbeste nichtgewählte Alternative wählen, dann verfügt er nach einem Jahr über 100.000 · 1,1 = 110.000 GE. Hieran hat sich das interne Rechnungswesen des Unternehmens mit Blick auf die Kalkulation von Abschreibungen und Zinsen zu orientieren.

Würde das Unternehmen als kalkulatorische Abschreibungen nur 100.000 GE ansetzen und den Gegenwert im Laufe des Jahres über die Umsatzerlöse der auf den Maschinen produzierten Gütern verdienen, dann reicht dieser Betrag nicht aus, um die Maschinen neu zu beschaffen, denn diese kosten nach einem Jahr 100.000 · 1,07 = 107.000 GE. Konsequenterweise setzt das Unternehmen als kalkulatorische Abschreibungen also einen höheren Betrag, nämlich 107.000 GE, an. Dieser Betrag enthält die Preissteigerungsrate (7% p.a.) für gleichwertige Maschinen und ist geeignet, die Substanz des Unternehmens zu reproduzieren.[13]

Sähe das Unternehmen seine Kalkulation jetzt als beendet an, würde der Investor nicht in den Maschinenpark investieren, denn dort stünde er mit 107.000 GE nach einem Jahr schlechter da als bei einer Investition am Geldmarkt (110.000 GE). Daher muß das Unternehmen über die kalkulatorischen Abschreibungen hinaus die Position kalkulatorische Zinsen in sein internes Rechnungswesen einbeziehen. Die kalkulatorischen Zinsen betragen 100.000 · 0,03 = 3.000 GE. Der kalkulatorische Zinssatz (3% p.a.) ermittelt sich aus der Differenz des Nominalzinssatzes (10% p.a.) und der Preissteigerungsrate (7% p.a.). Verdient das Unternehmen über die Umsatzerlöse die Summe aus kalkulatorischen Abschreibungen (107.000 GE) und kalkulatorischen Zinsen (3.000 GE), dann stünde der Investor bei einer Investition in den Maschinenpark des Unternehmens (110.000 GE) nach einem Jahr genauso gut da, wie bei einer Anlage in die Alternative am Geldmarkt (110.000 GE).

Exkurs: Realzinssatz[14]

Das obige Beispiel zeigt: Wenn die kalkulatorischen Abschreibungen nach Maßgabe der Wiederbeschaffungspreise bestimmt werden, müssen die kalkulatorischen Zinsen mit dem Zinssatz berechnet werden, der sich aus der Differenz des am Geld- oder Kapitalmarkt herrschenden nominalen Zinssatzes und der Preissteigerungsrate der Maschinen ergibt. Für kleine Preisteigerungsraten ist diese Differenz näherungsweise gleich dem sogenannten Realzinssatz. Dieser Zinssatz, den wir mit i^r bezeichnen, berücksichtigt die Bereinigung des nominalen Zinssatzes i^N um Geld- und Kapitalmarkteffekte. Wenn zum Zeitpunkt t = 0 der Kapitaleinsatz 100.000 GE und der nominale Zinssatz i^N = 10% beträgt, kann der Investor am Kapitalmarkt zum Zeitpunkt t = 1 über 110.000 GE verfügen. Bei einer Preissteigerungsrate g von 7% kann er für die 110.000 GE nur Maschinen im Wert von 110.000 : 1,07 = 100.000 · (1 + i^N) : (1 + g) kaufen. Kaufkraftbereinigt gilt somit:

$100.000 (1 + i^r) = 100.000 (1 + i^N) : (1 + g)$. Daraus folgt:

$(1 + i^r) = (1 + i^N) : (1 + g) = (1 + g + i^N - g) : (1 + g) = 1 + (i^N - g) : (1 + g)$ und somit

$i^r = (i^N - g) : (1 + g)$.

---

[13] Vgl. zur nominalen, realen und reproduktiven Substanzerhaltung *G. Sieben u. Th. Schildbach*, Substanz- und Kapitalerhaltung. Handwörterbuch des Rechnungswesens. 2. Aufl., Stuttgart 1981, Sp. 1511-1528.

[14] *I. Fisher*, The Theory of Interest. New York 1930.

Für kleine Werte von g folgt daraus:

$i^r \approx i^N - g$.

In der vorangestellten Fallgstaltung haben wir diese Zusammenhänge genutzt, um den Nominalzinssatz i^N in Höhe von 10% p.a. aufzuteilen in eine Preissteigerungsrate g von 7% p.a. und einen Realzinssatz i^r von 3% p.a.

Aufgabe 5: Kalkulatorische Abschreibungen und kalkulatorische Zinsen bei konstanter Preissteigerungsrate

Anschaffungswert der Maschine:	100.000 GE
Wirtschaftliche Nutzungsdauer:	5 Jahre
Abschreibungsverfahren:	lineare Abschreibung
Preissteigerungsrate:	8% p.a.
(Risikoangepaßter) Marktzinssatz:	10% p.a.

Anschaffungswert der Maschine 01.01.2005:	100.000 GE	
Wertsteigerung am ruhenden Vermögen 2005:	8.000 GE	= 100.000 · 0,08
Kalkulatorische Abschreibungen für 2005:	21.600 GE	= 20.000 · 1,08
Kalkulatorischer Restwert der Maschine 01.01.2006:	86.400 GE	= 80.000 · 1,08
Wertsteigerung am ruhenden Vermögen 2006:	6.912 GE	= 86.400 · 0,08
Kalkulatorische Abschreibungen für 2006:	23.328 GE	= 20.000 · 1,08²
Kalkulatorischer Restwert der Maschine 01.01.2007:	69.984 GE	= 60.000 · 1,08²
Kalkulatorische Abschreibungen 2006:	21.600 GE	= 20.000 · 1,08
Kalkulatorische Zinsen 2006:	2.000 GE	= 100.000 · 0,02
Summe aus kalk. Abschreibungen und Zinsen (= „Kapitaldienst") für 2006:	<u>23.600 GE</u>	
Kalkulatorische Abschreibungen 2007:	23.328 GE	= 20.000 · 1,08²
Kalkulatorische Zinsen 2007:	1.728 GE	= 86.400 · 0,02
Summe aus kalk. Abschreibungen und Zinsen (= „Kapitaldienst") für 2007:	<u>25.056 GE</u>	

Ergänzen Sie die Betrachtungen für die Jahre 2007, 2008 und 2009! Erläutern Sie, warum bei der Berechnung der kalkulatorischen Zinsen der Zinssatz von 2% angewendet werden muß. Welche Ausschüttungsmöglichkeiten ergeben sich bei reproduktiver Substanzerhaltung?

1.2 Grundbegriffe

Aufgabe 6: Kapazitätseffekte und Maschinenbestandsentwicklung

Die Kapazität einer maschinellen Anlage werde in Nutzungseinheiten – wie etwa Maschinenstunden bestimmter Art und Qualität – gemessen. Die Nutzungsdauer der maschinellen Anlage betrage 5 Jahre. Es werde eine gleichmäßige Abgabe der Nutzungseinheiten über die Nutzungsjahre unterstellt. Am Anfang eines jeden Jahres sollen die im Laufe des Vorjahres abgegebenen Nutzungseinheiten wiederbeschafft werden. Zu Beginn des Jahres 2005 wurden 3.000 maschinelle Anlagen zu einem Stückpreis von 40.000 GE gekauft. Jede maschinelle Anlage gibt während ihrer Nutzungsdauer 10.000 Nutzungseinheiten ab.

a) Wie entwickelt sich der Maschinenbestand bis zum Jahre 2013?

b) Wie hoch sind nach den Wiederbeschaffungen an den Jahresanfängen die Totalkapazitäten?

c) Wie hoch sind an den Jahresenden die Jahreskapazitäten für das folgende Jahr?

d) Der Preisindex für maschinelle Anlagen betrug zu Beginn des Jahres 2005 100%. Der Preisindex stieg

Anfang 2006: auf 105%
Anfang 2007: auf 110%
Anfang 2008: auf 125%
Anfang 2009: auf 130%
Anfang 2010: auf 135%.

Wie hoch waren die Ausgaben für die Investitionen in die maschinellen Anlagen an den Jahresanfängen 2006 bis 2010?

Zur vertieften Analyse vgl. K. Lohmann, Kapazitäts- und Finanzierungswirkungen von Investitionen in abnutzbare Anlagegegenstände. In: W. Lücke u. K. Schulz (Hrsg.), Standort Deutschland. Wiesbaden 1991, S. 171-226, insbes. S. 214-216.

Aufgabe 7: Entwicklung von Maschinenbeständen und Restbuchwerten

Die Kapazität einer Maschine A werde in Nutzungseinheiten – wie etwa Maschinenstunden bestimmter Art und Qualität – gemessen. Die Nutzungsdauer der Maschine betrage 5 Jahre. Während dieser Nutzungsdauer gibt die Maschine 10.000 Nutzungseinheiten ab. Es werde eine gleichmäßige Abgabe der Nutzungseinheiten über die Nutzungsjahre unterstellt. Eine Unternehmung investiert in Maschinen der Art A in der Weise, daß zu Beginn eines jeden Jahres die im Laufe des Vorjahres abgegebenen Nutzungseinheiten wiederbeschafft werden. Infolge von Preissteigerungen änderte sich der Wiederbeschaffungswert für Maschinen der Art A. Die Wiederbeschaffungswerte (einschließlich Nebenkosten) betrugen

Anfang 2005: 40.000 GE
Anfang 2006: 42.000 GE
Anfang 2007: 44.000 GE
Anfang 2008: 50.000 GE
Anfang 2009: 52.000 GE
Anfang 2010: 54.000 GE.

Die Unternehmung wählt bei der bilanziellen Abschreibung wie bei der kalkulatorischen Abschreibung das lineare Abschreibungsverfahren. Die Abschreibungsdauer wurde jedoch nach AfA-Tabelle mit 4 Jahren angesetzt. Zu Beginn des Jahres 2005 waren folgende Maschinen A nach Durchführung der Wiederbeschaffung aktiviert:

200 Maschinen, 4 Jahre alt,	Restbuchwert	=	200 GE
200 Maschinen, 3 Jahre alt,	Restbuchwert	=	1.500.000 GE
200 Maschinen, 2 Jahre alt,	Restbuchwert	=	3.200.000 GE
200 Maschinen, 1 Jahr alt,	Restbuchwert	=	5.400.000 GE
200 Maschinen, neu,	Restbuchwert	=	8.000.000 GE
Summe der Restbuchwerte		=	18.100.200 GE

a) Wie hoch ist nach den Wiederbeschaffungen an den Jahresanfängen die Totalkapazität in Maschinen der Art A zu Beginn der Jahre 2007, 2008 und 2014?

b) Wie hoch ist nach den Wiederbeschaffungen an den Jahresanfängen die Jahreskapazität in Maschinen der Art A für die Jahre 2008 bis 2010?

c) Wie hoch waren die Ausgaben für die Investitionen in die Maschinen A an den Jahresanfängen 2008 bis 2010

d) Mit welchen Werten wird der Bestand an Maschinen A ausgewiesen in den Jahresendbilanzen 2005 bis 2007?

200 Maschinen, 4 Jahre alt,	Restbuchwert	=	200 GE
200 Maschinen, 3 Jahre alt,	Restbuchwert	=	GE
200 Maschinen, 2 Jahre alt,	Restbuchwert	=	GE
200 Maschinen, 1 Jahr alt,	Restbuchwert	=	GE
Summe der Restbuchwerte		=	GE

1.2 Grundbegriffe

Aufgabe 8: Kalkulatorische Wagnisse

Die geplanten Gesamtkosten ohne kalkulatorische Wagnisse für die Planperiode sollen für einen Einproduktbetrieb gleich dem Zweckaufwand für diese Planperiode sein und 90.000 GE betragen. In der Planperiode sind gemäß Plan 5.000 Stück des Produktes auf einer Maschine zu fertigen, für die bei einem Restbuchwert von 20.000 GE die Wahrscheinlichkeit von 1/20 besteht, daß an ihr in der Planperiode ein Totalschaden eintritt. Obwohl die Maschine sofort ersetzbar ist, wird der außerordentliche Aufwand im Schadensfall auf 30.000 GE geschätzt. In der Kostenrechnung werden zur Berücksichtigung dieser Schadensmöglichkeit kalkulatorische Wagniskosten in Höhe von 1.500 GE angesetzt. Die Unternehmung plant, die gesamte Produktionsmenge von 5.000 Stück mit einem Gewinnaufschlag von 10% auf die geplanten Gesamtkosten (einschließlich kalkulatorischer Wagnisse) zu verkaufen.

a) Wie hoch ist das geplante Betriebsergebnis der Periode, wenn die Umsatzerlöse die einzigen Leistungen sind, die der Einproduktbetrieb für die Periode plant?
   Betriebsergebnis der Planperiode = ..., .. GE.

b) Bei Nichteintritt des Schadensfalles ist für die Planperiode der Zweckaufwand gleich dem Gesamtaufwand. Die Umsatzerlöse sind die einzigen Erträge. Wie hoch ist für die Planperiode die Differenz zwischen Erträgen und Aufwendungen, wenn

   b1) kein Schadensfall eintritt?
       Betriebsergebnis der Planperiode = ..., .. GE.

   b2) der Schadensfall eintritt?
       Betriebsergebnis der Planperiode = ..., .. GE.

Aufgabe 9: Kalkulatorische Zinsen

Im Handelsblatt vom 8.6.1983 wird der Geschäftsbericht 1982 der Deutschen Bundespost folgendermaßen kommentiert:

„Die Leistungs- und Kostenrechnung weist aus, daß die Post 1982 das Ziel der vollen Kostendeckung um 107 Mill. DM verfehlt hat. Die Leistungs- und Kostenrechnung schließt anders als die Gewinn- und Verlustrechnung die kalkulatorische Verzinsung des Eigenkapitals ein. Der in der Gewinn- und Verlustrechnung ausgewiesene Jahresüberschuß hat also nicht ganz ausgereicht, um eine marktgerechte Verzinsung des Eigenkapitals (34,1 Mrd. DM) zu erwirtschaften."

Laut Geschäftsbericht der Deutschen Bundespost betrug das Eigenkapital zu Beginn des Jahres 1982 31,4 Mrd. DM. Der Jahresüberschuß für das Jahr 1982 betrug 2,671 Mrd. DM. Die durchschnittliche Emissionsrendite für Anleihen der öffentlichen Hand betrug im Jahre 1982 8,9% p.a. Der in der Leistungs- und Kostenrechnung der Deutschen Bundespost zur Berechnung der kalkulatorischen Zinsen anzuwendende kalkulatorische Zinssatz entspricht dem durchschnittlichen effektiven Zinssatz des im jeweiligen Rechnungsjahr von der Deutschen Bundespost aufgenommenen langfristigen risikolosen Fremdkapitals.

Erklären Sie die Größenordnung der Differenz zwischen Betriebsergebnis und Jahresüberschuß mit Hilfe der kalkulatorischen Zinsen auf das Eigenkapital. Gehen Sie dabei davon aus, daß bei der Deutschen Bundespost Leistungen und Erträge übereinstimmten.

Aufgabe 10: Kalkulatorischer Unternehmerlohn

Vier junge Greifswalder Diplom-Kaufleute sind nach ihrem Studium als Berater im Bereich Controlling tätig und gründeten dazu ein Unternehmen in der Rechtsform der GmbH, in dem sie als Geschäftsführer fungieren. Darüber hinaus werden zwei Assistentinnen der Geschäftsführung eingestellt. Nach dem ersten Geschäftsjahr wird im Jahresabschluß ein Gewinn von 450.000 GE festgestellt.

Erläutern Sie, ob bzw. wie sich das Betriebsergebnis gegenüber dem Gewinn aus dem Jahresabschluß ändert, wenn für jede im Unternehmen tätige Person in Höhe von 75.000 GE Personalkosten pro Geschäftsjahr anfallen. Zu beachten ist, daß außer beim Personal sämtliche Aufwendungen kostengleich sind. Das nach § 181 BGB bestehende Selbstkontrahierungsverbot wurde nicht aufgehoben.

Exkurs: Buchungen bei Abweichungen zwischen Aufwendungen und Kosten

Der *Gemeinschaftskontenrahmen der Industrie* (GKR), der 1950/51 vom Bundesverband der Deutschen Industrie veröffentlicht und empfohlen wurde, enthält die folgende Gliederung der Kontenklassen:

Klasse 0: Anlagevermögen und langfristiges Kapital
Klasse 1: Finanz-Umlaufvermögen und kurzfristige Verbindlichkeiten
Klasse 2: Neutrale Aufwendungen und Erträge
Klasse 3: Stoffe-Bestände

1.2 Grundbegriffe

Klasse 4: Kostenarten[15]
Klasse 5/6: Kostenstellen
Klasse 7: Kostenträger-Bestände
Klasse 8: Kostenträger-Erträge
Klasse 9: Abschluß

Die folgenden drei Aufgaben sollen dazu dienen, die Abgrenzung zwischen Aufwendungen und Kosten und die dadurch verursachten Ergebnisbeeinflussungen auch buchungsmäßig zu verfolgen. Zur Verbindung mit der Übersicht 1.4 können die auf der nächsten Seite gegebenen Definitionen und algebraischen Zusammenhänge hilfreich sein. Im Jahre 1971 wurde vom Betriebswirtschaftlichen Ausschuß des Bundesverbandes der Deutschen Industrie ein neuer *Industriekontenrahmen* (IKR) veröffentlicht. Im IKR ist für die Kosten- und Leistungsrechnung die Kontenklasse 9 vorgesehen. Einen Vorschlag zur detaillierten Gliederung dieser Kontenklasse 9 findet man bspw. bei Moews[16].

Definitionen und Zusammenhänge zwischen Leistungen, Kosten, Erträgen, Aufwendungen, Betriebsergebnis, Unternehmensergebnis und Neutralem Ergebnis

Betriebsergebnis = E_B = Leistungen − Kosten (Def. E_B)

Unternehmensergebnis = E_U = Erträge − Aufwendungen (Def. E_U)

Unternehmensergebnis = Betriebsergebnis + Neutrales Ergebnis
E_U = E_B + E_N (Def. E_N)

Erträge = Kosten − Zusatzleistungen + Neutrale Erträge
(vgl. Übersicht der Aufgabe 2)

Aufwendungen = Kosten − Zusatzkosten + Neutrale Aufwendungen
(vgl. Übersicht der Aufgabe 3)

Unternehmensergebnis = Betriebsergebnis − Zusatzleistungen
+ Neutrale Erträge
+ Zusatzkosten
− Neutrale Aufwendungen

---

[15] In den Kostenarten sind die sogenannten kalkulatorischen Kosten mit der dezimalen Klassifikation 48 enthalten, z.B. 480 kalk. Abschreibungen, 481 kalk. Zinsen, 482 kalk. Wagnisse, 483 kalk. Unternehmerlohn. Vgl. auch Kapitel 2.1.

[16] *D. Moews,* Kosten- und Leistungsrechnung. 7. Aufl., München 2002, S. 58ff.

Neutrales Ergebnis = Neutrale Erträge − Neutrale Aufwendungen
+ Zusatzkosten
− Zusatzleistungen

Allgemeiner Hinweis zur *Buchung von kalk. Kosten* im GKR der Industrie:

kalk. Kosten 48X an verrechnete kalkulatorische Kosten 28X

Abschluß Konten der Klasse 2 über das Neutrale Ergebnis
Abschluß Konten der Klasse 4 über das Betriebsergebnis.

Aufgabe 11: Buchungen zu kalkulatorischen Wagnissen

In einer Industrieunternehmung entstand im Jahre 2009 an einer Maschine mit einem Restwert von 10.000 GE ein Totalschaden. Gegen diesen Schaden war die Unternehmung nicht versichert. In der Kostenrechnung wurden zur Berücksichtigung dieser Schadensmöglichkeit kalkulatorische Wagniskosten in Höhe von 2.000 GE angesetzt. Die Maschine wurde sofort ersetzt, so daß der Schaden auf 10.000 GE begrenzt werden konnte. Zeigen Sie die buchungstechnische Abwicklung mit Hilfe der folgenden Konten des Gemeinschaftskontenrahmens der Industrie.

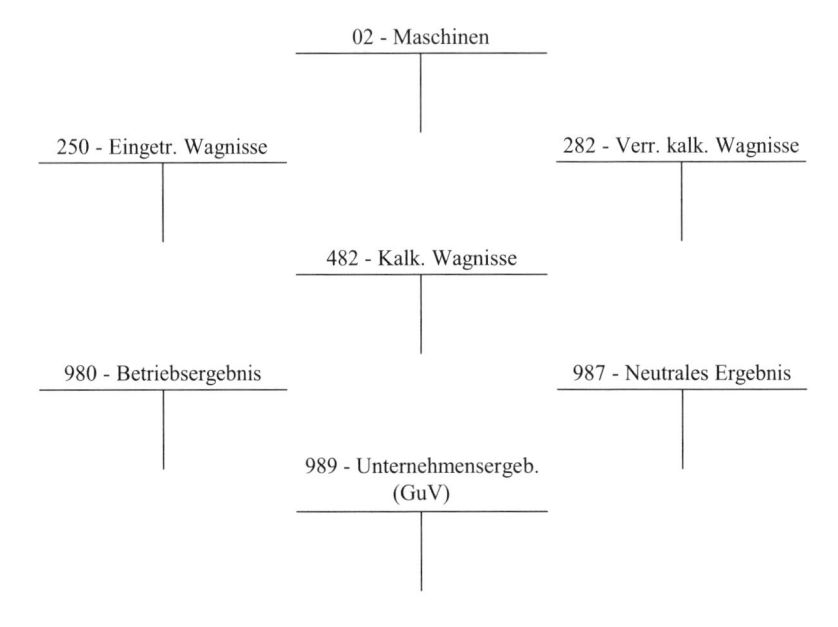

```
                        02 - Maschinen
                              |
250 - Eingetr. Wagnisse              282 - Verr. kalk. Wagnisse
        |                                         |
                        482 - Kalk. Wagnisse
                              |
980 - Betriebsergebnis               987 - Neutrales Ergebnis
        |                                         |
                      989 - Unternehmensergeb.
                              (GuV)
                              |
```

Zur Lösung vgl. P. Juhl, Die Berücksichtigung von Unternehmensrisiken in der Kostenrechnung. „Kostenrechnungspraxis", Nr. 4 (1982), S. 177-185, hier S. 180f.

1.2 Grundbegriffe

Aufgabe 12: Buchungen zum kalkulatorischen Unternehmerlohn

Das Jahresgehalt eines Angestellten einer Kapitalgesellschaft, der in der gleichen Branche wie der Inhaber einer Einzelfirma leitend tätig ist, beträgt 96.000 GE. Setzen Sie diesen Wert (Problematik?) als kalkulatorischen Unternehmerlohn für den Firmeninhaber an und buchen Sie mit Hilfe der folgenden Konten:

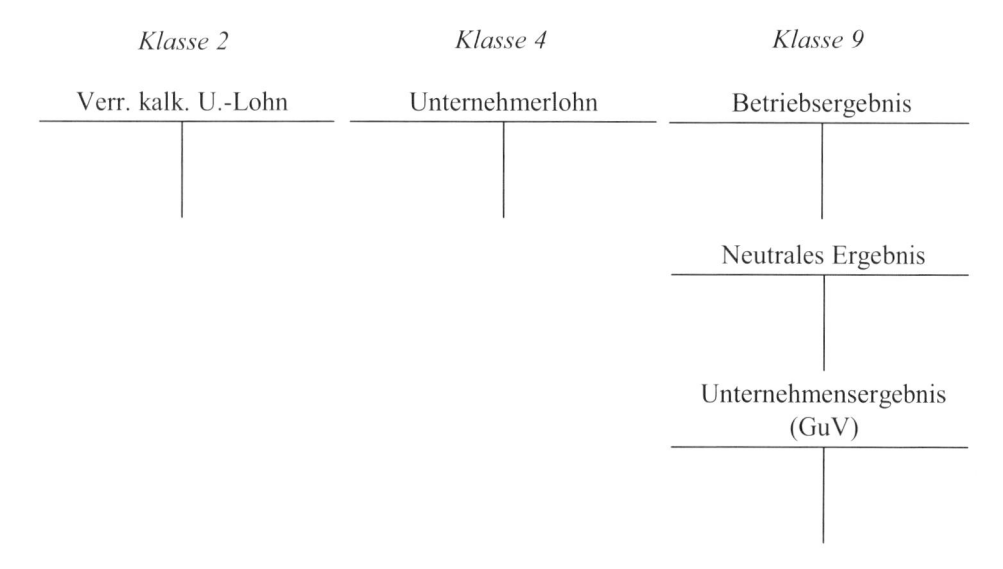

Klasse 2	*Klasse 4*	*Klasse 9*
Verr. kalk. U.-Lohn	Unternehmerlohn	Betriebsergebnis
		Neutrales Ergebnis
		Unternehmensergebnis (GuV)

E. Gau, Praxis der Kosten- und Leistungsrechnung. Bd. 1: Aufbau der Betriebsabrechnung. 3. Aufl., Freiburg 1984, S. 76f.

Aufgabe 13: Buchungen zu bilanziellen und kalkulatorischen Abschreibungen

a) Spende an das Rote Kreuz   10.000 GE
b) Bilanzielle Abschreibungen   20.000 GE
c) Kalkulatorische Abschreibungen 25.000 GE

Tragen Sie in die folgenden Konten des Gemeinschaftskontenrahmens die Erfassungs- und Abschlußbuchungen ein.

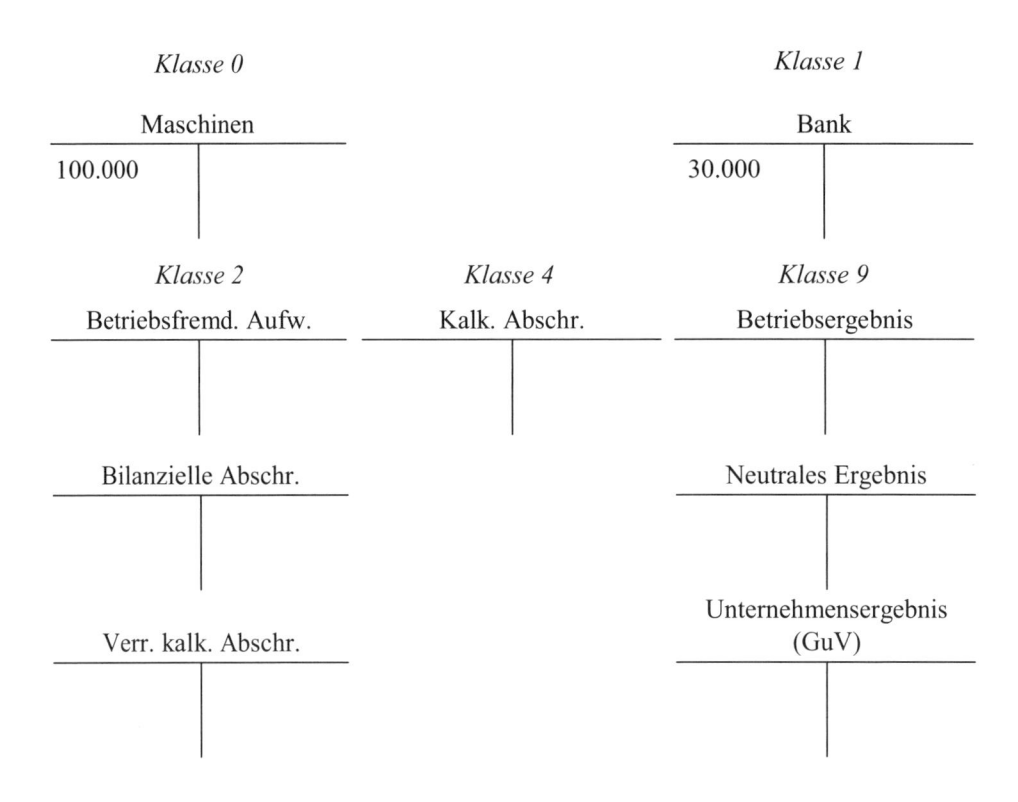

```
        Klasse 0                                    Klasse 1
        Maschinen                                     Bank
100.000    |                              30.000       |
           |                                           |
        Klasse 2              Klasse 4              Klasse 9
   Betriebsfremd. Aufw.     Kalk. Abschr.        Betriebsergebnis
           |                     |                     |
           |                     |                     |
     Bilanzielle Abschr.                        Neutrales Ergebnis
           |                                           |
           |                                           |
      Verr. kalk. Abschr.                       Unternehmensergebnis
                                                      (GuV)
           |                                           |
```

Zur Lösung vgl. G. Ebert, Kosten- und Leistungsrechnung. 10. Aufl., Nachdr., Wiesbaden 2008, S. 49ff.

1.3 Einzel- und Gemeinkosten sowie variable und fixe Kosten

1.3.1 Einzel- und Gemeinkosten

Die Klassifikation von Kosten als Einzel- oder Gemeinkosten ist *bezugsgrößenabhängig*. Häufige Bezugsgrößen:

1 Kostenträger
   1.1 Stück (Beispiel: Tisch)
   1.2 Auftrag (Beispiel: Reparaturauftrag)
2 Kostenstelle (z.B. Tischlerei, Kantine).

Bei den Gemeinkosten unterscheidet man noch echte und unechte Gemeinkosten. Die Definition der Einzel- und Gemeinkosten (mit der Unterscheidung in echte und unechte) soll am Beispiel der Bezugsgröße Stück erläutert werden:

- Definition 1: Kosten, die dem einzelnen Stück nachweisbar eindeutig zugerechnet werden können, und bei denen in der Praxis die Zurechnung durch Erfassung bei dem einzelnen Stück auch erfolgt, heißen *Stückeinzelkosten*. (Beispiel: Bewerteter Verbrauch von Holz bei der Tischproduktion.)

- Definition 2: Kosten, die dem einzelnen Stück nicht nachweisbar eindeutig zugerechnet werden können, heißen *echte Stückgemeinkosten*. (Beispiel: Gehalt des Tischlermeisters, der die Kostenstelle Tischlerei leitet, bei der Tischproduktion.)

- Definition 3: Kosten, die dem einzelnen Stück nachweisbar eindeutig zugerechnet werden können, und bei denen in der Praxis die Zurechnung durch Erfassung bei dem einzelnen Stück nicht erfolgt, heißen *unechte Stückgemeinkosten*. (Beispiel: Bewerteter Verbrauch von Leim bei der Tischproduktion.)

Nach den Definitionen 1 und 3 können somit Stückeinzelkosten und unechte Stückgemeinkosten dem einzelnen Stück nachweisbar eindeutig zugerechnet werden. Dabei bleibt zunächst etwas unklar, was „nachweisbar eindeutig zurechenbar" genau bedeutet. Riebel[17] forderte, daß zumindest die beiden folgenden Voraussetzungen erfüllt sein müssen:

„1. Das jeweilige Kostengut muß sowohl bei der Beschaffung als auch beim Einsatz mengenmäßig so dosiert werden können, wie es dem Verbrauch je Erzeugniseinheit entspricht.

2. Das für eine Erzeugniseinheit benötigte Verbrauchsquantum eines Kostengutes ist nur insoweit Einzelkosten der Erzeugniseinheit, als diesem Verbrauchsquantum Beschaffungsausgaben eindeutig zurechenbar sind, d.h. es muß – zusätzlich zur verbrauchsentsprechenden Dosierbarkeit der Beschaffungsmenge – der Preis für dieses Verbrauchsquantum unabhängig von den beim selben Lieferanten bezogenen sonstigen Mengen gleicher oder anderer Kostengüter sein."

In der Praxis werden meistens weniger scharfe Anforderungen an die Zurechenbarkeit gestellt.

1.3.2 Variable und fixe Kosten

So wie bei dem Begriffspaar Einzelkosten / Gemeinkosten stets die *Bezugsgröße* angegeben werden sollte, falls diese nicht ganz eindeutig aus dem Textzusammenhang hervorgeht, ist bei dem Begriffspaar variable Kosten / fixe Kosten zur Vermeidung von Mißverständnissen im Zweifelsfall immer die *Kosteneinflußgröße* zu nennen. Ein

---

[17] *P. Riebel,* Kosten und Preise. 2. Aufl., Opladen 1972, S. 34.

einfaches Beispiel für die Notwendigkeit, die Kosteneinflußgröße anzugeben, bietet der Buchdruck:[18]

a) Kosteneinflußgröße: Auflagenhöhe
   Papierkosten: variable Kosten
   Kosten des Satzes: fixe Kosten

b) Kosteneinflußgröße: Seitenzahl des Buches
   Papierkosten: variable Kosten
   Kosten des Satzes: variable Kosten

Nach Gutenberg[19] gibt es fünf Hauptkosteneinflußgrößen:

(1) die Beschäftigung
(2) die Faktorqualität
(3) die Faktorpreise
(4) die Betriebsgröße
(5) das Fertigungsprogramm

Wir gehen hier zunächst nur auf die Kosteneinflußgröße Beschäftigung für den Fall der Fertigung eines homogenen Erzeugnisses ein. Die Beschäftigung kann dann durch die Anzahl der ausgebrachten Leistungseinheiten (Ausbringungsmenge) gemessen werden. Wenn nichts anderes gesagt wird, beziehen sich im folgenden die Begriffspaare variabel und fix auf die Kosteneinflußgröße Beschäftigung.

Eine mathematische Analyse der Reaktion der Kosten K auf unterschiedliche Ausbringungsmengen x läuft auf die Untersuchung der Funktion K = f(x) hinaus. Wir führen folgende Begriffe und Kurzbezeichnungen ein:

Fixe Kosten: $\quad K_f = f(0)$

Totale Stückkosten: $\quad k = \dfrac{f(x)}{x}$

Variable Stückkosten: $\quad k_v = \dfrac{f(x) - f(0)}{x}$

Grenzkosten: $\quad K' = \dfrac{df(x)}{dx}$

---

[18] *S. Hummel u. W. Männel*, Kostenrechnung 1 – Grundlagen, Aufbau und Anwendung. 4. Aufl., Nachdr., Wiesbaden 2004, S. 101.

[19] *E. Gutenberg*, Grundlagen der Betriebswirtschaftslehre. Bd. 1: Die Produktion. 24. Aufl., Berlin-Heidelberg-New York 1983, S. 344ff.

1.3 Einzel- und Gemeinkosten, variable und fixe Kosten

Bei linearem Kostenverlauf sind die variablen Stückkosten unabhängig von der Ausbringungsmenge x. Es gilt dann: $K = K_f + k_v x$. In diesem Fall sind für alle x die variablen Stückkosten gleich den Grenzkosten (vgl. Aufgabe 15).

Die Zusammenhänge bei nichtlinearen Kostenfunktionen werden in der folgenden Aufgabe 14 geübt. In den Lösungshinweisen zu Aufgabe 14 finden Sie eine graphische Darstellung zu einer nichtlinearen Kostenfunktion (Übersicht 5.4). Im weiteren Verlauf des Buches werden wir von linearen Kostenverläufen ausgehen.

Aufgabe 14: Extremwertbestimmung zu Grenzkosten, variablen und totalen Stückkosten sowie zum Betriebsergebnis

Untersuchen Sie den Verlauf von K', k_v und k für folgende Kostenfunktion:

$$K = f(x) = 62.500 + 12.600\,x - 96\,x^2 + 0,4\,x^3$$

Das Minimum der Grenzkosten liegt bei x = 80 (Wendepunkt der Kostenkurve). Das Minimum der variablen Stückkosten liegt bei x = 120 (kurzfristige Preisuntergrenze). Das Minimum der totalen Stückkosten liegt bei x = 125 (langfristige Preisuntergrenze). Bei welcher Ausbringungsmenge x liegt das Maximum des Betriebsergebnisses, wenn die Leistungsfunktion (= Erlösfunktion) E(x) = 7.920x lautet? Fertigen Sie eine graphische Darstellung zur Maximierung des Betriebsergebnisses an!

Aufgabe 15: Identität von variablen Stückkosten und Grenzkosten bei linearen Kostenfunktionen

k_v und K' stimmen dann und nur dann für alle x überein, wenn f(x) eine lineare Funktion ist. Beweis? Wegen der Formulierung „dann und nur dann" sind 2 Beweisrichtungen zu beachten!

Aufgabe 16: Entscheidungsrechnung in Einproduktbetrieben, Gesamt- und Umsatzkostenverfahren

a) Aus den Planungsunterlagen eines Einproduktbetriebes geht hervor, daß dieser Betrieb in der Planperiode x = 4.000 Stück produzieren und zu einem Verkaufspreis von p = 2 GE/Stück absetzen wird. Von der bereitgestellten Kapazität her wäre der Betrieb in der Lage, bis zu 6.000 Stück in der Periode zu erzeugen und bei vorhandener Nachfrage abzusetzen. Die fixen Kosten belaufen sich auf 1.000 GE, die variablen Stückkosten k_v betragen unabhängig von der Stückzahl 1,80 GE/Stück.

a1) Wie hoch sind die (totalen) Stückkosten k, wenn die geplante Menge von 4.000 Stück produziert und abgesetzt wird?

k = . , . . GE/Stück

a2) In der laufenden Planperiode kann der Betrieb einen zusätzlichen Auftrag über 500 Stück bei einem Verkaufspreis von 2 GE/Stück hereinnehmen. Der Betrieb könnte damit in der Planperiode 4.500 Stück produzieren und absetzen. Sollte der Auftrag angenommen oder abgelehnt werden? Begründung?

a3) Bei welcher Menge ($x = x_B$) liegt bei den gegebenen Werten von p, k_v und K_f die Gewinnschwelle (Break-Even-Punkt)?

x_B = ... Stück

b) Es werden nun 5.400 Stück hergestellt und vertrieben. Wie lauten dann die Zahlen in folgendem Betriebsergebniskonto?

Betriebsergebniskonto

Kosten für Herstellung und Vertrieb von 5.400 Stück	. . . . . GE	Umsatzerlöse	. . . . . GE
Betriebsergebnis	. . GE		
	. . . . . GE		. . . . . GE

c) Der Einproduktbetrieb produziert nun x_p = 6.000 Stück. Die Absatzmenge x_A beträgt nur 5.400 Stück. Für die Produktionskosten K_p und die Absatzkosten K_A gilt:

$K_p = 800 + 1{,}60 x_p$
$K_A = 200 + 0{,}20 x_A$

c1) Die Bestandserhöhung soll zu variablen Kosten (1,60 GE/Stück) bewertet werden.

c11) Ergänzen Sie das folgende nach dem Gesamtkostenverfahren[20] erstellte Betriebsergebniskonto:

---

[20] Der Unterschied zwischen Gesamt- und Umsatzkostenverfahren wird im Abschnitt 2.3.2 vertiefend behandelt. Hier ist zunächst nur der Ausweis der Bestandserhöhung beim Gesamtkostenverfahren wichtig.

1.3 Einzel- und Gemeinkosten, variable und fixe Kosten   41

Betriebsergebniskonto (Gesamtkostenverfahren)

Kosten für Herstellung von 6.000 Stück	. . . . . GE	Umsatzerlöse	. . . . . GE
Kosten für den Vertrieb von 5.400 Stück	. . . . . GE	Bestandserhöhung 600 Stück	. . . . . GE
Betriebsergebnis	. . GE		
	. . . . . GE		. . . . . GE

c12) Ergänzen Sie das folgende nach dem Umsatzkostenverfahren erstellte Betriebsergebniskonto:

Betriebsergebniskonto (Umsatzkostenverfahren)

Herstellungs- und Vertriebskosten für die verkauften Erzeugnisse (5.400 Stück)	. . . . . GE	Umsatzerlöse verkaufter Erzeugnisse (5.400 Stück)	. . . . . GE
Betriebsergebnis	. . GE		
	. . . . . GE		. . . . . GE

c2) Die Bestandserhöhung soll zu vollen Produktionskosten (mit Proportionalisierung der Fixkosten) bewertet werden.

c21) Stellen Sie das Betriebsergebniskonto nach dem Gesamtkostenverfahren auf!

c22) Stellen Sie das Betriebsergebniskonto nach dem Umsatzkostenverfahren auf!

d) In den Aufgabenstellungen b), c11) und c12) erhält man das gleiche Betriebsergebnis. Begründung?

Aufgabe 17: Maximierung des Betriebsergebnisses bei gegebener Preis-Absatz-Funktion

Ein Einproduktbetrieb will für eine Planungsperiode das Betriebsergebnis maximieren. Die beschäftigungsfixen Kosten belaufen sich auf 1.000 GE/Periode, die beschäftigungsvariablen Kosten betragen unabhängig von der Stückzahl 1,80 GE/Stück. Von der bereitgestellten Kapazität her wäre der Betrieb in der Lage, bis zu 6.000 Stück in der Periode zu erzeugen und abzusetzen. Bei dem bisherigen Absatzpreis von 2,50 GE/Stück rechnet der Betrieb mit einer Absatzmenge von 4.000

Stück/Periode. Im Fall einer Preissenkung auf 2,40 GE/Stück wird eine Absatzmenge von 5.000 Stück/Periode vermutet. Es wird ferner angenommen, daß innerhalb des Preisbereiches zwischen 2,30 GE/Stück und 2,50 GE/Stück zwischen dem Absatzpreis und der Absatzmenge eine lineare Beziehung besteht. Bei welchem Absatzpreis p ist dann das Betriebsergebnis maximal?

Aufgabe 18: Ermittlung variabler Stückkosten

Ein Weinvermarkter hatte geplant, für das Geschäftsjahr 2010 25 Mio. Flaschen Wein zu einem Durchschnittspreis von 14 GE pro Flasche im Inlandsgeschäft zu verkaufen. Durch einen nicht vorausgesehenen Verschnitt- und Glykol-Skandal sind die Plandaten dahingehend zu ändern, daß nur noch 21 Mio. Flaschen zu einem Durchschnittspreis von 14 GE pro Flasche abzusetzen sind. Das Betriebsergebnis sinkt durch diese erzwungene Planrevision um 30 Mio. GE.

a) Berechnen Sie aus diesen Angaben mit einem linearen Kostenansatz die variablen Stückkosten.

b) Das revidierte Betriebsergebnis des Inlandsgeschäfts ist negativ. Wie hoch sind danach bei einem linearen Kostenansatz mindestens die fixen Kosten?

c) Die Unternehmung rechnet damit, mehr als 1 Mio. Flaschen zurücknehmen zu müssen. Der Aufwand hierfür werde 20 Mio. GE klar übersteigen. Kostenrechnerische Auswirkung?

Aufgabe 19: Kombination der leistungsbezogenen Abschreibung mit einem Verfahren der Zeitabschreibung

Ein Lastkraftwagen mit dem Anschaffungswert von 80.000 GE soll zu 60% auf Basis der Gesamtleistungsmenge von 400.000 km und zu 40% durch gleichmäßige Verteilung auf fünf Nutzungsperioden abgeschrieben werden. Der Restwert nach Ablauf der fünf Perioden ist Null.

a) Vervollständigen Sie folgende Übersicht:

	Gefahrene Kilometer	Abschreibungsbeträge (GE)		
		Mengenanteil	Zeitanteil	insgesamt
1. Periode	86.400			
2. Periode	77.700			
3. Periode	91.100			
4. Periode	88.800			
5. Periode	56.000			
Summe	400.000			80.000

1.3 Einzel- und Gemeinkosten, variable und fixe Kosten

b) Diskutieren Sie die Angemessenheit folgender Vorgehensweise der Praxis: Die „gespaltene Abschreibung sehen beispielsweise Betriebe des Güterkraftverkehrs für ihre Lastwagen vor, die sie (abgesehen vom Wert der Bereifung, der regelmäßig sofort als Kosten verrechnet wird) zu 50% kilometerabhängig und zu 50% zeitabhängig abschreiben."

c) Diskutieren Sie im Hinblick auf variable/fixe Kosten die Abschreibungsursachen Verschleiß, technischer Fortschritt (leistungsfähigere Anlagen) und wirtschaftliche Überholung (z.B. durch Nachfrageverschiebungen).

Am Schluß dieses Abschnitts sei noch der Frage nachgegangen, wie Kosten mit mathematischen Methoden in fixe und variable Kosten getrennt werden können. Die folgende Fallgestaltung soll das Problem dieser Kostenauflösung auf der Grundlage von Vergangenheitswerten demonstrieren.

Fallgestaltung Kostenauflösung:

Für einen Einproduktbetrieb gehen die Kosten $K(x_i)$ bei unterschiedlichen Ausbringungsmengen x_i aus folgender Tabelle hervor:

Monat	i	Stückzahl x_i	Kosten $K(x_i)$
Januar	1	1.400	3.500
Februar	2	1.600	3.600
März	3	2.400	4.700
April	4	2.100	4.400
Mai	5	1.900	4.000
Juni	6	2.600	4.900
Juli	7	2.700	5.000
August	8	1.600	3.900
September	9	2.000	4.100
Oktober	10	1.600	3.800
November	11	1.800	3.900
Dezember	12	2.300	4.600
Ø		$\underline{2.000} = \bar{x}$	$\underline{4.200} = \bar{K}$

Die Zahlpaare $(x_i | K(x_i))$ lassen sich als Punkte in einem x-K-Koordinatensystem darstellen, vgl. Übersicht 1.4. Der Punkt mit den Koordinaten $\bar{x}$ und $\bar{K}$ ist dann der Schwerpunkt der Punktwolke.

Aus diesen Zahlenwerten soll eine lineare Kostenfunktion $K = k_v x + K_f$ ermittelt werden, die gemessen an einer quadratischen Fehlernorm eine möglichst geringe Abweichung zu den Monatswerten ergibt. Mit mathematischen Methoden, die auf

Carl Friedrich Gauß zurückgehen, lassen sich die Koeffizienten k_v und K_f so bestimmen, daß die Summe der Abweichungsquadrate

$$\sum_{i=1}^{12}\left[K(x_i) - k_v x_i - K_f\right]^2$$

minimal wird. Das graphische Bild zur Kostenfunktion nennt man Ausgleichsgerade. In der Übersicht 1.5 sind die Zahlpaare $(x_i | K(x_i))$ und die Ausgleichsgerade eingetragen. Man kann zeigen, daß die Ausgleichsgerade durch den Schwerpunkt

$$\left[\frac{\sum_{i=1}^{12} x_i}{12}, \frac{\sum_{i=1}^{12} K(x_i)}{12}\right] = (\overline{x}, \overline{K}) = (2.000 | 4.200)$$

verläuft. Ohne Ableitung sei vermerkt, daß für die Fallgestaltung $k_v = 1,17$ und $K_f = 1.860$ gilt. Für die Gleichung zur Ausgleichsgeraden kann somit geschrieben werden

K = 1,17 x + 1.860.

Folgende alternative Schreibweise

K = 4.200 + 1,17 (x − 2.000)

zeigt besser, daß die Ausgleichsgerade durch den Schwerpunkt verläuft. Die mathematische Methode zur Bestimmung der Ausgleichsgeraden heißt Ausgleichsrechnung. Diese dargestellte quadratische Fehlernorm ist in den Anwendungen am weitesten verbreitet. Ein Beispiel für eine andere Fehlernorm ist die sogenannte Tschebyscheff-Norm, bei der es um die Minimierung der größten Absolutabweichung geht:

$$\underset{i=1,\ldots,12}{\text{Max}} |K(x_i) - k_v x_i - K_f| = \text{Minimum!}$$

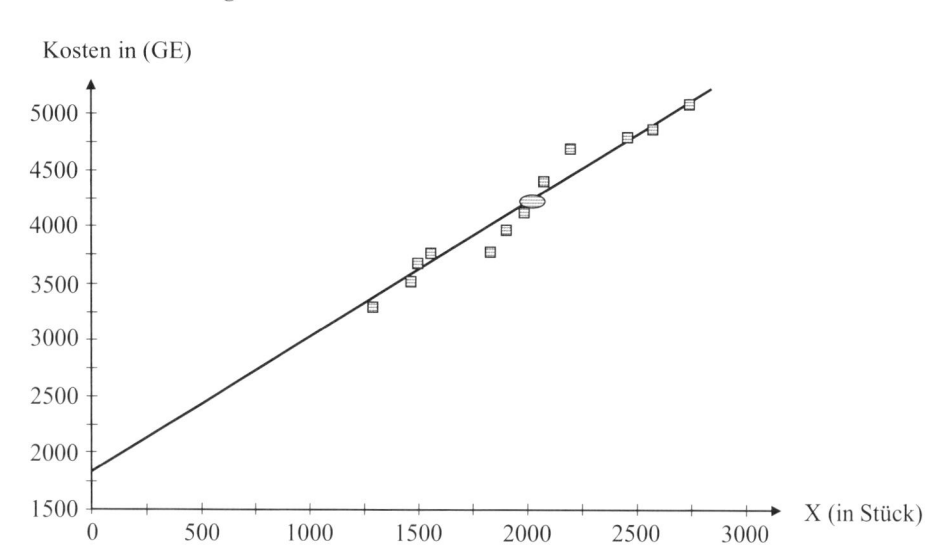

1.3 Einzel- und Gemeinkosten, variable und fixe Kosten

Übersicht 1.5 – Kostenauflösung in fixe und variable Kosten mittels Ausgleichsrechnung

1.3.3 Beschäftigungsvariable Kostenträgergemeinkosten

Es ist leicht einzusehen, daß unechte Kostenträgergemeinkosten – wie z.B. der bewertete Leimverbrauch bei der Tischproduktion – beschäftigungsvariable Kosten darstellen. Nach der Übersicht 1.6 muß es sogar echte Kostenträgergemeinkosten geben, die beschäftigungsvariabel sind.[21] Ein Beispiel für diese Möglichkeit ist die Kuppelproduktion. Von Kuppelproduktion soll gesprochen werden, wenn ein bestimmtes Produkt A nicht hergestellt werden kann, ohne daß gleichzeitig aus dem gleichen Rohmaterial ein anderes Produkt B bzw. mehrere andere Produkte C, D,... notwendigerweise mit erzeugt werden müssen.

E. Schneider, Industrielles Rechnungswesen. 5. Aufl., Tübingen 1969, S. 168f.

Beispiele:
- Bei der Erzeugung von Mehl aus Getreide entsteht zugleich Kleie (Aufgabe 20).
- Erzeugung von Gas in einem Gaswerk aus eingesetzter Kohle. Es entstehen gleichzeitig Koks, Teer, Benzol und Ammoniumsulfat, vgl. Aufgabe 42.

---

[21] Kennzeichnung durch Schraffur in Übersicht 1.7.

Übersicht 1.6 – Der Zusammenhang zwischen den Begriffen Einzel- und Gemeinkosten bzw. variable und fixe Kosten bei der Wahl der Bezugsgröße Kostenträger bzw. der Kosteneinflußgröße Beschäftigung

KOSTEN			Fragestellung:
Kostenträgereinzelkosten	Unechte Kostenträgergemeinkosten	Echte Kostenträgergemeinkosten	Gesonderte Erfassung bei Bezugsgröße Kostenträger?
Beschäftigungsvariable Kosten		Beschäftigungsfixe Kosten	Änderung bei Variation der Kosteneinflußgröße Beschäftigung?

Übersicht 1.7 – Der Zusammenhang zwischen den Begriffen Einzel- und Gemeinkosten bzw. variable und fixe Kosten bei der Wahl der Bezugsgröße Kostenträger bzw. der Kosteneinflußgröße Beschäftigung mit Schraffur von beschäftigungsvariablen, echten Kostenträgergemeinkosten

KOSTEN			Fragestellung:
Kostenträgereinzelkosten	Unechte Kostenträgergemeinkosten	Echte Kostenträgergemeinkosten	Gesonderte Erfassung bei Bezugsgröße Kostenträger?
Beschäftigungsvariable Kosten		Beschäftigungsfixe Kosten	Änderung bei Variation der Kosteneinflußgröße Beschäftigung?

Aufgabe 20: Beschäftigungsvariable, echte Kostenträgergemeinkosten

Beschäftigungsvariable Kosten können echte Kostenträgergemeinkosten sein. Skizzieren Sie ein Beispiel! Vorschlag: Mühlenbetrieb mit den beschäftigungsvariablen Kosten bewerteter Verbrauch von Getreide sowie den Produkten Feinmehl und Kleie.

1.4 Überblick über die Kostenrechnungssysteme und weiteres Vorgehen

Nach dem Zeitbezug lassen sich Istkosten (tatsächliche Größen der Vergangenheit), Normalkosten (normalisierte Größen z.B. als Durchschnittsgrößen der Vergangenheit) und Plankosten (erwartete oder angestrebte Größen der Zukunft) unterscheiden. Da bei den „Ist"kosten häufig schon normalisiert wird (vgl. z.B. kalkulatorische Wagnisse), sollen im folgenden nur noch in diesem Sinne verstandene Ist- und Plankosten gegenübergestellt werden. Jede sinnvolle Plankostenrechnung erfordert zur Überprüfung im Soll-Ist-Vergleich eine Istkostenrechnung.

Nach dem Umfang der Kostenverrechnung sind Vollkostenrechnungen und Teilkostenrechnungen (Einzel / Gemein oder variabel / fix) zu unterscheiden. Teilkostenrechnungen erfordern mehr Informationen, nämlich die Differenzierung der Kosten in Einzel- oder Gemeinkosten bzw. variable oder fixe Kosten. Zur Lösung vieler Entscheidungsprobleme sind solche Differenzierungen notwendig. Die Istkostenrechnung auf Vollkostenbasis ist danach das einfachste Kostenrechnungssystem. Dieses auch historisch älteste „traditionelle" Kostenrechnungssystem wird im folgenden Teil 2 behandelt.

In der Übersicht 1.8 entstehen durch die Kopfspalten Istkostenrechnung und Plankostenrechnung sowie durch die Vorspalten Vollkostenrechnung und Teilkostenrechnung 4 Felder. Das obere linke Feld repräsentiert die im Teil 2 abzuhandelnde „traditionelle" Kostenrechnung. Das untere linke Feld repräsentiert den Gegenstand des Teils 3, während im Teil 4 Grundzüge der Plankostenrechnung auf der Grundlage von variablen Kosten behandelt werden.

Übersicht 1.8 – Überblick über die Kostenrechnungssysteme

Umfang der Kosten-verrechnung \ Zeitlicher Bezug der Kosten	Istkostenrechnung	Plankostenrechnung
Vollkostenrechung	Istkostenrechnung auf der Grundlage von Vollkosten (Teil 2)	Plankosten auf der Grundlage von Vollkosten
Teilkostenrechnung	Istkostenrechung auf der Grundlage von Teilkosten[a] (Teil 3)	Plankostenrechnung auf der Grundlage von Teilkosten[a] (Teil 4)
[a] Variable Kosten oder Einzelkosten.		

2 Traditionelle Kostenrechnung als Vollkostenrechnung

Wir wollen uns hier der gebräuchlichen Gliederung der traditionellen Vollkostenrechnung in die Abrechnungsstufen Kostenarten-, Kostenstellen- und Kostenträgerrechnung anschließen. In Übersicht 2.1 sind die Fragestellungen und Aufgaben dieser Abrechnungsstufen aufgeführt. Einige Probleme der Kostenartenrechnung werden unter dem Gliederungspunkt 2.1 an zwei Beispielen (Materialkosten, Personalkosten) dargestellt. Für die Ausführungen zum Gliederungspunkt 2.2 ist die Überschrift Kostenstellenrechnung eigentlich zu eng, da wir in den Fällen, in denen die Kostenstellen marktfähige Leistungen erbringen, durch Gegenüberstellung von *Leistungen und Kosten* Stellenergebnisse ermitteln. Schließlich ist der Gliederungspunkt 2.3 Kostenträgerrechnung untergliedert in 2.3.1 Kostenträgerstückrechnung und 2.3.2 Kostenträgerzeitrechnung. Dabei wird der Schwerpunkt auf dem Gliederungspunkt 2.3.1 mit der Darstellung und Kritik der üblichen Kalkulationsverfahren wie Divisionskalkulationen, Äquivalenzziffernkalkulationen, Zuschlagskalkulationen, Maschinenstundensatzkalkulationen, Prozeßkostenrechnungen und Kuppelkalkulationen liegen.[1]

Die Kostenarten-, Kostenstellen- und Kostenträgerzeitrechnung faßt man auch zur Betriebsabrechnung zusammen. Von daher erschiene es zweckmäßiger, die Kostenträgerzeitrechnung vor der Kostenträgerstückrechnung zu behandeln. Wir wählen eine andere Reihenfolge, da sich bei bekannten Kalkulationsverfahren für die Kostenträgerzeitrechnung konkretere Fragestellungen ergeben.

---

[1] Vgl. hierzu bspw. den schönen Überblick über die Vollkostenrechnung mit weiteren Nachweisen bei *J. Eberlein*, Betriebliches Rechnungswesen und Controlling. 2. Aufl., München 2010.

Übersicht 2.1 – Abrechnungsstufen der Kosten- und Leistungsrechnung[2]

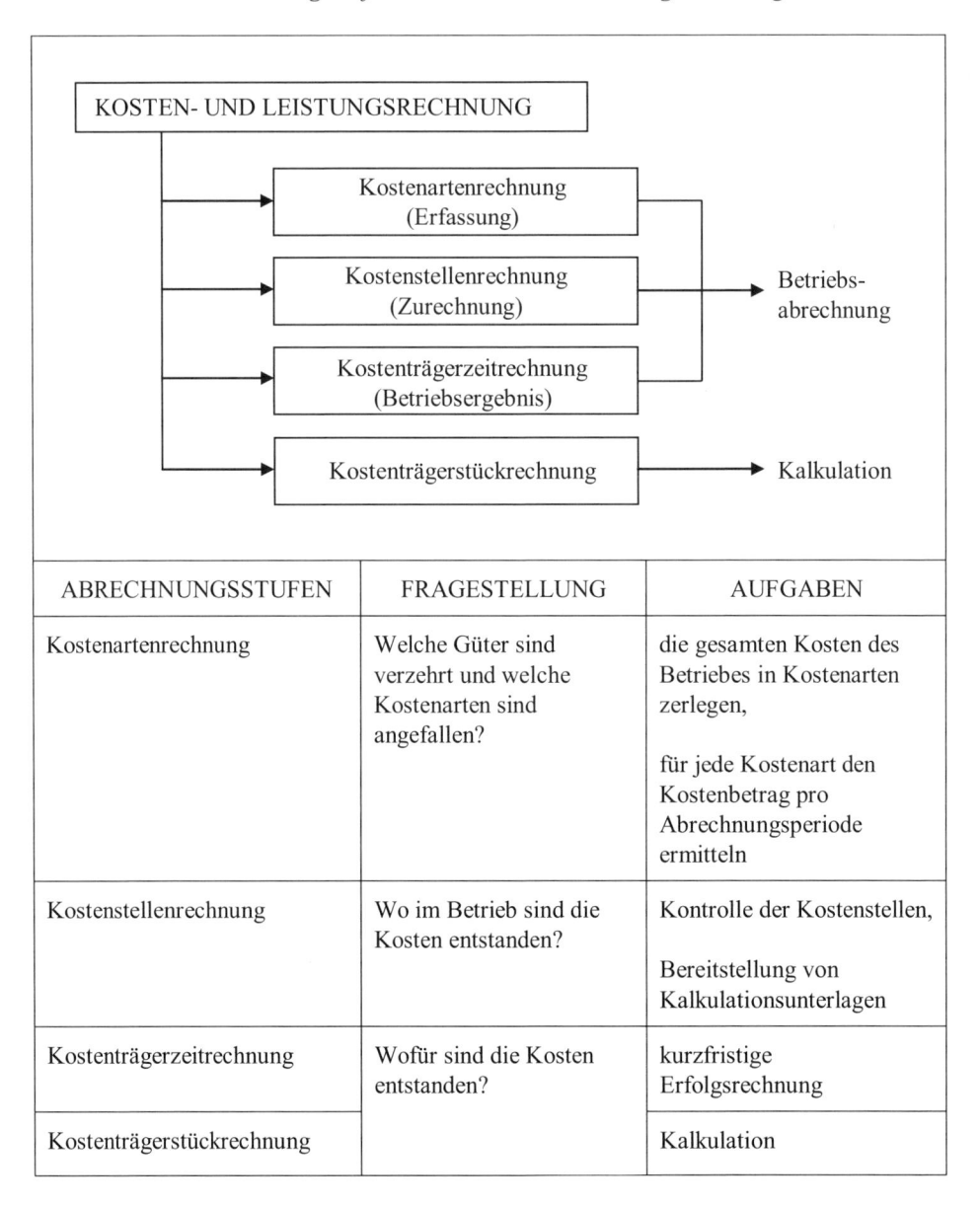

```
KOSTEN- UND LEISTUNGSRECHNUNG
    │
    ├──► Kostenartenrechnung
    │    (Erfassung)
    │
    ├──► Kostenstellenrechnung ──────► Betriebs-
    │    (Zurechnung)                   abrechnung
    │
    ├──► Kostenträgerzeitrechnung
    │    (Betriebsergebnis)
    │
    └──► Kostenträgerstückrechnung ──► Kalkulation
```

ABRECHNUNGSSTUFEN	FRAGESTELLUNG	AUFGABEN
Kostenartenrechnung	Welche Güter sind verzehrt und welche Kostenarten sind angefallen?	die gesamten Kosten des Betriebes in Kostenarten zerlegen, für jede Kostenart den Kostenbetrag pro Abrechnungsperiode ermitteln
Kostenstellenrechnung	Wo im Betrieb sind die Kosten entstanden?	Kontrolle der Kostenstellen, Bereitstellung von Kalkulationsunterlagen
Kostenträgerzeitrechnung	Wofür sind die Kosten entstanden?	kurzfristige Erfolgsrechnung
Kostenträgerstückrechnung		Kalkulation

---

[2] *D. Klopfer,* Kosten- und Erlösrechnung im Sparkassenbetrieb. Eine programmierte Unterweisung. Grundlehrgang. München 1971, S. 22.

2.1 Kostenartenrechnung (ausgewählte Beispiele)

In der Kontenklasse 4 des Gemeinschaftskontenrahmens der Industrie werden folgende Kostenarten gemäß einer dezimalen Klassifikation unterschieden:

- 40   Fertigungsmaterial (Einzelstoffkosten)
- 41   Gemeinkostenmaterial (Hilfs- und Betriebsstoffkosten)
- 42   Brennstoffe, Energie und dergleichen
- 43   Löhne und Gehälter
    - 431   Fertigungslöhne
    - 433   Hilfslöhne
    - 439   Gehälter
- 44   Sozialkosten
    - 440   Krankenversicherung ⎫
    - 441   Invalidenversicherung ⎪
    - 442   Angestelltenversicherung ⎬ gesetzliche Sozialkosten
    - 443   Arbeitslosenversicherung ⎪
    - 444   Beiträge zur Berufsgenossenschaft ⎭
    - 447   Pensionen und andere Personenversicherungen ⎬ freiwillige Sozialkosten
- 45   Instandhaltung und verschiedene andere Leistungen
- 46   Steuern, Gebühren, Beiträge, Versicherungsprämien und dergleichen
- 47   Mieten, Verkehrs-, Büro-, Werbekosten usw.
- 48   Kalkulatorische Kosten
    - 480   Verbrauchsbedingte Abschreibungen
    - 481   Betriebsbedingte Zinsen
    - 482   Betriebsbedingte Wagnisse
    - 483   Unternehmerlohn
- 49   Sondereinzelkosten der Fertigung und des Vertriebs.

Zur Kritik an dieser Gliederung vgl. Scherrer[3]. Im folgenden soll nur näher auf die Materialkosten und Personalkosten eingegangen werden. Kalkulatorische Kosten wurden bereits im Kapitel 1.2 betrachtet.

---

[3]   *G. Scherrer*, Kostenrechnung. 3. Aufl., Stuttgart 1999, S. 330ff.

Aufgabe 21: Beispiele für Kostenarten

a) Nennen Sie Beispiele für Sondereinzelkosten der Fertigung und des Vertriebs.

b) Nennen Sie ein Beispiel für eine Kostenart, bei dem die Kosten einer Periode nicht mit einer Auszahlung in der gleichen Periode verbunden sind. Sind solche „auszahlungslosen" Kosten immer Kostenträgergemeinkosten?

c) Nennen Sie ein Beispiel für eine Kostenart, bei dem die Kosten einer Periode betragsgleich mit den Auszahlungen dieser Periode sind. Sind solche „out of pocket costs" immer Kostenträgereinzelkosten?

2.1.1 Materialkosten

Kosten stellen *bewerteten* Güter*verbrauch* dar. Eine Aufspaltung der Kosten in die beiden Faktoren Mengenkomponente (Güterverbrauch) und Preiskomponente (Bewertung) ist bei manchen Kostenarten ohne künstliche Begriffsbildung nicht möglich, wie z.B. bei Beiträgen, Steuern usw.

Im Falle der Kostenart Materialkosten ist eine derartige Komponentenzerlegung insbesondere für Kontrollzwecke sehr sinnvoll, da die Verantwortlichkeiten für die Mengenkomponente (z.B. Produktionsabteilung) und die Preiskomponente (Einkaufsabteilung oder vom Betrieb unbeeinflußbar) unterschiedlich sein können. In diesem Sinne zerlegen wir die Materialkosten (für Roh-, Hilfs- und Betriebsstoffe) in die beiden Komponenten:

$$\text{Materialkosten (GE)} = \underset{(a)}{\text{Verbrauchte Menge (ME)}} \cdot \underset{(b)}{\text{Kostenwert (GE/ME)}}$$

a) Ermittlung der verbrauchten Menge

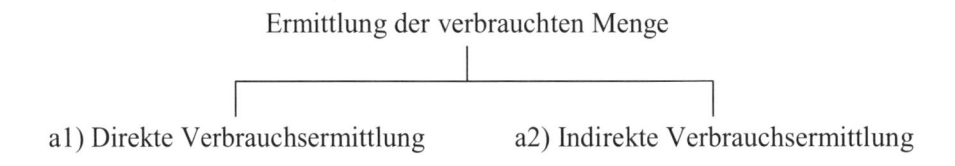

Ermittlung der verbrauchten Menge
- a1) Direkte Verbrauchsermittlung
- a2) Indirekte Verbrauchsermittlung

2.1 Kostenartenrechnung

a1) Direkte Verbrauchsermittlung durch laufende Abschreibungen

Lagerentnahmescheine können als Informationen enthalten:

- Art und Menge des Materials
- Entnehmende Kostenstelle (Kostenstellenrechnung)
- Bezeichnung des Produktes bzw. des Auftrages (Kostenträgerrechnung; Produkteinzelkosten bzw. Auftragseinzelkosten).

Mögliche Buchung nach Gemeinschaftskontenrahmen der Industrie bei Entnahme:

40 - Kosten des Fertigmaterials   an   30 - Rohstoffe

Der Lagerendbestand müßte sich aus dem Anfangsbestand + Zugänge (Lieferschein) - Abgänge (Lagerentnahmeschein) ergeben. Kontrolle von Diebstahl, Schwund und Verderb durch Inventur. Mögliche Buchung nach Gemeinschaftskontenrahmen der Industrie bei Lieferung:

30 - Rohstoffe   an   1 - Bank (Barkauf von Rohstoffen)

a2) Indirekte Verbrauchsermittlung durch Befundrechnung

- Feststellung des Anfangsbestandes (alte Inventur)
- Zuschreibung der Zugänge (nach Lieferschein)
- Feststellung des Endbestandes (neue Inventur).

Verbrauch = Anfangsbestand + Zugänge − Endbestand

Nachteile gegenüber a1):

- Die indirekte Verbrauchsermittlung ist nur einmal pro Abrechnungsperiode im Rahmen der Inventur möglich.
- Diebstahl, Schwund und Verderb werden als Verbrauch erfaßt.
- Keine Auskunft über die entnehmende Kostenstelle bzw. den verbrauchenden Kostenträger.

Die indirekte Verbrauchsermittlung ist nur bei weniger wertvollen Materialien sinnvoll.

b) Ermittlung der Kostenwerte

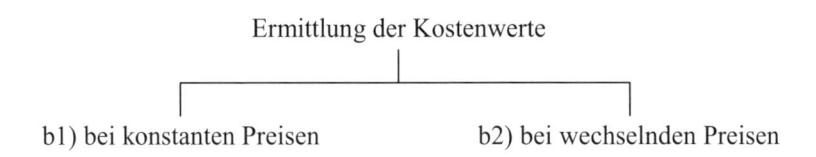

```
              Ermittlung der Kostenwerte
         ┌─────────────┴─────────────┐
   b1) bei konstanten Preisen   b2) bei wechselnden Preisen
```

b1) Kostenwerte bei konstanten Preisen

Welcher Preis ist besser als Kostenwert für die Materialkosten geeignet:

- der Einkaufspreis?
- der Einstandspreis?
- der Lagerabgabepreis?

Definitionen:

    Einkaufspreis (Rechnungspreis – Nachlässe[a])
+ Transportkosten   ⎤
+ Zölle   ⎬ außerbetriebliche
+ Verpackungskosten ⎦ Beschaffungsneben"kosten"[b]

= Einstandspreis
+ Kosten des Einkaufs   ⎤
   (z.B. für Angebotseinholung) ⎬ innerbetriebliche
+ Wareneingangs- und Prüfkosten   Beschaffungsnebenkosten
+ Lagerkosten   ⎦

= <u>Lagerabgabepreis</u>

[a] Skonti, Boni, Rabatte.
[b] Nach handelsrechtlichen Vorschriften sind außerbetriebliche Beschaffungsnebenkosten zu aktivieren. Aus handelsrechtlicher Sicht liegt somit kein Werteverzehr in der Periode der Beschaffung vor.

2.1 Kostenartenrechnung

In der Praxis hat sich die Verwendung des Einstandspreises zur Kostenbewertung durchgesetzt. Gründe:

1. Kontrolle: Getrennte Kontrolle von Einstandspreis (Preisabweichung, weitgehend vom Markt bestimmt) und innerbetrieblicher Wirtschaftlichkeit (innerbetriebliche Beschaffungsnebenkosten).

2. Vermeidung von Abweichungen zwischen Kostenrechnung und Finanzbuchführung: Für den Einstandspreis sprechen handels- und steuerrechtliche Vorschriften, da diese die Aktivierung von außerbetrieblichen Beschaffungsneben"kosten" fordern.

b2) Kostenwerte bei wechselnden Einstandspreisen

Problem: Zu verschiedenen Zeitpunkten beschaffte Materialien werden nicht getrennt gelagert (Beispiel Heizöl). Kostenbewertung mit welchen Preisen?

- Durchschnittspreisverfahren (vgl. die folgende Aufgabe 22)
- Verrechnungspreisverfahren (vgl. Aufgabe 24)

Verrechnungspreise werden im Allgemeinen unter Berücksichtigung der zukünftigen Preiserwartungen am Anfang eines Abrechnungsabschnitts festgelegt und bleiben während dieser Zeit unverändert. Wird der Tageswert des Verbrauchstages zur Bestimmung der Preiskomponente der Materialkosten herangezogen, darf der Zusammenhang mit den kalkulatorischen Zinsen nicht übersehen werden. Diese Problematik wurde bereits bei der Behandlung der kalkulatorischen Abschreibungen auf Tageswertbasis angesprochen (vgl. Aufgabe 5).

Aufgabe 22: Durchschnittspreisverfahren

Die Materialkosten können bestimmt werden aus der Gleichung:

Materialkosten = Verbrauchte Menge · Kostenwert pro Mengeneinheit

Als Kostenwert pro Mengeneinheit kommt der Einstandspreis in Frage.

a) Nennen Sie die Kosten, die zum Einkaufspreis (= Rechnungspreis − Nachlässe) addiert werden müssen, um den Einstandspreis zu berechnen.
   (1) ....
   (2) ....
   (3) ....

b) Bei Schwankungen des Einstandspreises können für die Bestimmung des Kostenwertes pro Mengeneinheit gleitende Durchschnittspreise angesetzt werden. Ergänzen Sie die folgende Tabelle:

Datum	Bestand oder Vorgang	Menge	Kostenwert pro ME	Kostenwert
02.01.	Anfangsbestand	500	8,20	4.100
12.01.	Zugang	400	8,00	3.200
14.01.	Zugang	100	8,50	850
04.02.	Zwischensumme	1.000		8.150
04.02.	Entnahme	400		
09.02.	Entnahme	400		
17.02.	Zugang	300	8,90	2.670
03.03.	Zwischensumme			
03.03.	Entnahme	200		

Aufgabe 23: Verbrauchsfolgeverfahren

Diskutieren Sie anhand der vorhergehenden Aufgabe die Verbrauchsreihenfolgen:

LIFO = Last In First Out
FIFO = First In First Out
HIFO = Highest In First Out
LOFO = Lowest In First Out

Beeinflussung des Gewinns?

Exkurs: Bewertungsvereinfachungsverfahren

Aus § 240 I und II sowie § 252 I Nr. 3 HGB ergibt sich, daß Vermögensgegenstände einzeln zu bewerten sind. Notwendige Voraussetzung zur Anwendung dieser Grundkonzeption des Gesetzgebers ist es, den Identitätsnachweis für jeden einzelnen Vermögensgegenstand zu führen. Dies bedeutet, daß jedem Vermögensgegenstand eindeutig die Anschaffungs- oder Herstellungskosten zugeordnet werden können. Im Gegensatz zum HGB findet sich in den International Financial Reporting Standards (IFRS) kein Einzelbewertungsgrundsatz, obschon auch dort die Notwendigkeit der Bilanzierung separater Vermögensgegenstände und Schulden existiert.[4]

---

[4] *J. Eberlein*, Betriebliches Rechnungswesen und Controlling. 2. Aufl., München 2010, S. 69.

2.1 Kostenartenrechnung

Werden nun aber in einem Unternehmen gleichartige Gegenstände in großer Zahl zusammen gelagert, so läßt sich der Identitätsnachweis regelmäßig nicht führen. Folglich ist dieser durch Unterstellungen zu bewirken. Abgestellt wird hierbei auf die Methoden der indirekten Einzelbewertung; die Durchschnittsmethode, LIFO, FIFO, HIFO und LOFO. Gesetzlich geregelt sind die Bewertungsvereinfachungsverfahren in § 256 HGB.[5]

Die *Durchschnittsmethode*, die in der Praxis die weiteste Verbreitung gefunden hat, ist zwar in § 256 HGB explizit nicht geregelt, entspricht aber seit langem gängiger Übung. Sie ist bewertungsneutral und uneingeschränkt zulässig. *LIFO und FIFO* stellen auf eine beschaffungszeitpunktbezogene Unterstellung bezüglich der Verbrauchsfolge ab. Der Wortlaut der Vorschrift läßt beide Verfahren zu, obwohl sie in der Praxis wenig Anwendung gefunden haben. Der Verweis auf die „Grundsätze ordnungsmäßiger Buchführung" soll eine mißbräuchliche Anwendung der Vorschrift ausschließen. Diese liegt dann vor, wenn tatsächliche und unterstellte Verbrauchsfolge in keinem Fall übereinstimmen können.[6] Beide Verfahren sind grundsätzlich bewertungsneutral; zu beachten ist allerdings die Preisentwicklung. *HIFO und LOFO* orientieren sich an einer beschaffungspreisbezogenen Verbrauchsfolge. Beide Verfahren sind nicht bewertungsneutral und besitzen keine praktische Bedeutung. Sie werden nach überwiegender Auffassung als nicht zulässig angesehen.

Darüber hinaus ist die Bildung von Bewertungseinheiten nach § 254 HGB zu beachten. Solche Bewertungseinheiten lassen sich unter Einschränkung des Einzelbewertungsgrundsatzes in einem Umfang bilden, wie sich gegenläufige Wertänderungen von Grund- und Sicherungsgeschäften ausgleichen.

---

[5] Die Gruppenbewertung i.e.S. (§ 240 IV HGB) und die Festbewertung (§ 240 III HGB) sollen hier nicht betrachtet werden.

[6] Die tatsächliche Verbrauchsfolge dürfte eher FIFO sein, in der pharmazeutischen Industrie ist sie sogar vorgeschrieben. Dem LIFO-Prinzip entspricht beispielsweise die tatsächliche Verbrauchsfolge von Schüttgütern, die auf Halde gelagert werden.

Aufgabe 24: Verrechnungspreisverfahren

Zugänge lt. Lieferantenrechnungen: *Materialverbrauch lt. Entnahmescheinen:*

Datum	kg	GE/kg
12.01.	400	8,00
14.01.	100	8,50
17.02.	300	8,90

Datum	kg	GE/kg
04.02.	400	8,50
09.02.	400	8,50
03.03.	200	8,50

Planverrechnungspreis

Materialbestandskonto

Datum	kg	GE/kg	GE	Datum	kg	GE/kg	GE
AB	500	8,50	4.250				
12.01.	400	8,50	3.400	04.02.	400	8,50	3.400
14.01.	100	8,50	850	09.02.	400	8,50	3.400
17.02.	300	8,50	2.550	03.03.	200	8,50	1.700
	1.300		11.050		1.300		11.050

Preisdifferenzkonto

Datum	kg	GE/kg	GE	Datum	kg	GE/kg	GE
				B			150
12.01.	400	8,00	3.200	12.01.	400	8,50	3.400
14.01.	100	8,50	850	14.01.	100	8,50	850
17.02.	300	8,90	2.670	17.02.	300	8,50	2.550

Abschluß des Preisdifferenzkontos? Entwicklung auf dem Finanzkonto (Barkauf des Materials unterstellt), Materialkostenkonto, Betriebsergebniskonto? Zusammenhang mit Aufgabe 22?

2.1.2 Personalkosten

Personalkosten entstehen durch den Einsatz des Produktionsfaktors „menschliche Arbeitskraft" im betrieblichen Leistungserstellungsprozeß (vgl. Übersicht 1.1). Schon ein flüchtiger Blick in einschlägige Lehrbücher zeigt, daß sich Personalkosten auf ganz vielfältige Weise strukturieren lassen.[7] Häufig findet man dabei eine Einteilung in Lohnkosten, Gehaltskosten, Sozialkosten und sonstige Personalkosten. Wir wollen in Anlehnung an das Statistische Bundesamt die Personalkosten hier aufteilen in sogenannte Arbeitsentgelte und Personalnebenkosten (vgl. Übersicht 2.2).

Wie in Übersicht 2.2 skizziert, lassen sich die Personalnebenkosten untergliedern in gesetzliche Personalnebenkosten (z.B. Arbeitgeberpflichtbeiträge zur Renten-, Kranken- und Arbeitslosenversicherung) und tarifliche oder betriebliche Personalnebenkosten (z.B. Gratifikationen, 13. Monatsgehalt, Aufwendungen für die betriebliche Altersversorgung).

Neben dem Entgelt für die geleistete Arbeit setzen sich Löhne und Gehälter aus Sonderzahlungen (Gratifikationen, Urlaubsgeld und Vermögenswirksame Leistungen) sowie Vergütungen arbeitsfreier Tage (Urlaubsvergütung, Lohn-/Gehaltsfortzahlung im Krankheitsfall, Vergütung gesetzlicher Feiertage und sonstiger Ausfallzeiten) zusammen. Gehälter werden zeitraumbezogen gezahlt und sind in aller Regel Kostenträgergemeinkosten.[8] Die Löhne untergliedert man in Fertigungslöhne (in der Praxis häufig als Kostenträgereinzelkosten behandelt) und Hilfslöhne (Lager- und Transportarbeiter, Reinigungspersonal, Werksdienst; sie sind in der Regel Kostenträgergemeinkosten).

---

[7] *G. Fandel u.a.*, Kostenrechnung. 3. Aufl., Berlin/Heidelberg 2009, S. 97-108. *U. Götze*, Kostenrechnung und Kostenmanagement. 4. Aufl., Berlin/Heidelberg 2007, S. 38-44. *C.-Ch. Freidank*, Kostenrechnung. Grundlagen des innerbetrieblichen Rechnungswesens und Konzepte des Kostenmanagements. 8. Aufl., München/Wien 2008, S. 104-106. *A. G. Coenenberg, Th. M. Fischer u. Th. Günther*, Kostenrechnung und Kostenanalyse. 7. Aufl., Stuttgart 2009, S. 62.

[8] Gegenbeispiel: Forschungsauftrag als Kostenträger. Ein Angestellter arbeitet in der Betrachtungsperiode nur für diesen Forschungsauftrag.

Übersicht 2.2 – Gliederung der Personalkosten

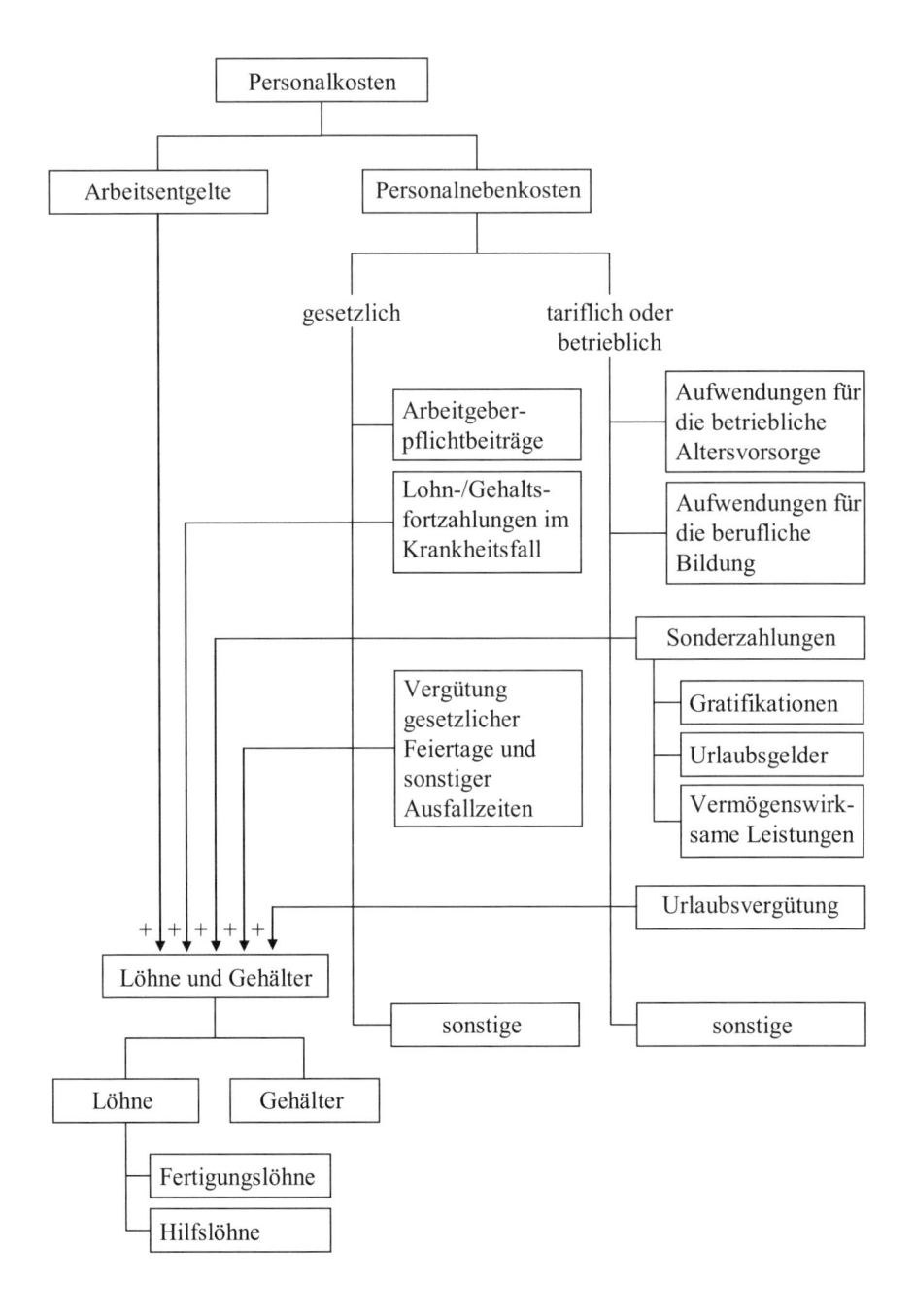

```
                        Personalkosten
                       /             \
              Arbeitsentgelte    Personalnebenkosten
                                  /             \
                          gesetzlich      tariflich oder
                                            betrieblich

                          Arbeitgeber-         Aufwendungen für
                          pflichtbeiträge      die betriebliche
                                               Altersvorsorge

                          Lohn-/Gehalts-       Aufwendungen für
                          fortzahlungen im     die berufliche
                          Krankheitsfall       Bildung

                                               Sonderzahlungen
                                                 ├─ Gratifikationen
                          Vergütung              ├─ Urlaubsgelder
                          gesetzlicher           └─ Vermögenswirk-
                          Feiertage und             same Leistungen
                          sonstiger
                          Ausfallzeiten

                                               Urlaubsvergütung

       + + + + +
     Löhne und Gehälter
        /        \
    Löhne      Gehälter     sonstige        sonstige
      ├─ Fertigungslöhne
      └─ Hilfslöhne
```

2.1 Kostenartenrechnung

Fallgestaltung zur Kostenart Personalkosten

Ein Unternehmer beschäftigt 4 Arbeiter A, B, C und D, die einen Tariflohn von 15 GE pro Stunde erhalten. Ferner sind 24 Urlaubstage und 1.500 GE Urlaubsgeld tariflich abgesichert. Im Durchschnitt ist jeder Arbeiter 18 Tage im Jahr krank. Im gesamten Monat Dezember (20 Arbeitstage) ist ein Arbeiter krank. Die tägliche Arbeitszeit beträgt 8 Stunden.

Für die Berechnung des kalkulatorischen Unternehmerlohns wird die folgende „Seifenformel"[9] herangezogen:

$$\text{Kalkulatorischer Unternehmerlohn im Jahr} = 18 \cdot \sqrt{\text{Jahresumsatz}}$$

Der Jahresumsatz beträgt 16 Mio. GE.

Weiterhin stehen dem Kostenrechner folgende Daten zur Verfügung:

- Gesamtzahl der Arbeitstage 2009: 200 Tage
- Gesamtzahl der gesetzlichen Feiertage: 8 Tage
- Weihnachtsgeld pro Arbeiter: 1.164 GE
- Vermögenswirksame Leistungen pro Arbeitnehmer: 936 GE
- Aufwand für betriebliche Altersversorgung: 13.000 GE
- Aufwand für berufliche Bildungsmaßnahmen: 5.000 GE
- Aufwand für Essensgeldzuschuß
  (i.H. v. 1,50 GE pro Arbeiter und geleistetem Arbeitstag): 1.200 GE
- Aufwand für betriebsärztliche Tätigkeiten: 2.080 GE
- Arbeitgeberpflichtbeiträge zur gesetzlichen Sozialversicherung: 20%.

Berechnen Sie die Personalkosten des Monats Dezember 2009 unter Anwendung des „innerbetrieblichen Stundenverrechnungssatzes einschließlich aller Sozialkosten". Die nachstehende Erläuterung diene als Anleitung zur Berechnung der Personalkosten:

---

[9] Die „Seifenformel" wurde 1940 zur Preiskontrolle eingeführt und sei hier nur als Kuriosität benutzt.

1.   Arbeitslohn je Vergütungsgruppe pro Stunde
2. + Fehlzeitzuschlag (Urlaub, Krankheit, bezahlte Feiertage)
3. + Andere direkt zurechenbare Vergütungen
   (z.B. Urlaubsgeld, Weihnachtsgeld, Vermögensbildung)

4. = Sozialversicherungspflichtiges Arbeitsentgelt pro Stunde
5. + Gesetzliche Sozialabgaben (Arbeitgeberpflichtbeiträge)
6. = Stundenverrechnungssatz je Anwesenheitsstunde
7. + Zuschläge für nicht direkt zurechenbare Leistungen
   (z.B. Altersversorgung, Beihilfen, Kantinen, ärztlicher Dienst)

8. = Innerbetrieblicher Stundenverrechnungssatz einschließlich aller Sozialkosten

Berechnung zur Fallgestaltung:

Personalkosten Dez. 2009 = Lohnkosten Dez. 2009 + Kalk. Unternehmerlohn Dez. 2009.

a) Lohnkosten

Tariflohn   1:   15 GE/h

Zuschlagssatz Fehlzeit   2: $\dfrac{\text{Fehltage}}{\text{Arbeitstage}} = \dfrac{(24+18+8)}{200} = 25\%$

Zuschlagssatz Sonderzahlungen   3: $\dfrac{\text{Sonderzahlungen pro Jahr}}{\text{Jahresentgelt für geleistete Stunden}}$

$$= \dfrac{1.500 + 1.164 + 936}{200 \cdot 8 \cdot 15} = 15\%$$

Sozialversicherungspflichtiges
Arbeitsentgelt pro Stunde   4: $15 \cdot (1{,}25 + 0{,}15) = 21$ GE/h

Zuschlagssatz Sozialabgaben   5:   aus Aufgabenstellung 20% auf 4

Stundenverrechnungssatz je
Anwesenheitsstunde   6: $21 \cdot 1{,}2 = 25{,}20$ GE/h

2.1 Kostenartenrechnung

Zuschlagssatz　　　　　　　　　7: $\dfrac{\text{nicht direkt zurechenb. soz. Leist. p. Jahr}}{\text{Jahresentgelt für geleistete Arbeitsstunden des Gesamtbetriebes}}$

$$= \dfrac{13.000 + 5.000 + 1.200 + 2.080}{200 \cdot 8 \cdot 15 \cdot 4} = 22\%$$

Innerbetrieblicher
Verrechnungssatz
einschl. aller Sozialleistungen　　8:　$25{,}2 + 15 \cdot 0{,}22 = 28{,}50$ GE/h

Die Lohnkosten für den Monat Dezember 2009 errechnen sich demnach:

geleistete Arbeitsstunden · Verrechnungssatz (aus 8)

$\Rightarrow$ 　　　　$3 \cdot 8 \cdot 20 \cdot 28{,}50 = \underline{13.680 \text{ GE}}$

b) Kalkulatorischer Unternehmerlohn

Kalk. Unternehmerlohn Dez. 2009 $= \dfrac{\text{Kalk. Unternehmerlohn 2009}}{12}$

$$= \dfrac{18 \cdot (16.000.000)^{0,5}}{12} = \underline{6.000 \text{ GE}}$$

c) Personalkosten

Personalkosten Dez. 2009 $= 13.680 + 6.000 = \underline{19.680 \text{ GE}}$

2.2 Kostenstellenrechnung

Die Kostenstellenrechnung fragt, wo im Betrieb die Kosten angefallen sind. Sie dient damit der Kontrollaufgabe. Zu diesem Zweck bietet sich die Stellenbildung nach Verantwortungsbereichen an. Allerdings können aber auch raumbezogene oder funktionsbezogene Kostenstellenbildungskriterien vorliegen. Ferner hat die Kostenstellenrechnung die Kostenträgerrechnung vorzubereiten. Bei Anwendung eines in der Industrie weitverbreiteten Kalkulationsverfahrens (differenzierende Zuschlagskalkulation, Abschnitt 2.3.1.3) ist eine Mindestgliederung des Betriebes in Material-, Fertigungs-, Verwaltungs- und Vertriebsstelle erforderlich.

Wenn Kostenstellen marktfähige Leistungen erbringen, lassen sich für diese Stellen aus der Differenz von stellenbezogenen Leistungen und Kosten Stellenergebnisse bestimmen. Diese Stellenergebnisse können als Lenkungsgrößen in ein Anreizsystem für Stellenleiter (z.B. Ergebnisbeteiligung) eingehen. Zur Ermittlung von Stellenergebnissen ist jedoch die immer problematische Zurechnung von Kostenstellengemeinkosten zu den Kostenstellen erforderlich. Es dürfte nicht immer leicht sein, konsensfähige, steuerungsgerechte (Motivation) und möglichst verursachungsgerechte Schlüssel für die Zurechnung zu finden. Am folgenden Fallbeispiel sollen die Probleme erläutert werden.[10]

Fallbeispiel zur Abteilungsergebnisrechnung im Textileinzelhandel

Für das Bekleidungsgeschäft eines selbständigen Einzelhändlers werden die beiden Kostenstellen Damen- und Herrenabteilung (Abteilungen D und H) gebildet. Das gesamte Betriebsergebnis in Höhe von 200.000 GE setzt sich aus folgenden Komponenten zusammen:

---

[10] *H. Wedell,* Grundlagen des betriebswirtschaftlichen Rechnungswesens. 6. Aufl., Herne/Berlin 1993, S. 343ff., sowie in neugestalteter Version in *H. Wedell u. A. A. Dilling,* Grundlagen des Rechnungswesens. 13. Aufl., Herne 2010, S. 335ff.

2.2 Kostenstellenrechnung

I. Leistungen = Erlöse.

Umsatzerlöse D	1.200.000 GE	⎤ Stelleneinzel-
Umsatzerlöse H	800.000 GE	⎦ leistungen

II. Kosten

Wareneinsatz D	800.000 GE	⎤
Wareneinsatz H	500.000 GE	⎥
Personalkosten (Leitung, Verkauf) der Abteilung D	200.000 GE	⎬ Stelleneinzelkosten
Personalkosten (Leitung, Verkauf) der Abteilung H	120.000 GE	⎦
Kalk. Unternehmerlohn	80.000 GE	⎤
Personalkosten Hausdetektiv	30.000 GE	⎬ Stellengemeinkosten
Raumkosten	30.000 GE	⎥
Werbekosten	40.000 GE	⎦

Die Hälfte des gesamten Betriebsergebnisses, also 100.000 GE, sollen an die Abteilungsleiter ausgeschüttet werden

a) im Verhältnis der Stellenumsätze;
b) im Verhältnis der Stellenergebnisse.

Zu a)

Der Abteilungsleiter der Damenabteilung erhält 60.000 GE, der Abteilungsleiter der Herrenabteilung erhält 40.000 GE Ergebnisbeteiligung. Falscher Anreiz? Gerechtigkeit?

Zu b)

Die Stellenergebnisse vor Schlüsselung der Stellengemeinkosten lauten:

	Abteilung D	Abteilung H
Stelleneinzelleistungen	1.200.000 GE	800.000 GE
− Stelleneinzelkosten	1.000.000 GE	620.000 GE
= Stellenergebnis vor Schlüsselung	200.000 GE	180.000 GE

Wie sind nun die Stellengemeinkosten auf die beiden Stellen zu verteilen? Bei den Raumkosten bietet sich ein Quadratmeterschlüssel an, wenn die Qualität der Räume (z.B. Raumhöhe, Lage) in etwa gleich ist. Die Verkaufsfläche der Damen- bzw. Herrenabteilung beträgt 800 m² bzw. 400 m². Beim Hausdetektiv ist die Schlüsselung nach Zeitaufschreibung vielleicht konsensfähig. Danach hat der Hausdetektiv in der Damenabteilung doppelt soviel Zeit zugebracht wie in der Herrenabteilung. Sehr viel problematischer ist die Schlüsselung der Werbekosten entsprechend dem Umsatz, die hier aber angewandt werden soll, um die Aufmerksamkeit auf die Schlüsselung des kalkulatorischen Unternehmerlohns konzentrieren zu können.

Wir wollen alternativ die Stellenergebnisse bestimmen, wenn der kalkulatorische Unternehmerlohn nach dem

b1) geschätzten Arbeitsanteil
b2) Umsatz

geschlüsselt wird.

Zu b1) Schlüsselung nach dem geschätzten Arbeitsanteil

Der Unternehmer schätzt seine Arbeitsanteile so ein, daß er 75% seiner Arbeitszeit für die Damenabteilung und nur 25% für die Herrenabteilung gearbeitet hat (Problematik dieser subjektiven Schätzungen?). Die Stellenergebnisse erhält man dann aus folgender Rechnung:

	Abteilung D	Abteilung H
Stellenergebnis vor Schlüsselung	200.000 GE	180.000 GE
− Kalk. Unternehmerlohn	60.000 GE	20.000 GE
− Hausdetektiv	20.000 GE	10.000 GE
− Raumkosten	20.000 GE	10.000 GE
− Werbekosten	24.000 GE	16.000 GE
= Stellenergebnis nach Schlüsselung	<u>76.000 GE</u>	<u>124.000 GE</u>

Die Leiter der Damen- bzw. Herrenabteilung erhalten eine Ergebnisbeteiligung von 38.000 GE bzw. 62.000 GE.

Zu b2) Schlüsselung nach dem Umsatz

Nun werden 48.000 GE bzw. 32.000 GE des kalkulatorischen Unternehmerlohns der Damen- bzw. Herrenabteilung zugerechnet. Die Leiter der Damen- bzw. Her-

2.2 Kostenstellenrechnung

renabteilung erhalten dann eine Ergebnisbeteiligung von 44.000 GE bzw. 56.000 GE.

In diesem Fallbeispiel ging es zunächst nur um die Verteilung eines bereits feststehenden Betriebsergebnisses. Die Wirkung von Fehlsteuerungen durch falsche Anreize auf die Höhe des Betriebsergebnisses wurde nicht untersucht. In der folgenden Aufgabe soll die Wirkung von Lenkungsfehlern aufgezeigt werden.

Aufgabe 25: Lenkung von Geschäftsbereichen

Ein Industriebetrieb ist in zwei Geschäftsbereiche untergliedert, die von weitgehend selbständigen Geschäftsbereichsleitern geleitet werden. Das interne Rechnungswesen liefert folgende Daten aus einer abgeschlossenen Periode:

Bereiche Leistungen oder Kosten	Geschäftsbereich I	Geschäftsbereich II	Gesamt
1. Leistungen Umsatzerlöse	2.000.000 GE	1.000.000 GE	3.000.000 GE
2. Kosten a) Bereichseinzelkosten: kalk. Abschreibungen kalk. Zinsen Personalkosten Materialkosten	 600.000 GE 60.000 GE 800.000 GE 90.000 GE	 200.000 GE 45.000 GE 600.000 GE 30.000 GE	 800.000 GE 105.000 GE 1.400.000 GE 120.000 GE
b) Bereichsgemeinkosten	400.000 GE		400.000 GE
3. Betriebsergebnis			175.000 GE

Die Bereichsgemeinkosten wurden im Verhältnis 3 : 1 den Geschäftsbereichen I und II zugerechnet (Problematik?). Das eingesetzte Kapital betrug im Geschäftsbereich I 1.000.000 GE und im Geschäftsbereich II 750.000 GE. Die Zentrale beurteilt die Geschäftsbereiche nach der Höhe des Quotienten:

$$\frac{\text{Betriebsergebnis des Geschäftsbereiches}}{\text{im Geschäftsbereich eingesetztes Kapital}}.$$

Diesen Quotienten könnte man Kapitalrentabilität des Geschäftsbereiches nennen. Der Geschäftsbereichsleiter des Geschäftsbereiches I hat in der abgeschlossenen Periode eine sich in seinem Bereich bietende Investitionsmöglichkeit in Höhe von 200.000 GE, die das Betriebsergebnis um 25.000 GE hätte steigen lassen, nicht wahrgenommen. Handelte er im Interesse des gesamten Betriebes?

Aufgabe 26: Verteilung der Kosten von Vorkostenstellen auf Endkostenstellen mittels Verrechnungspreisen (einseitige Leistungsbeziehung zwischen den Vorkostenstellen)

In einem Einproduktbetrieb sind die beiden Vorkostenstellen „Innerbetriebliche Transporte" (Tr) und „Energieversorgung" (Ev) sowie die vier Endkostenstellen „Materialstelle" (Ma), „Fertigungsstelle" (Fe), „Verwaltungsstelle" (Vw) und „Vertriebsstelle" (Vt) gebildet worden. Die primären Stellenkosten gehen – außer für die Abschreibungen – aus der Übersicht A hervor (Beträge in GE):

Übersicht A – Die Aufteilung der primären Kosten auf die Kostenstellen

Kostenstellen Kostenarten	Vorkosten- stellen		Endkostenstellen				Summe
	Tr	Ev	Ma	Fe	Vw	Vt	
Personalkosten	50	290	120	200	150	200	1.010
Materialkosten	100	700	770	110	20	350	2.050
Abschreibungen							1.000
Sonstige primäre Kosten	200	400	100	200	110	130	1.140
Summe der primären Kosten							5.200

Die Verteilungsgrundlage für die Belastung der Kostenstellen mit den Abschreibungen seien die Anteile der Kostenstellen am Buchwert des Anlagevermögens (Problematik?). Die Anteile der sechs Kostenstellen am Buchwert des Anlagevermögens betragen 10%, 40%, 5%, 40%, 1% und 4%.

In der Übersicht B sind Mengen- und/oder Werteströme dargestellt, die in der betrachteten Periode von Kostenstellen abgegeben oder empfangen wurden: Mengenströme von der Vorkostenstelle „Innerbetriebliche Transporte" in tkm (Tonnenkilometer) und von der Vorkostenstelle „Energieversorgung" in kWh (Kilowattstunden).

Übersicht B – Von den Kostenstellen abgegebene bzw. empfangene Mengen- oder Werteströme

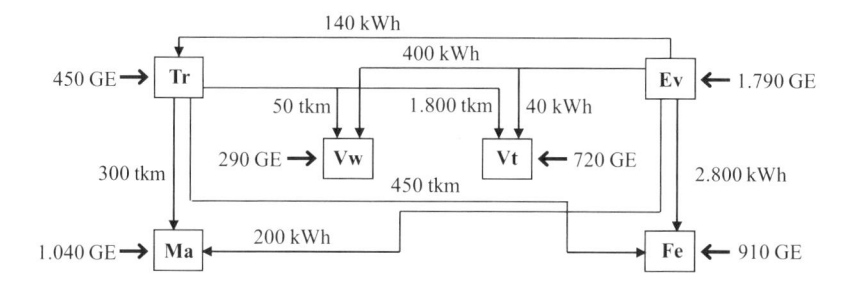

```
                        140 kWh
                        400 kWh
   450 GE → [Tr]                          [Ev] ← 1.790 GE
              50 tkm    1.800 tkm   40 kWh
              290 GE → [Vw]       [Vt] ← 720 GE
       300 tkm              450 tkm              2.800 kWh
              200 kWh
  1.040 GE → [Ma]                          [Fe] ← 910 GE
```

a) Ermitteln Sie die innerbetrieblichen Verrechnungspreise p_{Tr} in GE/tkm und p_{Ev} in GE/kWh!

   p_{Tr} = .,.. GE/tkm p_{Ev} = .,.. GE/kWh

b) Verteilen Sie die Kosten der beiden Vorkostenstellen auf die vier Endkostenstellen unter Verwendung der in a) ermittelten Verrechnungspreise! Ergänzen Sie folgende Tabelle:

Primäre und/oder sekundäre Kosten	Endkostenstellen				Summe
	Ma	Fe	Vw	Vt	
Summe der primären Kosten	1.040	910	290	720	2.960
Sekundäre Kosten von Tr					
Sekundäre Kosten von Ev					
Summe der primären Kosten und sekundären Kosten					

Aufgabe 27: Verteilung der Kosten von Vorkostenstellen auf Endkostenstellen mittels Verrechnungspreisen (zweiseitige Leistungsbeziehung zwischen den Vorkostenstellen)

In einem Einproduktbetrieb sind die beiden Vorkostenstellen „Innerbetriebliche Transporte" (Tr) und „Energieversorgung" (Ev) und die vier Endkostenstellen „Materialstelle" (Ma), „Fertigungsstelle" (Fe), „Verwaltungsstelle" (Vw) und „Vertriebsstelle" (Vt) gebildet worden. Die primären Stellenkosten gehen aus der Übersicht A hervor (Beträge in GE):

Übersicht A – Die Aufteilung der primären Kosten auf die Kostenstellen

Kostenstellen Kostenarten	Vorkosten-stellen		Endkostenstellen				Summe
	Tr	Ev	Ma	Fe	Vw	Vt	
Personalkosten	50	290	120	200	150	200	1.010
Materialkosten	100	700	770	110	20	350	2.050
Abschreibungen	100	400	50	400	10	40	1.000
Sonstige primäre Kosten	200	400	100	200	110	130	1.140
Summe der primären Kosten	450	1.790	1.040	910	290	720	5.200

Der Abschreibungsbetrag der Kostenstelle „Fertigung" in Höhe von 400 GE setzt sich aus 240 GE Grundkosten und 160 GE Zusatzkosten zusammen. In allen anderen Fällen sind Kosten und Aufwand betragsgleich. In der Übersicht B sind Mengen- und/oder Werteströme dargestellt, die in der betrachteten Periode von Kostenstellen abgegeben oder empfangen wurden.

Übersicht B – Von den Kostenstellen abgegebene bzw. empfangene Mengen- oder Werteströme

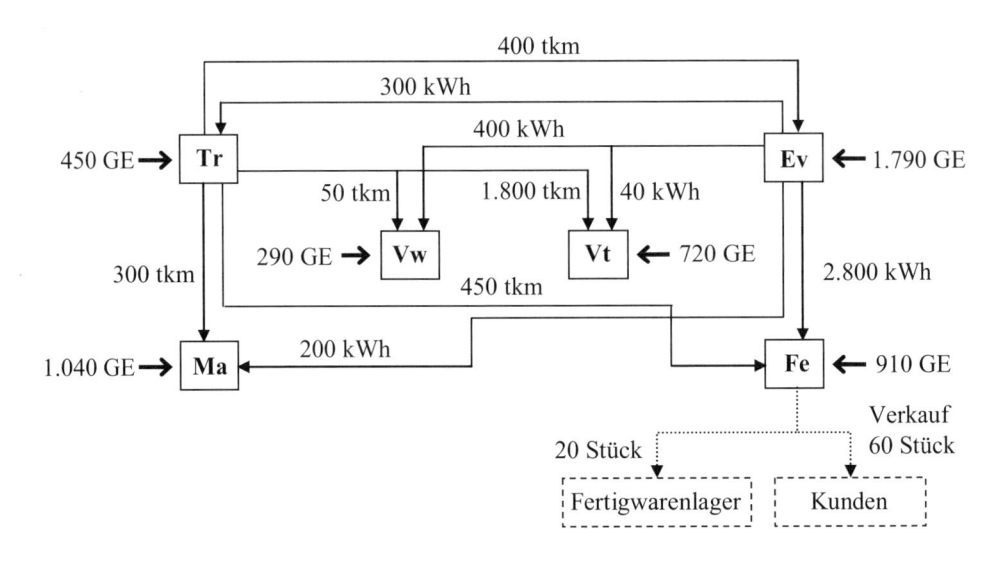

```
                       400 tkm
                   300 kWh
                   400 kWh
 450 GE → [Tr]                              [Ev] ← 1.790 GE
              50 tkm   1.800 tkm   40 kWh
         290 GE → [Vw]          [Vt] ← 720 GE
  300 tkm              450 tkm               2.800 kWh
              200 kWh
 1.040 GE → [Ma]                            [Fe] ← 910 GE
                                         Verkauf
                      20 Stück           60 Stück
                   ┌──────────────┐  ┌──────────┐
                   │Fertigwarenlager│  │ Kunden  │
                   └──────────────┘  └──────────┘
```

a) Ermitteln Sie die innerbetrieblichen Verrechnungspreise p_{Tr} in GE/tkm und p_{Ev} in GE/kWh nach dem Gleichungsverfahren.

b) Verteilen Sie die Kosten der beiden Vorkostenstellen auf die vier Endkostenstellen unter Verwendung der unter a) ermittelten Verrechnungspreise. Ergänzen Sie folgende Tabelle:

Primäre und/oder sekundäre Kosten	Endkostenstellen				Summe
	Ma	Fe	Vw	Vt	
Summe der primären Kosten	1.040	910	290	720	2.960
Sekundäre Kosten von Tr					
Sekundäre Kosten von Ev					
Summe der primären und sekundären Kosten					

Für die folgenden Rechnungen (Aufgaben c und d) ist die Summe der primären und sekundären Kosten der Verwaltungsstelle zu 80% dem Produktionsbereich und zu 20% dem Absatzbereich zuzurechnen.

c) Berechnen Sie mit der Divisionskalkulation die Stückkosten für ein verkauftes Stück. (Vgl. den folgenden Abschnitt 2.3.1.1.)

d) Ermitteln Sie aus den angegebenen Zahlen eine nach § 255 HGB mögliche Bewertung für die nicht verkauften 20 Stück. Erläutern Sie, warum und in welcher Richtung die Bewertung nach § 255 HGB von diesem ermittelten Wert abweichen kann. (Beachten Sie bei der Antwort den Unterschied zwischen Aufwendungen und Kosten. Vgl. auch die Übersicht 2.5.)

2.3 Kostenträgerrechnung

2.3.1 Kostenträgerstückrechnung (Kalkulation)

In Übersicht 2.3 sind einige Kalkulationsverfahren genannt, die im Rahmen des Abschnitts 2.3.1 zur Kostenträgerstückrechnung behandelt und in den nachfolgenden Unterabschnitten 2.3.1.1 bis 2.3.1.6 näher untersucht werden.

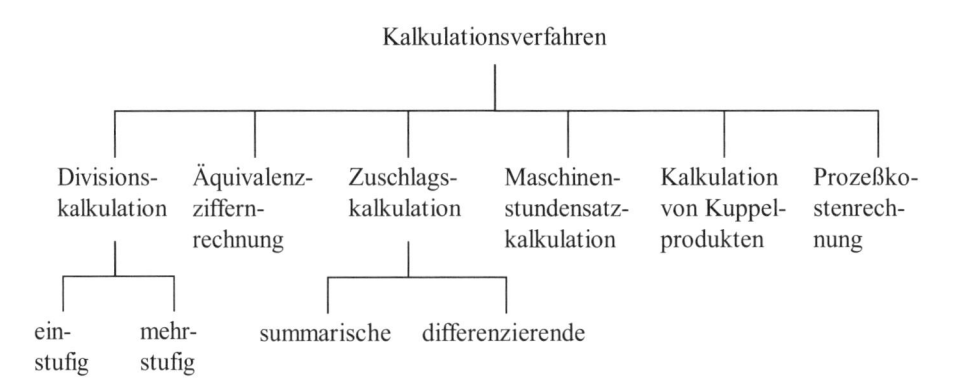

Übersicht 2.3 – Überblick über zu behandelnde Kalkulationsverfahren

```
                        Kalkulationsverfahren
    ┌──────────┬──────────┬──────────┬──────────┬──────────┐
Divisions-  Äquivalenz-  Zuschlags-  Maschinen-  Kalkulation  Prozeßko-
kalkulation ziffern-    kalkulation  stundensatz- von Kuppel- stenrech-
            rechnung                 kalkulation  produkten   nung
   ┌───┴───┐                   ┌────────┴────────┐
ein-    mehr-              summarische      differenzierende
stufig  stufig
```

2.3.1.1 Divisionskalkulation

Die Verfahren der Divisionskalkulation lassen sich untergliedern in einstufige und mehrstufige Divisionskalkulationen. Die einstufige Divisionskalkulation wird angewendet, wenn die folgenden drei Bedingungen erfüllt sind:

(1) Einproduktbetrieb
(2) Keine Lagerbestandsveränderungen an Halbfabrikaten
(3) Keine Lagerbestandsveränderungen an Fertigfabrikaten.

Bei der *einstufigen Divisionskalkulation* stimmen wegen Bedingung (3) Produktions- und Absatzmenge überein, so daß gilt: $x_P = x_A = x$. Zur Ermittlung der totalen Stückkosten k dividiert man die gesamten Kosten K der Periode durch die in dieser Periode abgesetzte Menge x:

$$k = \frac{K}{x}$$

Liegt kein Einproduktbetrieb vor, ist also die Bedingung (1) verletzt, lassen sich Divisionskalkulationen nicht anwenden. Man muß dann andere Kalkulationsverfahren wählen, z.B. Äquivalenzziffernrechnungen, Zuschlagskalkulationen usw., vgl. Übersicht 2.3. Sind die Bedingungen (1) und (2) erfüllt, die Bedingung (3) aber verletzt, kommt die *zweistufige Divisionskalkulation* (als Sonderfall der mehrstufigen Divisionskalkulation) zur Anwendung. Bei der zweistufigen Divisionskalkulation ist wegen der Verletzung der dritten Bedingung $x_P \neq x_A$. In der ersten Stufe sind die gesamten Produktionskosten K_P durch x_P zu dividieren. Bei der zweiten Stufe dividiert man die gesamten Absatzkosten K_A durch x_A. Die zweistufige Divisionskalkulation wird in der nächsten Aufgabe 28 geübt.

2.3 Kostenträgerrechnung: Divisionskalkulation

Bei der *mehrstufigen Divisionskalkulation* mit einer Stufenzahl ≥ 3 finden auch Lagerbestandsänderungen an Halbfabrikaten statt. Folglich sind Bedingungen (2) und (3) verletzt. Beispiele für derartige Fälle werden in den Aufgaben 29 und 30 vorgestellt.

Aufgabe 28: Zweistufige Divisionskalkulation

x_P = Produktionsmenge der Periode = 20.000 Stück
x_A = Absatzmenge der Periode = 15.000 Stück
K_H = gesamte Herstellkosten der Periode = 210.000 GE
K_{Vt} = gesamte Vertriebskosten der Periode = 80.000 GE
K_{Vw} = gesamte Verwaltungskosten der Periode = 40.000 GE
    = $K_{VwP} + K_{VwA}$
K_{VwP} = Verwaltungskosten der Periode, die dem Produktionsbereich zuzurechnen sind, = 30.000 GE
K_{VwA} = Verwaltungskosten der Periode, die dem Absatzbereich zuzurechnen sind, = 10.000 GE

a) Berechnen Sie die Stückkosten verkaufter Einheiten. Formel?

b) Kann man aus den angegebenen Zahlen eine Obergrenze für die handelsrechtliche Bewertung der nicht abgesetzten Produktionsmenge ermitteln?

Aufgabe 29: Mehrstufige Divisionskalkulation

In einem Steinsplittwerk mit den Kostenstellen Steinbruch, Brechanlage, Sortieranlage, Verladeeinrichtung und Vertrieb ergaben sich im Monat folgende Mengenströme und Stellenkosten:

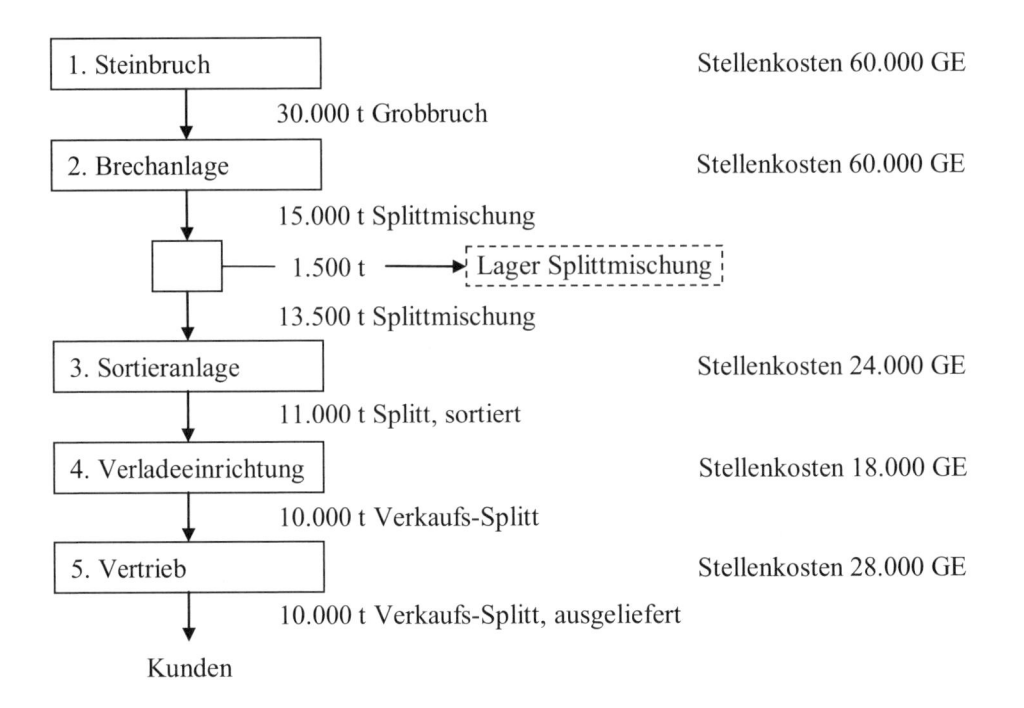

```
1. Steinbruch                          Stellenkosten 60.000 GE
       │
       │ 30.000 t Grobbruch
       ▼
2. Brechanlage                         Stellenkosten 60.000 GE
       │
       │ 15.000 t Splittmischung
       ▼
     ┌───┐  1.500 t  ┌─ ─ ─ ─ ─ ─ ─ ─ ─ ─ ─┐
     │   │──────────▶│ Lager Splittmischung │
     └───┘           └─ ─ ─ ─ ─ ─ ─ ─ ─ ─ ─┘
       │
       │ 13.500 t Splittmischung
       ▼
3. Sortieranlage                       Stellenkosten 24.000 GE
       │
       │ 11.000 t Splitt, sortiert
       ▼
4. Verladeeinrichtung                  Stellenkosten 18.000 GE
       │
       │ 10.000 t Verkaufs-Splitt
       ▼
5. Vertrieb                            Stellenkosten 28.000 GE
       │
       │ 10.000 t Verkaufs-Splitt, ausgeliefert
       ▼
    Kunden
```

Ermitteln Sie mit der Divisionskalkulation

a) den Wert des Lagerzugangs Splittmischung

   = ... GE.

b) die Selbstkosten pro t ausgelieferten Verkaufs-Splitt

   = . . , . . GE/t.

K. Wilkens, Kosten- und Leistungsrechnung: Lern- und Arbeitsbuch. 7. Aufl., München/Wien 1990, S. 42f., sowie in neugestalteter Version in K. Wilkens, Kosten- und Leistungsrechnung: Lern- und Arbeitsbuch. 9. Aufl., München 2004, S. 31f.

Aufgabe 30: Mehrstufige Divisionskalkulation

In einer Metallhütte, die unter anderem Zinkelektrolyse betreibt, ergaben sich im abgelaufenen Monat für die in der nachstehenden Tabelle aufgeführten Kostenstellen folgende Mengenströme und Stellenkosten:

2.3 Kostenträgerrechnung: Divisionskalkulation

Kostenstelle	Mengenströme		Stellenkosten
	Input	Output	(TGE)
Wirbelschichtröstung	1.800 t Zinkkonzentrat	1.450 t Röstgut	750
Laugung I	1.400 t Röstgut	1.200 t Lauge I	600
Laugung II	1.100 t Lauge I	1.000 t Lauge II	100
Laugenreinigung	1.000 t Lauge II	900 t Neutrallauge	180
Elektrolyse	800 t Neutrallauge	780 t Kathodenzink	130
Umschmelzung	600 t Kathodenzink	500 t Elektrolytzink	100
Vertrieb	450 t Elektrolytzink		90

Das Zinkkonzentrat wurde einheitlich mit 2.000 GE/t bezahlt. Anfangsbestände der Zwischenprodukte der einzelnen Kostenstellen waren zu Monatsbeginn nicht vorhanden.

a) Begründen Sie kurz, warum die Anwendung der einstufigen Divisionskalkulation im vorliegenden Fall nicht zweckmäßig ist.

b) Wenden Sie nun die mehrstufige Divisionskalkulation an, und ermitteln Sie dabei den Wert der Lagerzugänge folgender Zwischenprodukte (Hinweis: Zwischenprodukte, die nicht auf der nächstfolgenden Produktionsstufe eingesetzt wurden, stellen den jeweiligen Lagerbestand des Zwischenproduktes dar).

Zwischenprodukt	mengenmäßiger Endbestand (t)	Kosten pro t (TGE)	Lagerwert (TGE)
Röstgut	. .	. , . .	. . .
Lauge I	. . .	. , . .	. . .
Neutrallauge	. . .	. , . .	. . .
Kathodenzink	. . .	. , . .	. . .

c) Berechnen Sie die Selbstkosten pro t des ausgelieferten Elektrolytzinks! Selbstkosten pro t des ausgelieferten Elektrolytzinks = ... GE/t.

d) Nachdem der zuständige Kostenrechner die Kalkulation des Elektrolytzinks abgeschlossen hat, stellt er bei Durchsicht der Unterlagen fest, daß ihm ein Fehler unterlaufen ist. Unberücksichtigt blieb im Rahmen der Kalkulation der Einsatz von Zinkstaub bei der Kostenstelle Laugenreinigung. Im Betrachtungszeitraum wurden 100 t Zinkstaub eingesetzt, die mit 2.340 GE/t zu bewerten sind. Wie hoch sind die tatsächlichen Selbstkosten des abgesetzten Elektrolytzinks? Selbstkosten pro t des ausgelieferten Elektrolytzinks = ... GE/t.

e) Welches kalkulatorische Ergebnis hat die Zinkelektrolyse erzielt, wenn von einem einheitlichen Absatzpreis von 7.820 GE/t für den Elektolyzink ausgegangen wird? (Hinweis: Verwenden Sie bei der Berechnung Ihr Ergebnis aus Teilaufgabe d).

Kalkulatorisches Ergebnis = ... GE.

2.3.1.2 Äquivalenzziffernrechnung

Dieses Kalkulationsverfahren läßt sich in Mehrproduktbetrieben anwenden, wenn artverwandte Produkte mit festen Kostenrelationen erzeugt werden, beispielsweise bei Sortenfertigung. Über Äquivalenzziffern[11] macht man die Produktarten gleichnamig, so daß anschließend eine Kostenzuordnung mit den Methoden der Divisionskalkulation möglich ist.

Fallgestaltung zur Äquivalenzziffernrechnung im Bankbetrieb

Die Kosten pro Monat für die Kostenstelle Kasse eines Kreditinstituts betrugen 12.000 GE. Von der betrachteten Kostenstelle wurden im Monat 20.000 Ein-/Auszahlungen (Geschäftskonten) und 1.000 Nachttresoreinzahlungen abgewickelt. Die Bearbeitungszeit werde je Einheit der Leistungsart Ein-/Auszahlung auf 3 Minuten, je Einheit der Leistungsart Nachttresoreinzahlung auf 12 Minuten geschätzt. Bestimmen Sie mit der Äquivalenzziffernrechnung auf der Grundlage der Bearbeitungszeiten die Kosten für eine Nachttresoreinzahlung.

Lösung:

Die Leistungsarten Ein-/Auszahlung und Nachttresoreinzahlung werden mit Hilfe von Äquivalenzziffern gleichnamig gemacht. Folgendes Lösungsschema ist üblich, wobei hier die „gekürzten" Bearbeitungszeiten von 3 und 12 Minuten zur Bildung der Äquivalenzziffern 1 und 4 dienen.

---

[11] Die Bezeichnung Äquivalenzziffer ist leider üblich. Treffender wäre der Ausdruck Äquivalenzzahl. Das Kalkulationsverfahren sollte daher besser Äquivalenzzahlenrechnung heißen.

2.3 Kostenträgerrechnung: Äquivalenzziffernrechnung

Leistungsarten	Stück (I)	Äquivalenz-ziffern (II)	Rechen-einheiten (III) = (I) · (II)	Anteilige Kosten (IV) = (V) · (I)	Kosten je LE (V) = (II) · (K_r)
Ein-/Auszahlungen	20.000	1	20.000	10.000	0,50
Nachttresoreinzahlungen	1.000	4	4.000	2.000	2,00
			24.000	12.000	

$$\text{Kosten pro Recheneinheit} = K_r = \frac{12.000\,\text{GE}}{24.000\,\text{RE}} = 0{,}50 \text{ GE/Recheneinheit}$$

Die Kosten für eine Nachttresoreinzahlung betragen somit 2 GE. Da die Kostenart Personalkosten (noch) in der Kostenstelle Kasse dominiert, ist die beschriebene Äquivalenzziffernrechnung sinnvoll.

Aufgabe 31: Äquivalenzziffernrechnung

In einem Kreditinstitut ist die personalintensive Kostenstelle Gold- und Sortengeschäft gebildet worden. Im Betrachtungsmonat betrugen laut Betriebsabrechnungsbogen die Kosten dieser Kostenstelle 120.000 GE. Der Betriebsstatistik kann entnommen werden, daß im Betrachtungsmonat 80 Goldankäufe, 200 Goldverkäufe, 14.000 Sortenankäufe und 30.000 Sortenverkäufe abgewickelt wurden. Die (geschätzte) Bearbeitungszeit für einen Goldankauf beträgt 10 Minuten, für einen Goldverkauf 6 Minuten, für einen Sortenankauf 7 Minuten und für einen Sortenverkauf 5 Minuten.

a) Bestimmen Sie mit der Äquivalenzziffernrechnung auf der Grundlage der Bearbeitungszeiten die Kosten für einen Sortenverkauf.
   Kosten für einen Sortenverkauf = . , . . GE.

b) Warum ist die Äquivalenzziffernrechnung auf der Grundlage der Bearbeitungszeiten sinnvoll?

D. Klopfer, Kosten- und Erlösrechnung im Sparkassenbetrieb. Eine programmierte Unterweisung. Grundlehrgang. München 1971, S. 479ff.

Aufgabe 32: Äquivalenzziffernrechnung

In der Kostenstelle Drahtzieherei werden Drähte mit den Querschnittsdurchmessern 1 mm, 2 mm und 3 mm gezogen. Da die Querschnittsdurchmesser der herzustellenden Drähte häufig wechseln, lohnt es sich in der laufenden Abrechnung nicht, die auf ein einzelnes Erzeugnis entfallen Kosten gesondert zu erfassen. In einer speziellen Untersuchung wurde festgestellt, daß für die Herstellung von jeweils 1.000 m Draht die Kosten bei einem Querschnittsdurchmesser von 1 mm das 1,8-fache und bei einem Querschnittsdurchmesser von 2 mm das 1,3-fache derjenigen Kosten betrugen, die bei der Herstellung von 1.000 m Draht mit dem Querschnittsdurchmesser von 3 mm anfallen. In der Abrechnungsperiode wurden 50.000 m bzw. 100.000 m bzw. 140.000 m Draht mit den Querschnittsdurchmessern 1 mm bzw. 2 mm bzw. 3 mm hergestellt. Die Gesamtkosten der Kostenstelle betrugen 360.000 GE in der Abrechnungsperiode.

Bestimmen Sie mit einer Äquivalenzziffernrechnung die Kosten K pro m Draht mit dem Querschnittsdurchmesser 1 mm:

K = . , . . GE

2.3.1.3 Zuschlagskalkulation

Die Zuschlagskalkulation wird angewendet, wenn in einem Betrieb verschiedene Arten von Produkten bei laufender Veränderung der Lagerbestände hergestellt werden, beispielsweise bei Serien- und Einzelfertigung. Besonderes Merkmal der Zuschlagskalkulation ist die Trennung der Kosten in Kostenträgereinzel- und Kostenträgergemeinkosten, wobei die Einzelkosten den Kostenträgern direkt, Gemeinkosten nur indirekt über eine Schlüsselung zugerechnet werden. Die Zuschlagskalkukation läßt sich in zwei Varianten einteilen: die summarische Zuschlagskalkulation und die differenzierende Zuschlagskalkulation.

2.3.1.3.1 Summarische Zuschlagskalkulation

Die summarische Zuschlagskalkulation setzt keine Kostenstellengliederung voraus. Allerdings muß bei Anwendung dieses Kalkulationsverfahrens weiterhin die Bedingung erfüllt sein, daß keine Bestandsveränderungen in den Zwischenlägern eintreten. Für eine Bezugsperiode (beispielsweise ein Quartal) wird der Quotient gebildet:

$$\frac{\text{Kostenträgergemeinkosten der Periode}}{\text{Kostenträgereinzelkosten der Periode}} = \text{Zuschlagssatz zur Kostendeckung}.$$

2.3 Kostenträgerrechnung: Zuschlagskalkulation

Fallbeispiel zur summarischen Zuschlagskalkulation im Textileinzelhandel

Wir greifen auf das Fallbeispiel zur Abteilungsergebnisrechnung im Textileinzelhandel im Kapitel 2.2 zurück. Die Kostenträgereinzelkosten betragen (Wareneinsatz D + Wareneinsatz H) 1.300.000 GE. Die Kostenträgereinzelkosten sind sorgfältig von den Kostenstelleneinzelkosten zu unterscheiden. Die Kostenträgergemeinkosten belaufen sich auf 500.000 GE. Es gilt somit für den Zuschlagssatz zur Kostendeckung

$$\frac{500.000\,GE}{1.300.000\,GE} = 0{,}3846 = 38{,}46\%.$$

Kalkuliert der Einzelhändler mit der summarischen Zuschlagskalkulation, würde einer Herrenjacke mit einem Einstandspreis von 100 GE ein Selbstkostenpreis von 138,46 GE, einem Damenpelzmantel mit einem Einstandspreis von 10.000 GE ein Selbstkostenpreis von 13.846 GE zugerechnet. Aus dem Vergleich der tatsächlichen Verkaufspreise mit diesen Selbstkostenpreisen ließe sich eine - wenn auch problematische - Stückerfolgskontrolle aufbauen. Die Problematik besteht darin, daß die Kostenträgergemeinkosten proportional zu den Kostenträgereinzelkosten angesetzt werden, obwohl zwischen der Entwicklung der Kostenträgergemeinkosten und der Kostenträgereinzelkosten nicht zwangsläufig eine kausale Beziehung besteht.

a) Diskutieren Sie diese Proportionalitätsannahme anhand der Lagerkosten bei unterschiedlicher Umschlagshäufigkeit der Waren.

b) Verfeinern Sie die Rechnung zu Artikelgruppenkalkulationen (Damen- und Herrenartikel), indem Sie die Schlüsselungen der Abteilungsergebnisrechnung (hier: Schlüsselung des kalkulatorischen Unternehmerlohns nach dem geschätzten Arbeitsanteil, Fall b1) verwenden. Zeigen Sie, daß die Zuschlagssätze in der Damen- bzw. Herrenabteilung nun 40,5% bzw. 35,2% betragen. Einem Damenpelzmantel mit einem Einstandspreis von 10.000 GE würde nunmehr ein Selbstkostenpreis von 14.050 GE, einer Herrenjacke mit einem Einstandspreis von 100 GE ein Selbstkostenpreis von 135,20 GE zugerechnet.

c) Nehmen Sie an, daß in einem neuen Abrechnungszeitraum die Umsätze und in Verbindung damit die Kostenträgereinzelkosten zurückgehen. Die Kostenträgergemeinkosten können nicht in gleichem Verhältnis abgebaut werden. Unterstellen Sie ferner, daß der Einzelhändler die Waren zum Selbstkostenpreis verkaufen will und die Nachfrage bei steigenden Preisen sinkt. Zeigen Sie, wie bei Fortsetzung dieser Verhaltensweisen der Unternehmer sich selbst „aus dem Markt herauskalkuliert".

H. Wedell, Grundlagen des betriebswirtschaftlichen Rechnungswesens. 6. Aufl., Herne/Berlin 1993, S. 391-396, sowie in neugestalteter Version in H. Wedell u. A. A. Dilling, Grundlagen des Rechnungswesens. 13. Aufl., Herne 2010, S. 419-424.

Die Summe aus Zuschlagssatz zur Kostendeckung und Gewinnaufschlag (Begründungsmöglichkeit bei Verwendung eines risikoangepaßten Zinssatzes bei der Bestimmung der kalkulatorischen Zinsen, vgl. Aufgabe 5) nennt man *Kalkulationsaufschlag*.

Ausführungen zum Fallbeispiel:

a) Von den Lagerkosten werden die kalkulatorischen Zinsen und die kalkulatorischen Raumkosten betrachtet. Die kalkulatorischen Zinsen sind abhängig von dem im Lager gebundenen Kapital. Daher ist die Proportionalität der kalkulatorischen Zinsen pro Periode zu den Kostenträgereinzelkosten nur bei gleicher Umschlagshäufigkeit der Waren plausibel. Die kalkulatorischen Raumkosten sind abhängig von dem Platzbedarf der Waren. Die Proportionalität zwischen Platzbedarf und Einstandspreis ist jedoch unplausibel.

b1) Die Kostenträgergemeinkosten der Damenabteilung setzen sich aus 200.000 GE Stelleneinzelkosten für Personal und 60.000 + 20.000 + 20.000 + 24.000 = 124.000 GE Stellengemeinkosten zusammen.

$$\frac{\text{Kostenträgergemeinkosten der Damenabteilung}}{\text{Kostenträgereinzelkosten der Damenabteilung}} = \frac{200.000 + 124.000}{800.000} = \underline{40,5\%}$$

b2) Die Kostenträgergemeinkosten der Herrenabteilung setzen sich aus 120.000 GE Stelleneinzelkosten für Personal und 20.000 + 10.000 + 10.000 + 16.000 = 56.000 GE Stellengemeinkosten zusammen.

$$\frac{\text{Kostenträgergemeinkosten der Herrenabteilung}}{\text{Kostenträgereinzelkosten der Herrenabteilung}} = \frac{120.000 + 56.000}{500.000} = \underline{35,2\%}$$

c) Bei sinkenden Kostenträgereinzelkosten und gleichbleibenden bzw. geringer zurückgehenden Kostenträgergemeinkosten wird der Zuschlagssatz steigen, womit sich auch der Selbstkostenpreis erhöht. Diese Entwicklung führt zu einer nachlassenden Nachfrage. Bei Fortsetzung dieser Verhaltensweise ist irgendwann der Punkt erreicht, wo der Preis so hoch ist, daß keine Nachfrage und damit auch kein Absatz mehr existiert.

H. Jacob, Preispolitik. 2. Aufl., Wiesbaden 1971, S. 114f.

2.3.1.3.2 Differenzierende Zuschlagskalkulation

Bei der differenzierenden Zuschlagskalkulation, die hauptsächlich in Industriebetrieben zur Anwendung kommt, ist eine *Mindestgliederung in Kostenstellen* erforderlich. Es muß mindestens eine Materialstelle, eine Fertigungsstelle, eine Verwaltungsstelle und eine Vertriebsstelle gebildet werden. Die differenzierende Zuschlagskalkulation verwendet nicht wie die summarische Zuschlagskalkulation nur eine Bezugsbasis, sondern wählt Zuschlagsgrundlagen aus, die in kausaler Beziehung zur Entwicklung der Gemeinkosten stehen sollen.

Übersicht 2.4 – Kalkulationsschema der differenzierenden Zuschlagskalkulation

Fertigungsmaterial	Material-kosten	Herstell-kosten	Selbst-kosten	Netto-angebots-preis
Materialgemeinkosten				
Fertigungslöhne	Fertigungs-kosten			
Fertigungsgemeinkosten				
Sondereinzelkosten der Fertigung[a]				
Verwaltungsgemeinkosten		Verwal-tungs und Vertriebs-kosten		
Vertriebsgemeinkosten				
Sondereinzelkosten des Vertriebs[b]				
Gewinnzuschlag				
[a] z.B. für Lizenzen, Spezialwerkzeuge, usw.				
[b] z.B. für Versandverpackung, Vertreterprovision, Frachtkosten, usw.				

Aufgabe 33: Differenzierende Zuschlagskalkulation

In einem Industriebetrieb sollen die Selbstkosten für einen ausgeführten Auftrag ermittelt werden. Für diesen Auftrag fielen folgende Einzelkosten an:

Kosten des Fertigungsmaterials	1.200 GE
Kosten der Fertigungslöhne	1.024 GE.

Die Selbstkosten sind mit Hilfe der Zuschlagskalkulation zu bestimmen. Die Materialgemeinkosten sollen proportional zu den Materialeinzelkosten, die Fertigungsgemeinkosten proportional zu den Fertigungseinzelkosten sowie die Verwaltungs- und Vertriebsgemeinkosten proportional zu den Herstellkosten angesetzt werden. In dem Abrechnungszeitraum, in dem der nachzukalkulierende Auftrag ausgeführt wurde, sind folgende Kostenträgereinzelkosten angefallen:

Materialeinzelkosten = Kosten des Fertigungsmaterials 120.000 GE
Fertigungseinzelkosten = Kosten der Fertigungslöhne 100.000 GE.

Aus der Kostenstellenrechnung des Abrechnungszeitraumes ergeben sich folgende Daten über die Verteilung der Kostenträgergemeinkosten auf die Kostenstellen Material, Fertigung, Verwaltung und Vertrieb:

Kostenarten \ Kostenstellen	Material	Fertigung	Verwaltung	Vertrieb
Gehälter	15.000	4.000	28.000	10.000
Sozialkosten	4.700	7.000	4.100	2.000
Instandhaltung	300	3.000	900	200
Abschreibungen	1.000	80.000	2.000	100
Stromkosten	1.000	16.000	1.000	2.000
Sonstige Kostenarten	2.000	40.000	3.400	5.400
Summe der Kostenträgergemeinkosten	24.000	150.000	39.400	19.700

Die Stromkosten wurden dabei nach den installierten Kilowatt auf die Kostenstellen umgelegt.

a) Ergänzen Sie folgende Tabelle zur Auftragskalkulation:

Fertigungsmaterial	1.200 GE
Materialgemeinkosten	GE
Materialkosten	GE
Fertigungslöhne	1.024 GE
Fertigungsgemeinkosten	GE
Fertigungskosten	GE
Herstellkosten	GE
Verwaltungsgemeinkosten	GE
Vertriebsgemeinkosten	GE
Selbstkosten	GE

b) Wären die Stromkosten nach dem tatsächlichen Verbrauch (Einzelzähler) auf die Kostenstellen umgelegt worden, hätten die Kostenstellen Material, Fertigung, Verwaltung und Vertrieb im Verhältnis 4 : 13 : 1 : 2 mit Stromkosten belastet werden müssen.

Berechnen Sie für diesen Fall die Selbstkosten des ausgeführten Auftrages!

2.3 Kostenträgerrechnung: Zuschlagskalkulation

Selbstkosten des Auftrages   = ... , . . GE.

Zwischenergebnisse:

1. Summe der Kostenträgergemeinkosten
der Kostenstelle Material   = ... GE.
für den Abrechnungszeitraum

2. Herstellkosten des Auftrages   = ... GE.

c) Bitte kreuzen Sie die richtigen Aussagen an:

In a) sind die Stromkosten (unechte) Kostenstellengemeinkosten.	[ ]
In b) sind die Stromkosten (echte) Kostenstellengemeinkosten.	[ ]
In a) sind die Stromkosten Kostenträgergemeinkosten.	[ ]
In b) sind die Stromkosten Kostenstelleneinzelkosten.	[ ]
In b) sind die Stromkosten Kostenträgereinzelkosten.	[ ]
Die in der Aufgabe genannten Kosten des Fertigungsmaterials in Höhe von 1.200 GE sind beschäftigungsvariable Kosten.	[ ]

Aufgabe 34: Betriebsabrechnungsbogen und differenzierende Zuschlagskalkulation

In einem Industriebetrieb wird zur Auftragsnachkalkulation die *differenzierende Zuschlagskalkulation* angewendet. Um die Kalkulation vornehmen zu können, muß der Kostenrechner zunächst einen Überblick über die gesammelten Daten gewinnen: Der Betrieb ist in sieben Kostenstellen gegliedert. Die Personalgemeinkosten belaufen sich in der betrachteten Periode für die Kostenstellen Fuhrpark (Fu) und Energieversorgung (Ev) auf jeweils 40 TGE, auf 20 TGE für die Reparaturstelle (Re), auf 170 TGE für die Vertriebsstelle (Vt), auf 50 TGE für die Materialstelle (Ma), auf 100 TGE für die Fertigungsstelle (Fe) und auf 60 TGE in der Verwaltungsstelle (Vw).

An Materialeinzelkosten wurden 800 TGE erfaßt; Akkordlöhne (Fertigungseinzelkosten) sind in Höhe von 400 TGE gezahlt worden.

Die Materialgemeinkosten verteilen sich mit 30 TGE auf Fu, mit jeweils 10 TGE auf Re, Ma, Vw, mit 20 TGE auf Ev, mit 150 TGE auf Fe und 40 TGE auf Vt.

Kalkulatorische Abschreibungen sind Fu mit 50 TGE, Re mit 20 TGE, Ev mit 60 TGE, Ma mit 190 TGE, Fe mit 340 TGE, Vw mit 112 TGE und Vt mit 53 TGE zuzurechnen.

Die nicht im Kalkulationsschema der differenzierenden Zuschlagskalkulation vorkommenden Kostenstellen sind als Vorkostenstellen aufzufassen. Zwischen den Vorkostenstellen gab es keine Leistungsbeziehungen.

a) Erstellen Sie bitte den Betriebsabrechnungsbogen (BAB) der abgelaufenen Periode. Dabei sind die primären Kosten von Fu zu gleichen Teilen auf Ma, Fe und Vt zu verteilen. Re hat Leistungen zu 80% für Fe und zu 20% für Vw erbracht. Ev wurde von allen Endkostenstellen gleichmäßig in Anspruch genommen. Füllen Sie dazu die folgende Tabelle vollständig aus (jeweils TGE-Beträge).

Kostenarten \ Kostenstellen	Vorkostenstellen		Endkostenstellen			
Summe der primären Kosten						
Sekundäre Kosten von …						
Sekundäre Kosten von …						
Sekundäre Kosten von …						
Summe der primären und sekundären Kosten						

b) Ermitteln Sie anhand Ihrer Ergebnisse aus Teilaufgabe a) die Zuschlagssätze für die differenzierende Zuschlagskalkulation.

b1) Zuschlagssatz für Materialgemeinkosten = .. % = z_M

b2) Zuschlagssatz für Fertigungsgemeinkosten = … % = z_F

b3) Zuschlagssatz für Verwaltungsgemeinkosten = .. % = z_{Vw}

b4) Zuschlagssatz für Vertriebsgemeinkosten = .. % = z_{Vt}

c) Kalkulieren Sie unabhängig von Ihren Ergebnissen aus Teilaufgabe b) folgenden Auftrag nach:

Materialeinzelkosten 1.000 GE
Fertigungseinzelkosten 600 GE.

Die anzuwendenden Zuschlagssätze belaufen sich für z_M auf 20%, für z_F auf 150%, für z_{Vw} auf 10% und für z_{Vt} auf 5%.

2.3 Kostenträgerrechnung: Zuschlagskalkulation

c1) Herstellkosten des Auftrages = ... GE

c2) Selbstkosten des Auftrages = ... GE

Aufgabe 35: Innerbetriebliche Leistungsverrechnung und differenzierende Zuschlagskalkulation

In einem Industriebetrieb sind die beiden Vorkostenstellen „Fuhrpark" (Fu) und „Reparaturwerkstatt" (Re) und die vier Endkostenstellen „Materialstelle" (Ma), „Fertigungsstelle" (Fe), „Verwaltungsstelle" (Vw) und „Vertriebsstelle" (Vt) gebildet worden. Für einen ausgeführten Auftrag sind die Selbstkosten mit der differenzierenden Zuschlagskalkulation zu ermitteln. Folgende Einzelkosten fielen für den Auftrag an:

Kosten des Fertigungsmaterials	1.200 GE
Kosten der Fertigungslöhne	2.000 GE.

In dem Abrechnungszeitraum, in dem der nachzukalkulierende Auftrag ausgeführt wurde, sind folgende Auftragseinzelkosten angefallen:

Materialeinzelkosten	120.000 GE
Fertigungseinzelkosten	100.000 GE.

In den Vorkostenstellen, in der Verwaltungsstelle und in der Vertriebsstelle sind in dem Abrechnungszeitraum keine Auftragseinzelkosten angefallen. Aus der Kostenstellenrechnung des Abrechnungszeitraumes ergeben sich folgende Daten über die Verteilung der primären Auftragsgemeinkosten auf die sechs Kostenstellen:

Fuhrpark	70.000 GE
Reparaturwerkstatt	96.000 GE
Material	20.000 GE
Fertigung	338.000 GE
Verwaltung	25.600 GE
Vertrieb	70.400 GE.

Von der Vorkostenstelle Fuhrpark wurden insgesamt 100.000 Fahrkilometer und von der Vorkostenstelle Reparaturwerkstatt insgesamt 4.000 Reparaturstunden für die anderen Kostenstellen geleistet. Die Verteilung der Kilometer (km) und Stunden (h) geht aus Übersicht A hervor.

Übersicht A – Von den Kostenstellen abgegebene bzw. empfangene Mengen- oder Werteströme

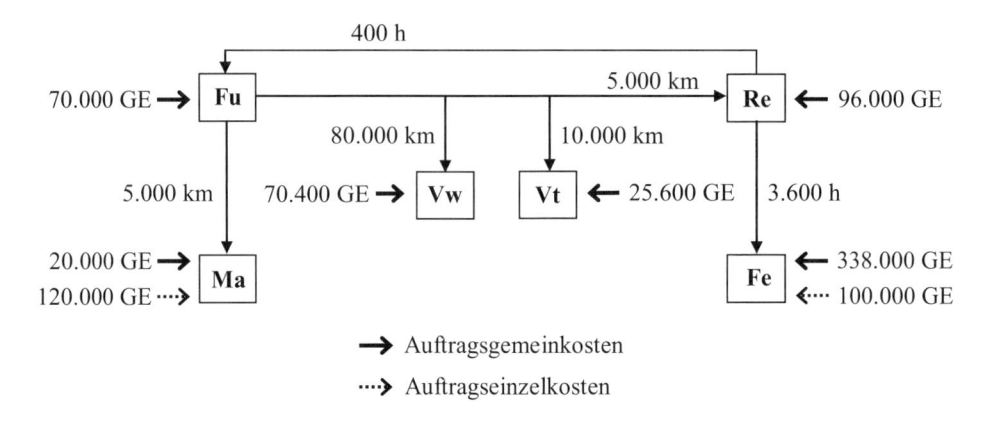

```
                          400 h
         ┌─────────────────────────────────┐
         ↓                                 │
70.000 GE → [Fu]      5.000 km         [Re] ← 96.000 GE
           80.000 km        10.000 km
    5.000 km  70.400 GE → [Vw]   [Vt] ← 25.600 GE   3.600 h
                                                     │
20.000 GE  →  [Ma]                          [Fe] ← 338.000 GE
120.000 GE ⋯>                                    ⋯← 100.000 GE
```

→ Auftragsgemeinkosten
⋯> Auftragseinzelkosten

a) Ermitteln Sie die innerbetrieblichen Verrechnungspreise p_{Fu} in GE/km und p_{Re} in GE/h nach dem Gleichungsverfahren.

$p_{Fu} = .\,,.\,.$ GE/km $\qquad p_{Re} = .\,.\,,.\,.$ GE/h

b) Verteilen Sie die Kosten der beiden Vorkostenstellen auf die vier Endkostenstellen unter Verwendung der unter a) ermittelten Verrechnungspreise. Ergänzen Sie folgende Tabelle:

Primäre und/oder sekundäre Gemeinkosten	Endkostenstellen			
	Ma	Fe	Vw	Vt
Primäre Kosten	20.000	338.000	25.600	70.400
Sekundäre Kosten von Fu				
Sekundäre Kosten von Re				
Summe der Primären und sekundären Gemeinkosten				

c) Ergänzen Sie folgende Tabelle zur Auftragskalkulation:

Fertigungsmaterial	1.200 GE
Materialgemeinkosten	GE
Materialkosten	GE
Fertigungslöhne	2.000 GE
Fertigungsgemeinkosten	GE
Fertigungskosten	GE
Herstellkosten	GE
Verwaltungsgemeinkosten	GE
Vertriebsgemeinkosten	GE
Selbstkosten	GE

Aufgabe 36: Differenzierende Zuschlagskalkulation im Zweiproduktbetrieb

In einem Zweiproduktbetrieb wurden im Monat $x_1 = 500$ Stück des Produktes 1 und $x_2 = 300$ Stück des Produktes 2 hergestellt. Von dem Produkt 2 wurde in dem Monat die erzeugte Menge verkauft, von Produkt 1 konnten nur 400 Stück abgesetzt werden. Vereinfachend wird bei der differenzierenden Zuschlagskalkulation angenommen, daß die hergestellten, aber nicht abgesetzten Produkte keine Verwaltungskosten verursacht haben. In der folgenden Übersicht sind Daten des internen Rechnungswesens des Zweiproduktbetriebes für den betrachteten Monat gegeben:

Position	Kosten gesamt (GE)	Kosten für Produkt 1 (GE)	Kosten für Produkt 2 (GE)
Fertigungsmaterial	4.000	2.800	1.200
Materialgemeinkosten	A =	140	B =
Materialkosten	C =	D =	E =
Fertigungslöhne	F =	960	1.440
Fertigungsgemeinkosten	6.000	G =	H =
Fertigungskosten	I =	J =	K =
Herstellkosten der Erzeugung	12.600	L =	M =
Mehrbestand	N =	1.260	- - - -
Herstellkosten des Umsatzes	O =	P =	Q =
Verwaltungs- und Vertriebsgemeinkosten	2.268	R =	S =
Selbstkosten	13.608	T =	7.560

a) Tragen Sie die Zahlenwerte für A bis T in die Übersicht ein!

b) Die Kostenauflösung der Herstellkosten der Erzeugung K_{He} in fixe und variable Kosten hat ergeben:

$$K_{He} = 8\,x_1 + 10\,x_2 + 5.600$$

Erläutern Sie, wie es in diesem Fall zu unterschiedlichen Zahlenwerten für variable Kosten und Einzelkosten kommen kann!

c) Die Fertigungskosten enthalten kalkulatorische Abschreibungen in Höhe von GE 2.000. Die entsprechenden bilanziellen Abschreibungen betragen nur GE 800. In allen anderen Fällen stimmen Kosten und Aufwand überein. Diskutieren Sie mögliche Bewertungen des Lagerbestandes von 100 Stück des Produktes 1 für die Handelsbilanz nach § 255 II HGB. Stellen Sie Ihren Ausführungen eine Gliederung voran. Die Überschriften der Gliederung sollen in den Text übernommen werden.

2.3.1.4 Maschinenstundensatzkalkulation

Die Maschinenstundensatzkalkulation, die sich lediglich in der Ermittlung der Fertigungskosten von der Zuschlagskalkulation unterscheidet, führt bei zunehmender Mechanisierung und Automation zu einer genaueren Kostenverteilung. Hierbei werden nicht mehr ausschließlich die Fertigungslöhne als Grundlage für die Fertigungsgemeinkostenzuschläge angewendet. Stattdessen werden Zuschläge aufgrund einer Differenzierung nach der Nutzung der Produktionsfaktoren menschliche Arbeitskraft (Fertigungsstunden) und Betriebsmittel (Maschinenstunden) gewählt.

Fallgestaltung

Aus einem Industriebetrieb sind folgende Daten eines Abrechnungszeitraums bekannt: In dem Abrechnungszeitraum sind 3.200 Maschinenstunden und 8.000 Fertigungsstunden angefallen. Die primären Fertigungsgemeinkosten in Höhe von 232.800 GE verteilen sich auf lohnabhängige Kosten in Höhe von 80.000 GE und maschinenabhängige Kosten in Höhe von 152.800 GE. Die sekundären Kosten der Reperaturstelle (7.200 GE) fallen für die Instandsetzung von Maschinen an. Betriebsabrechnungsbogen des Abrechnungszeitraums:

2.3 Kostenträgerrechnung: Maschinenstundensatzkalkulation

Gemeinkosten/Einzelkosten	Endkostenstellen			
	Ma	Fe	Vw	Vt
Primäre Gemeinkosten	6.600	232.800	50.000	14.700
Sekundäre Kosten des Fuhrparks	1.400	-	2.800	7.300
Sekundäre Kosten der Reparaturstelle	-	7.200	-	-
Summe der Gemeinkosten	8.000	240.000	52.800	22.000
Einzelkosten	32.000	160.000	-	-

Die Herstellkosten als Summe der Einzel- und Gemeinkosten der Material- und Fertigungsstelle des Abrechnungszeitraums betragen 440.000 GE. Die Zuschlagsätze für die Verwaltungs- und Vertriebsgemeinkosten berechnen sich aus dem Quotienten der jeweiligen Gemeinkosten und den Herstellkosten:

$$\text{Zuschlagssatz (Vw)} = \frac{\text{Verwaltungsgemeinkosten}}{\text{Herstellkosten}} = \frac{52.800}{440.000} = 12\%$$

$$\text{Zuschlagssatz (Vt)} = \frac{\text{Vertriebsgemeinkosten}}{\text{Herstellkosten}} = \frac{22.000}{440.000} = 5\%$$

a) Ermitteln Sie Fertigungs- und Maschinenstundensatz!

a1) $\text{Fertigungsstundensatz} = \dfrac{\text{Lohnabhängige Gemeinkosten} + \text{Fertigungslöhne}}{\text{Fertigungsstunden}}$

$= 30,00 \text{ GE/Stunde} = \dfrac{80.000 + 160.000}{8.000}$

a2) $\text{Maschinenstundensatz} = \dfrac{\text{Maschinenabhängige Kosten}}{\text{Maschinenstunden}}$

$= 50,00 \text{ GE/Stunde} = \dfrac{152.800 + 7.200}{3.200}$

b) Der Auftrag wird mittels differenzierter Zuschlagskalkulation wie folgt kalkuliert. Die Zuschlagssätze für Material- und Fertigungsgemeinkosten berechnen sich folgendermaßen:

$$\text{Zuschlagssatz (Ma)} = \frac{\text{Materialgemeinkosten}}{\text{Materialeinzelkosten}} = \frac{8.000}{32.000} = 25\%$$

$$\text{Zuschlagssatz (Fe)} = \frac{\text{Fertigungsgemeinkosten}}{\text{Fertigungseinzelkosten}} = \frac{240.000}{160.000} = 150\%$$

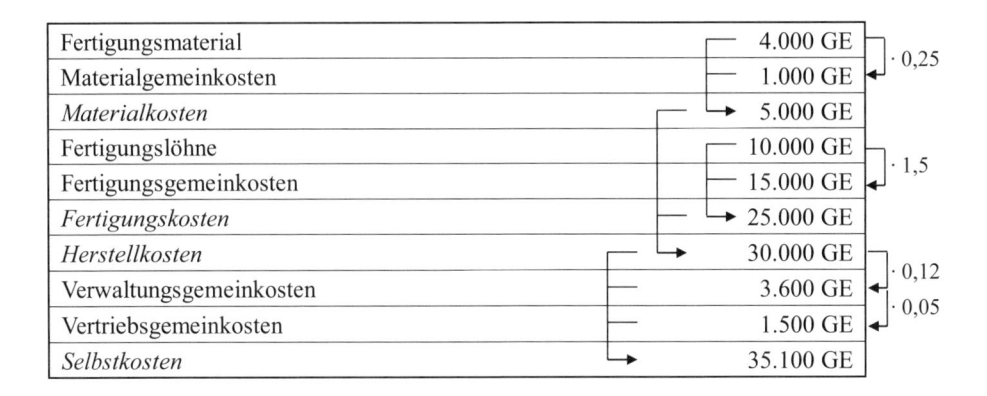

Fertigungsmaterial	4.000 GE
Materialgemeinkosten	1.000 GE
Materialkosten	5.000 GE
Fertigungslöhne	10.000 GE
Fertigungsgemeinkosten	15.000 GE
Fertigungskosten	25.000 GE
Herstellkosten	30.000 GE
Verwaltungsgemeinkosten	3.600 GE
Vertriebsgemeinkosten	1.500 GE
Selbstkosten	35.100 GE

(Fertigungsmaterial + Materialgemeinkosten) · 0,25
(Fertigungslöhne + Fertigungsgemeinkosten) · 1,5
Herstellkosten · 0,12
Herstellkosten · 0,05

c) Für denselben Auftrag sind 200 Maschinenstunden und 600 Fertigungsstunden angefallen. Folgende Tabelle zeigt die Kalkulation des Auftrags mittels Maschinenstundensatzkalkulation. Die lohnabhängigen Kosten ergeben sich aus dem Produkt von Fertigungsstunden (600h) und Fertigungsstundensatz (30,00 GE/h); maschinenabhängige Kosten aus dem Produkt von Maschinenstunden (200h) und Maschinenstundensatz (50,00 GE/h).

Fertigungsmaterial	4.000 GE
Materialgemeinkosten	1.000 GE
Materialkosten	5.000 GE
Lohnabhängige Kosten	18.000 GE
Maschinenabhängige Kosten	10.000 GE
Fertigungskosten	28.000 GE
Herstellkosten	33.000 GE
Verwaltungsgemeinkosten	3.960 GE
Vertriebsgemeinkosten	1.650 GE
Selbstkosten	38.610 GE

Aufgabe 37: Maschinenstundensatzkalkulation

In einem Zweiproduktbetrieb wurden im Monat 500 Stück des Produktes A und 300 Stück des Produktes B hergestellt. Die zur Produktion eingesetzte Maschine lief insgesamt 120 Stunden, zur Herstellung des Produktes A 80 Stunden und zur Herstel-

2.3 Kostenträgerrechnung: Maschinenstundensatzkalkulation

lung des Produktes B 40 Stunden. An Fertigungsstunden sind im Monat 200 Stunden angefallen, davon 80 Stunden für die Herstellung des Produktes A und 120 Stunden für die Herstellung des Produktes B.

Die Kosten des Fertigungsmaterials in Höhe von 4.000 GE verteilten sich mit 2.800 GE auf Produkt A und 1.200 GE auf Produkt B. Die Materialgemeinkosten betrugen 200 GE. Der Fertigungslohn in Höhe von 2.400 GE war in Höhe von 960 GE dem Produkt A und in Höhe von 1.440 GE dem Produkt B zurechenbar. Die Fertigungsgemeinkosten in Höhe von 6.000 GE setzten sich aus lohnabhängigen Gemeinkosten in Höhe von 2.400 GE und maschinenabhängigen Kosten in Höhe von 3.600 GE zusammen. Die Verwaltungs- und Vertriebsgemeinkosten betrugen 2.520 GE im Monat.

a) Nennen Sie 5 Beispiele für Kostenarten, die als maschinenabhängige Kosten in Frage kommen!

   1. ....
   2. ....
   3. ....
   4. ....
   5. ....

b) Berechnen Sie die Selbstkosten pro Stück für die Produkte A und B mit Hilfe der differenzierenden Zuschlagskalkulation! Ergänzen Sie zu diesem Zweck folgende Tabelle:

Position	Kosten insgesamt (GE)	Kosten pro Stück für Produkt A (GE)	Kosten pro Stück für Produkt B (GE)
Fertigungsmaterial	4.000		
Materialgemeinkosten	200		
Materialkosten	4.200		
Fertigungslöhne	2.400		
Fertigungsgemeinkosten	6.000		
Fertigungskosten	8.400		
Herstellkosten	12.600		
Verwaltungs- und Vertriebsgemeinkosten	2.520		
Selbstkosten	15.120		

c) Berechnen Sie die Selbstkosten pro Stück für die Produkte A und B mit Hilfe der Maschinenstundensatzkalkulation!

c1) Ermitteln Sie den Fertigungsstundensatz und den Maschinenstundensatz!

$$\text{Fertigungsstundensatz} = \frac{\text{Lohnabhängige Gemeinkosten + Fertigungslöhne}}{\text{Fertigungsstunden}}$$

$$= \frac{\text{Lohnabhängige Kosten}}{\text{Fertigungsstunden}}$$

$$= ..,.. \text{ GE/Std.}$$

$$\text{Maschinenstundensatz} = \frac{\text{Maschinenabhängige Kosten}}{\text{Maschinenstunden}}$$

$$= ..,.. \text{ GE/Std.}$$

c2) Ergänzen Sie folgende Tabelle:

Position	Kosten insgesamt (GE)	Kosten pro Stück für Produkt A (GE)	Kosten pro Stück für Produkt B (GE)
Fertigungsmaterial	4.000		
Materialgemeinkosten	200		
Materialkosten	4.200		
lohnabhängige Kosten	4.800		
maschinenabhängige Kosten	3.600		
Fertigungskosten	8.400		
Herstellkosten	12.600		
Verwaltungs- und Vertriebsgemeinkosten	2.520		
Selbstkosten	15.120		

d) Worauf führen Sie die unterschiedlichen Ergebnisse für die Selbstkosten der Produkte in den Aufgabenstellungen b) und c) zurück?

Bundesverband der Deutschen Industrie (BDI), Empfehlungen zur Kosten- und Leistungsrechnung, Bd. 1: Kosten- und Leistungsrechnung als Istrechnung. 3. Aufl., Köln 1991, S. 72ff.

2.3 Kostenträgerrechnung: Maschinenstundensatzkalkulation

Aufgabe 38: Maschinenstundensatzkalkulation, differenzierende Zuschlagskalkulation und Bedienungsverhältnis

In der abgelaufenen Periode sind im Fertigungsbereich eines Industriebetriebs Gesamtkosten von 150.000 GE angefallen. Als Einzelkosten wurden ausschließlich die Kosten der 4.000 geleisteten Arbeitsstunden in Höhe von 50.000 GE erfaßt. Die Gemeinkosten der Fertigungsbereiche sind zu 40% lohn- und zu 60% maschinenabhängig. Die Maschinenlaufzeit betrug insgesamt 2.000 Stunden.

Im Rahmen einer Nachkalkulation sollen Sie die Fertigungskosten zweier Aufträge nach der differenzierenden Zuschlagskalkulation und der Maschinenstundensatzkalkulation ermitteln. Für Auftrag A wurden 30 Fertigungsstunden (Fertigungseinzelkosten 375 GE) sowie 15 Maschinenstunden erfaßt. Auftrag B beanspruchte ebenso 30 Fertigungsstunden (Fertigungseinzelkosten 375 GE), allerdings wurden 40 Maschinenstunden notiert.

a) Wenden Sie die differenzierende Zuschlagskalkulation an.

   a1) Ermitteln Sie die Fertigungskosten für die Aufträge A und B.

      Zuschlagssatz   = . . . %
      Fertigungskosten Auftrag A = ... GE
      Fertigungskosten Auftrag B = ... GE

   a2) Vergleichen Sie die Fertigungskosten beider Aufträge. Wie erklären Sie das Ergebnis?

b) Wenden Sie nun die Maschinenstundensatzkalkulation an.

   b1) Berechnen Sie den Maschinenstundensatz und den Fertigungsstundensatz.

      Maschinenstundensatz = . . , . . GE/h
      Fertigungsstundensatz = . . , . . GE/h

   b2) Ermitteln Sie die Fertigungskosten für die Aufträge A und B.

      Fertigungskosten Auftrag A = ... GE.
      Fertigungskosten Auftrag B = ... GE.

c) Führen Sie nun einen Vergleich Ihrer Kalkulationsergebnisse durch.

c1) Berechnen Sie dazu zunächst das jeweilige „Bedienungsverhältnis" (Fertigungsstunden/Maschinenstunden) der beiden Aufträge.

Bedienungsverhältnis Auftrag A = . , . .

Bedienungsverhältnis Auftrag B = . , . .

c2) Vergleichen und begründen Sie die errechneten Fertigungskosten der Aufträge A und B nach den beiden angewandten Kalkulationsverfahren. Argumentieren Sie mit dem Begriff „Bedienungsverhältnis".

c21) Auftrag A

c22) Auftrag B

Aufgabe 39: Maschinenstundensatzkalkulation, differenzierende Zuschlagskalkulation und Bedienungsverhältnis

In einem Industriebetrieb sind die beiden Vorkostenstellen „Fuhrpark" (Fu) und „Reparaturwerkstatt" (Re) und die vier Endkostenstellen „Materialstelle" (Ma), „Fertigungsstelle" (Fe), „Verwaltungsstelle" (Vw) und „Vertriebsstelle" (Vt) gebildet worden. Für einen ausgeführten Auftrag sind die Selbstkosten mit der Maschinenstundensatzkalkulation und der differenzierenden Zuschlagskalkulation zu ermitteln. In der Fertigungsstelle werden gleichartige Maschinen eingesetzt, die in dem Abrechnungszeitraum, in dem der nachzukalkulierende Auftrag ausgeführt wurde, 1.200 Stunden zur Abwicklung von Aufträgen liefen.

Für den nachzukalkulierenden Auftrag sind 100 Maschinenstunden und 200 Fertigungsstunden angefallen. Im Abrechnungszeitraum wurden die Fertigungslöhne für 4.000 Fertigungsstunden als Auftragseinzelkosten erfaßt und ergaben einen Betrag von 60.000 GE. Die Materialeinzelkosten des Abrechnungszeitraumes beliefen sich auf 40.000 GE, die Materialeinzelkosten des Auftrages betrugen 6.000 GE. In den Vorkostenstellen, in der Verwaltungsstelle und in der Vertriebsstelle sind in dem Abrechnungszeitraum keine Auftragseinzelkosten angefallen.

Aus der Kostenstellenrechnung des Abrechnungszeitraumes ergeben sich folgende Daten über die Verteilung der primären Auftragsgemeinkosten auf die sechs Kostenstellen. Primäre Auftragsgemeinkosten für die Kostenstelle:

Fuhrpark	14.800 GE
Reparaturwerkstatt	5.600 GE
Material	3.200 GE
Fertigung	115.200 GE

2.3 Kostenträgerrechnung: Maschinenstundensatzkalkulation

Verwaltung 9.200 GE
Vertrieb 20.800 GE.

Die primären Fertigungsgemeinkosten in Höhe von 115.200 GE verteilen sich auf lohnabhängige Kosten in Höhe von 48.000 GE und maschinenabhängige Kosten in Höhe von 67.200 GE. Von der Vorkostenstelle Fuhrpark wurden insgesamt 20.000 Fahrkilometer für die anderen Kostenstellen geleistet. Die Vorkostenstelle Reparaturwerkstatt war 30 Stunden für die Vorkostenstelle Fuhrpark und 120 Stunden mit der Instandhaltung der Maschinen der Fertigungsstelle beschäftigt. Die Verteilung der Kilometer (km) und Stunden (h) geht aus Übersicht A hervor:

Übersicht A – Von den Kostenstellen abgegebene bzw. empfangene Mengen- oder Werteströme

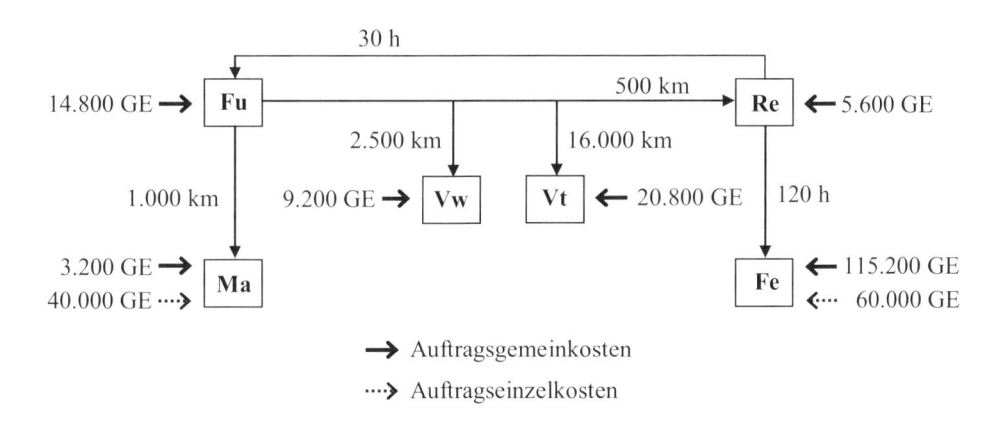

```
                        30 h
           ┌─────────────────────────────────┐
           │                   500 km        ▼
14.800 GE →│ Fu │──────────────────────────→│ Re │← 5.600 GE
           │    │   2.500 km    16.000 km   │    │
 1.000 km  │    ▼               ▼           │    │ 120 h
           │ 9.200 GE →│ Vw │ │ Vt │← 20.800 GE
           ▼                               ▼
 3.200 GE →│                               │← 115.200 GE
40.000 GE ⋯→│ Ma │                         │ Fe │⋯← 60.000 GE
```

→ Auftragsgemeinkosten
⋯→ Auftragseinzelkosten

a) Ermitteln Sie die innerbetrieblichen Verrechnungspreise p_{Fu} in GE/km und p_{Re} in GE/h nach dem Gleichungsverfahren.

p_{Fu} = . , . . GE/km $\qquad$ p_{Re} = . . , . . GE/h

b) Verteilen Sie die Kosten der beiden Vorkostenstellen auf die vier Endkostenstellen unter Verwendung der in a) ermittelten Verrechnungspreise. Ergänzen Sie folgende Tabelle:

Primäre und/oder sekundäre Gemeinkosten	Endkostenstellen			
	Ma	Fe	Vw	Vt
Primäre Kosten	3.200	115.200	9.200	20.800
Sekundäre Kosten von Fu				
Sekundäre Kosten von Re				
Summe der primären und sekundären Gemeinkosten				

c) Ermitteln Sie den Fertigungsstundensatz und den Maschinenstundensatz!

    c1) Fertigungsstundensatz = ──────────────

    = .. , .. GE/h

    c2) Maschinenstundensatz = ──────────────

    = .. , .. GE/h

d) Ergänzen Sie folgende Tabelle zur Auftragskalkulation mittels Maschinenstundensatzkalkulation:

Fertigungsmaterial	6.000 GE
Materialgemeinkosten	GE
Materialkosten	GE
Lohnabhängige Kosten	GE
Maschinenabhängige Kosten	GE
Fertigungskosten	GE
Herstellkosten	GE
Verwaltungsgemeinkosten	GE
Vertriebsgemeinkosten	GE
Selbstkosten	GE

e) Ergänzen Sie folgende Tabelle zur differenzierenden Zuschlagskalkulation des Auftrags:

Fertigungsmaterial	6.000 GE
Materialgemeinkosten	GE
Materialkosten	GE
Fertigungslöhne	3.000 GE
Fertigungsgemeinkosten	GE
Fertigungskosten	GE
Herstellkosten	GE
Verwaltungsgemeinkosten	GE
Vertriebsgemeinkosten	GE
Selbstkosten	GE

f1) Worauf führen Sie die unterschiedlichen Ergebnisse für die Selbstkosten in den Aufgabenstellungen d) und e) zurück? Verwenden Sie bei der Darstellung den Begriff „Bedienungsverhältnis" = Fertigungsstunden / Maschinenstunden.

2.3 Kostenträgerrechnung: Maschinenstundensatzkalkulation

f2) In welchen Fällen würden Sie einem Industriebetrieb empfehlen, statt der differenzierenden Zuschlagskalkulation die Maschinenstundensatzkalkulation anzuwenden?

f3) Welche Schwierigkeiten können sich bei der Einführung der Maschinenstundensatzkalkulation in einem Großbetrieb ergeben?

H. Schmidt u. H.-H. Wenzel, Maschinenstundensatzrechnung als Alternative zur herkömmlichen Zuschlagskostenrechnung? „Kostenrechnungspraxis", Wiesbaden, o. Jg. (1989), S. 147-158.

2.3.1.5 Prozeßkostenrechnung

Die Prozeßkostenrechnung ist ein Kostenrechnungsverfahren zur Kostenplanung und -kontrolle von repetitiven Vorgängen in den indirekten, fertigungsunterstützenden Unternehmensbereichen. Ziel dieses Verfahrens ist die Erhöhung der Kostentransparenz in den Gemeinkostenbereichen sowie die verursachungsgerechte Verteilung der Gemeinkosten. Gründe für die Entwicklung der Prozeßkostenrechnung liegen zum einen in der Veränderung der Struktur der betrieblichen Wertschöpfung und der Kosten, zum anderen im Willen zur Vermeidung strategischer Fehlsteuerungen.

Neue Technologien ermöglichen eine immer flexiblere Produktion und fördern eine größere Variantenvielfalt, die wiederum erhöhte Anforderungen an betriebliche Kostenrechnungssysteme stellt. Steigende Gemeinkosten in den Bereichen Forschung/Entwicklung, Beschaffung/Logistik, Qualitätssicherung und Vertrieb sowie sinkende Einzelkosten aufgrund von Rationalisierungen zeigen den Nachteil derjenigen Kostenrechnungssysteme auf, die die Gemeinkosten ausschließlich oder zum Teil über Wertbasen pauschal verteilen.

Nur die wirklichkeitsnahe Abbildung des betrieblichen Leistungsflusses kann systematische, zielgerichtete Informationen liefern, um eine strategische Fehlsteuerung zu vermeiden. So können z.B. nur solange Vorteile aus der Diversifizierung der Produktpalette gezogen werden, bis die volumenabhängige Kostendegression von den zusätzlichen Kosten der Diversifizierung nicht überschritten wird. Dazu müssen aber die „richtigen" Kosten der Aktivitäten bekannt sein.

Im Vordergrund der Betrachtung sollten also nicht die Kostenstellen mit ihren Aufgabenbereichen, sondern die betrieblichen Aktivitäten stehen. Denn diese Tätigkeiten sind die eigentlichen Ursachen der Kostenentstehung bzw. die kostentreibenden Faktoren („cost drivers"). Die Prozeßkostenrechnung versucht, diesen Überlegungen Rechnung zu tragen und ist besonders dann anzuwenden, wenn Prozesse repetitive Tätigkeiten mit geringem Entscheidungsspielraum umfassen.

Aufgabe 40: Prozeßkostenrechnung vs. differenzierende Zuschlagskalkulation

In einem Industriebetrieb sollen die bei der Herstellung zweier Produkte A und B anfallenden Materialkosten auf ihre verursachungsgerechte Verteilung näher untersucht werden. Als Basis der Untersuchung dienen der Controlling-Abteilung zwei Kalkulationsverfahren: die differenzierende Zuschlagskalkulation und die Prozeßkostenrechnung.

Im Betrachtungszeitraum fallen für Produkt A 300.000 GE und für Produkt B 200.000 GE Einzelkosten (Ek) an (vgl. Übersicht A). Die Materialgemeinkosten (Ma-Gmk) werden von drei Kostenstellen (KST) verursacht: Angebote einholen (KST Angebote), Material bestellen (KST Bestellung) und Qualität des gelieferten Materials prüfen (KST Qualität).

Die KST Angebote holt vor jeder Bestellung immer genau 5 Angebote ein, prüft diese und wählt das günstigste Angebot aus. Es fallen 1.100.000 GE Kostenstelleneinzelkosten an, die zu 10/11 leistungsmengeninduziert (lmi) und zu 1/11 leistungsmengenneutral (lmn) sind.

Die KST Bestellung führt in der Periode 200 Bestellungen durch und überwacht deren Eingang. Zur Herstellung des Produktes A sind 50 Bestellungen, zur Herstellung des Produktes B 150 Bestellungen notwendig. Die leistungsmengeninduzierten Kostenstelleneinzelkosten betragen 200.000 GE, die leistungsmengenneutralen Kosten 20.000 GE.

Die Mitarbeiter der KST Qualität prüfen das angelieferte Material im Betrachtungszeitraum und benötigten dazu 300.000 Prüfminuten (100.000 Minuten für A, 200.000 Minuten für B). Kosten, die durch die Materialprüfung induziert wurden, betragen 800.000 GE. Zu berücksichtigen ist, daß jeder Eingang einer Materialbestellung die gleiche Anzahl an Prüfminuten auslöst. Die leistungsmengenneutralen Kosten betragen 10.000 GE.

Übersicht A:

	Produkt A	Produkt B	lmi	lmn
Ma-Ek	300.000 GE	200.000 GE	500.000 GE	
KST Anbebote	250 Stk.	750 Stk.	1.000.000 GE	100.000 GE
KST Bestell.	50 Stk.	150 Stk.	200.000 GE	20.000 GE
KST Qualität	100.000 Min.	200.000 Min.	800.000 GE	10.000 GE
Summe			2.500.000 GE	130.000 GE

a) Ermitteln Sie die Materialkosten für die Produkte A und B mit Hilfe der differenzierenden Zuschlagskalkulation.

b) Ermitteln Sie die Materialkosten mit Hilfe der Prozeßkostenrechnung, indem Sie die Aufgaben b1) bis b4) lösen.

   b1) Erläutern Sie den Unterschied zwischen leistungsmengeninduzierten und leistungsmengenneutralen Kosten.

   b2) Wählen Sie eine geeignete Prozeßgröße aus, die hier als „cost driver" fungiert.

   b3) Ermitteln Sie Prozeßmenge, Prozeßkosten und Prozeßkostensatz.

   b4) Ermitteln Sie den Umlagesatz für die leistungsmengenneutralen Kosten.

c) Interpretieren Sie die Ergebnisse aus den Teilaufgaben a) und b).

Aufgabe 41: Prozeßkostenrechnung vs. differenzierende Zuschlagskalkulation

Das Produktprogramm eines Betriebes besteht aus den drei Produkten A, B und C, für deren Herstellung im betrachteten Zeitraum folgende Einzelkosten im Bereich Material und Fertigung entstanden sind:

	Produkt A	Produkt B	Produkt C	∑
Ma-Einzelkosten	30 TGE	270 TGE	90 TGE	390 TGE
Fe-Einzelkosten	50 TGE	70 TGE	60 TGE	180 TGE

Neben den Materialeinzelkosten fielen auch noch Materialgemeinkosten in Höhe von 1.404 TGE an. Wie in einer näheren Untersuchung festgestellt werden konnte, verhalten sich 1.170 TGE der Materialgemeinkosten proportional zur Leistungsmenge „Bestellungen". Für die Produkte A, B und C wurden 10, 100 und 70 Bestellungen durchgeführt.

Von den Fertigungsgemeinkosten in Höhe von 3.960 TGE sind 2.700 TGE abhängig von der Maschinenlaufzeit. Die Produkte A, B und C nutzen die Maschine 40, 10 und 10 Stunden. Ein weiterer Teil der Fertigungsgemeinkosten (900 TGE) entsteht durch Umrüstungen der Maschine (Lose). A wird in 5, B und C in jeweils 2 Losen hergestellt. Der Restbetrag von 360 TGE ist leistungsmengenneutral.

Die Verwaltungs- und Vertriebsgemeinkosten der Periode betragen 2.967 TGE, wobei 1.773 TGE proportional zum Umfang der Produktpalette des Betriebes entstanden. Der Differenzbetrag in Höhe von 1.194 TGE soll proportional zu den Herstellkosten verteilt werden.

a) Ermitteln Sie die Selbstkosten der Produkte A, B und C mit Hilfe der differenzierenden Zuschlagskalkulation.

b) Ermitteln Sie die Selbstkosten der Produkte A, B und C mit Hilfe der Prozeßkostenrechnung.

c) Interpretieren Sie die Ergebnisse der Teilaufgaben a) und b).

2.3.1.6 Kalkulation von Kuppelprodukten

Bei der Kuppelproduktion entstehen zwangsläufig aufgrund natürlicher oder technologischer Bedingungen des Produktionsprozesses in einem Arbeitsgang verschiedene Produkte. Zur Kalkulation von Kuppelprodukten sollen zwei Verfahren angesprochen werden: Die *Restwert- oder Restkostenmethode* wird angewendet, wenn ein Produkt der verschiedenen erzeugten Produkte Hauptprodukt ist. Die Verkaufserlöse bzw. Verwertungsüberschüsse der Nebenprodukte werden von den Gesamtherstellungskosten subtrahiert; die verbleibenden Restkosten RK stellen dann die vom Hauptprodukt noch zu deckenden Kosten der Kuppelproduktion dar:

$RK = K_k - V\ddot{U}$, mit

RK = Restkosten

K_k = Gesamtkosten des Kuppelproduktionsprozesses

$V\ddot{U}$ = Verwertungsüberschuß = $\sum_{i=1}^{n} V\ddot{U}_i = \sum_{i=1}^{n} (p_{Ni} - k_{Ni}) * x_{Ni}$

p_{Ni} = Preis der Nebenproduktart i pro Mengeneinheit

k_{Ni} = Weiterverarbeitungs- und Vertriebskosten pro Mengeneinheit der Nebenproduktart i

x_{Ni} = Menge der Nebenproduktart i

i = Index der Nebenprodukte (i = 1, ... ,n).

Die *modifizierte Marktpreisverhältnisrechnung*, auch Verteilungsmethode genannt, bietet sich an, wenn die Restwertmethode versagt, also kein Produkt der Kuppelproduktion als Hauptprodukt betrachtet werden kann. Methodisch geht die modifizierte Marktpreisverhältnisrechnung vor wie die Äquivalenzziffernrechnung, indem sie eine Reihe von Äquivalenzziffern bildet, die das Verhältnis der Kostenverteilung auf die Kuppelprodukte wiedergeben (vgl. rechnerisches Verfahren der Aufgabe 31). Materiell besteht jedoch ein wesentlicher Unterschied: Bei der Sortenkalkulation sind die Äquivalenzziffern Maßstäbe der Kostenverursachung der einzelnen Sorten; bei der Kuppelproduktion dagegen sind die Äquivalenzziffern Maßstäbe der Kostentragfähigkeit. Die Äquivalenzziffern sollten möglichst die marktmäßige Verwertbarkeit der

2.3 Kostenträgerrechnung: Kuppelprodukte

Kuppelprodukte widerspiegeln, wie dies beispielsweise bei den Verwertungsüberschüssen pro Mengeneinheit der verschiedenen Produkte gegeben ist.

Aufgabe 42: Kalkulation von Kuppelprodukten

Von einem Gaswerk bzw. einer Kokerei wurden in einem Abrechnungszeitraum 1.000.000 m³ Gas, 2.200 t Koks, 91 t Teer, 30 t Benzol und 27 t Ammoniumsulfat $[(NH_4)_2SO_4]$ (Ammoniumsalz der Schwefelsäure = Stickstoffdünger) erzeugt und abgesetzt. Die Gesamtkosten des Kuppelproduktionsprozesses betrugen im Abrechnungszeitraum 531.160 GE.

Die Weiterverarbeitungs- und Vertriebskosten betrugen für

Gas	0,03	GE/m³
Koks	10	GE/t
Teer	20	GE/t
Benzol	100	GE/t
Ammoniumsulfat	150	GE/t.

Die Verkaufspreise betrugen für

Gas	0,05	GE/m³
Koks	235	GE/t
Teer	170	GE/t
Benzol	500	GE/t
Ammoniumsulfat	200	GE/t.

In der Aufgabenstellung a) soll Gas, in der Aufgabenstellung b) Koks als Hauptprodukt der Restwertrechnung betrachtet werden.

a) Verwertungsüberschuß der Nebenprodukte Koks, Teer, Benzol und Ammoniumsulfat

   = ... GE.

   Vom Hauptprodukt Gas noch zu deckende Kosten der Kuppelproduktion

   = ... GE.

b) Verwertungsüberschuß der Nebenprodukte Gas, Teer, Benzol und Ammoniumsulfat

   = ... GE.

Vom Hauptprodukt Koks noch zu deckende Kosten der Kuppelproduktion

= ...... GE.

c) Verteilen Sie die Kosten des Kuppelproduktionsprozesses auf die einzelnen Komponenten nach einer (modifizierten) Marktpreisverhältnisrechnung. Dabei sollen die Verwertungsüberschüsse pro Mengeneinheit als Gewichtungsfaktoren dienen. Ergänzen Sie folgende Tabelle:

Tabelle zur Kalkulation von Kuppelprodukten nach einer modifizierten Marktpreisverhältnisrechnung

Produktart	ME	Erzeugte Menge (ME)	Verwertungsüberschuß pro ME (GE/ME)	Recheneinheiten (RE)	Anteilige Kosten (GE)	Kosten je ME (GE/ME)
Gas	m³	1.000.000	0,02	20.000		
Koks	t	2.200	225,00	495.000		
Teer	t					
Benzol	t					
Amm.-sulf.	t					
				Summe =	531.160	

$$\text{Gesamtkosten pro Recheneinheit (RE)} = \frac{531.160}{\ldots\ldots}$$

$$= .,.. \text{ GE/RE}$$

d) Kommentieren Sie vergleichend und kritisch die Ergebnisse der Aufgabenstellungen a), b) und c)!

2.3.2 Kostenträgerzeitrechnung

Bei der Kostenträgerzeitrechnung handelt es sich um eine periodenbezogene Kostenträgerrechnung.[12] Es werden für einen Rechnungszeitraum nicht nur die gesamten Leistungen den gesamten Kosten gegenübergestellt, sondern man versucht in Mehrproduktbetrieben auch, den Leistungen (Erlösen) für einzelne Produkte oder Produktgruppen die entsprechenden Kosten zuzurechnen, so daß sich durch Differenzbildung

---

[12] Wie schon an anderer Stelle ersichtlich wurde, ist die kostenbezogene Bezeichnungsweise eigentlich zu eng, da auch Leistungen betrachtet werden.

2.3 Kostenträgerrechnung

kalkulatorische Erfolge für Produkte oder Produktgruppen ergeben. Für ein schnelles Reagieren der Betriebsleitung auf Datenänderungen ist eine kurze Rechnungsperiode, beispielsweise ein Monat, wünschenswert. Je kürzer die Rechnungsperiode wird, desto stärker wächst die relative Bedeutung von Lagerbestandsveränderungen gegenüber den Produktions- oder Absatzzahlen. Von daher spielen Bewertungen der Lagerbestände der fertigen und unfertigen Erzeugnisse in der kurzfristigen Erfolgsrechnung eine größere Rolle als in Jahresergebnisrechnungen. In der folgenden Fallgestaltung zur kurzfristigen Erfolgsrechnung werden nur die Wirkungen der Lagerbestandsänderungen von fertigen Erzeugnissen analysiert.

Fallgestaltung zur kurzfristigen Erfolgsrechnung

Aufgabe 37 b) sei um folgende Lagerentwicklung ergänzt:

Kostenträger	Anfangsbestand (Stück)	Zugänge (Stück)	Abgänge (Stück)	Endbestand (Stück)
A	400	500	800	100
B	0	300	270	30

Die Verkaufspreise der Kostenträger A bzw. B betragen 17,50 bzw. 24 GE/Stück. Der Anfangsbestand von Kostenträger A sei mit 400 · 12,60 = 5.040 GE bewertet. Die Verwaltungs- und Vertriebsgemeinkosten teilen sich auf in Verwaltungsgemeinkosten von 630 GE und Vertriebsgemeinkosten von 1.890 GE. Die Lagerbestandsbewertung erfolgt nach dem FIFO-Verfahren.

a) Erstellen Sie das Betriebsergebniskonto nach dem Gesamtkostenverfahren sowie das Kostenträgerzeitblatt.

b) Erstellen Sie das Betriebsergebniskonto nach dem Umsatzkostenverfahren.

c) Wie lauten die entsprechenden Ergebnisse (Kostenträgerzeitblatt), wenn in der Betrachtungsperiode zur Maschinenstundensatzkalkulation übergegangen wird (vgl. Aufgabe 37 c)?

Zu a) Gesamtkostenverfahren

Soll	Betriebsergebniskonto		Haben
	GE		GE
(1) Fertigungsmaterial	4.000	(8) Verkaufserlöse A	14.000
(2) Fertigungslöhne	2.400	(9) Verkaufserlöse B	6.480
(3) Materialgemeinkosten	200		
(4) Fertigungsgemeinkosten	6.000		
(5) Verwaltungsgemeinkosten	630		
(6) Vertriebsgemeinkosten	1.890		
(7) Bestandveränderung der fertigen Erzeugnisse[a]	3.150		
Betriebsergebnis	2.210		
	20.480		20.480

[a] Saldogröße aus Bestandsminderung A von 3.780 GE und Bestandsmehrung B von 630 GE.

Die eingeklammerten Zahlen (1) bis (9) verweisen auf die Herkunftskonten, die Sie weiter unten finden.

Fertigungsmaterial			Fertigungslöhne		
4.000	4.000	(1)	2.400	2.400	(2)

Materialgemeinkosten			Fertigungsgemeinkosten		
200	200	(3)	6.000	6.000	(4)

Verwaltungsgemeinkosten			Materialgemeinkosten		
630	630	(5)	1.890	1.890	(6)

Fertige Erzeugnisse A				Fertige Erzeugnisse A			
AB	5.040	EB	1.260 [a]	AB	0	EB	630 [b]
		B⁻	3.780	B⁺	630		
	5.040		5.040		630		630

[a] 1.260 = 100 · 12,60 GE
AB = Anfangsbestand
B⁻ = Bestandsminderung

[b] 630 = 30 · 21 GE
EB = Endbestand
B⁺ = Bestandsmehrung

2.3 Kostenträgerrechnung

```
            Bestandsveränderung
      3.780       |      630
                  |    3.150   (7)
      3.780       |    3.780

         Verkaufserlöse A                    Verkaufserlöse B
 (8)   14.000     |   14.000         (9)   6.480    |   6.480
```

Kostenträgerzeitblatt

Position	Insgesamt (GE)	für Produkt A (GE)	für Produkt B (GE)
Fertigungsmaterial	4.000	2.800	1.200
+ Materialgemeinkosten	200	140	60
+ Fertigungslöhne	2.400	960	1.440
+ Fertigungsgemeinkosten	6.000	2.400	3.600
= *Herstellkosten* der in der Periode erzeugten Produkte	12.600	6.300	6.300
− Bestandsmehrungen	630	0	630
+ Bestandsminderungen	3.780	3.780	0
= *Herstellkosten* der in der Periode abgesetzten Produkte	15.750	10.080	5.670
+ Verwaltungsgemeinkosten	630[a]	403,20	226,80
+ Vertriebsgemeinkosten	1.890	1.209,60	680,40
= *Selbstkosten* des Umsatzes	18.270	11.692,80	6.577,20
Verkaufserlöse	20.480	14.000	6.480
Kalkulatorisches Ergebnis	2.210	2.307,20	-97,20
[a] Vereinfachend werden die Verwaltungsgemeinkosten nur auf die Herstellkosten der abgesetzten Menge bezogen. Der Zuschlagssatz beträgt 4%.			

Zu b) Umsatzkostenverfahren

Soll		Betriebsergbniskonto			Haben
		GE			GE
(7)	Herstellkosten der abgesetzten Erzeugnisse A	10.080,00	(9)	Verkaufserlöse A	14.000,00
(8)	Herstellkosten der abgesetzten Erzeugnisse B	5.670,00	(10)	Verkaufserlöse B	6.480,00
(5a) + (6a)	Verwaltungs- und Vertriebsgemeinkosten der abgesetzten Erzeugnisse A	1.612,80			
(5b) + (6b)	Verwaltungs- und Vertriebsgemeinkosten der abgesetzten Erzeugnisse B	907,20			
	Betriebsergebnis	2.210,00			
		20.480,00			20.480,00

Fertigungsmaterial				Fertigungslöhne			
4.000		2.800	(1a)	2.400		960	(2a)
		1.200	(1b)			1.440	(2b)
4.000		4.000		2.400		2.400	

Materialgemeinkosten				Fertigungsgemeinkosten			
200		140	(3a)	6.000		2.400	(4a)
		60	(3b)			3.600	(4b)
200		200		6.000		6.000	

Verwaltungsgemeinkosten				Vertriebsgemeinkosten			
630,00		403,20	(5a)	1.890,00		1.209,60	(4a)
		226,80	(5b)			680,40	(4b)
630,00		630,00		1.890,00		1.890,00	

Fertige Erzeugnisse A					Fertige Erzeugnisse B				
AB	5.040	EB	1.260		AB	0	EB	630	
(1a)	2.800		10.080	(7)	(1b)	1.200		5.670	(8)
(2a)	960				(2b)	1.440			
(3a)	140				(3b)	60			
(4a)	2.400				(4b)	3.600			
	11.340		11.340			6.300		6.300	

Verkaufserlöse A				Verkaufserlöse B			
(9)	14.000		14.000	(10)	6.480		6.480

Nach dem Gemeinschaftskontenrahmen der Industrie gehören die Konten „Fertige Erzeugnisse" zur Kontenklasse 7, „Verkaufserlöse" zur Kontenklasse 8, während die

Kontenklassen 5 und 6 der Kostenstellenrechnung und der kurzfristigen Erfolgsrechnung vorbehalten sind.

Zu c) Kostenträgerzeitblatt

Position	Insgesamt (GE)	für Produkt A (GE)	für Produkt B (GE)
Fertigungsmaterial	4.000,00	2.800,00	1.200,00
+ Materialgemeinkosten	200,00	140,00	60,00
+ Fertigungskosten	8.400,00	4.320,00	4.080,00
= *Herstellkosten* der in der Periode erzeugten Produkte	12.600,00	7.260,00	5.340,00
− Bestandsmehrungen	534,00	0,00	534,00
+ Bestandsminderungen	3.588,00[a]	3.588,00	0,00
= *Herstellkosten* der in der Periode abgesetzten Produkte	15.654,00	10.848,00[b]	4.806,00
+ Verwaltungsgemeinkosten	630,00	436,58	193,42
+ Vertriebsgemeinkosten	1.890,00	1.309,74	580,26
= *Selbstkosten* des Umsatzes	18.174,00	12.594,32	5.579,68
Verkaufserlöse	20.480,00	14.000,00	6.480,00
Kalkulatorisches Ergebnis	2.306,00	1.405,68	900,32

[a]
Fertige Erzeugnisse A			
AB	5.040	EB	1.452
		B⁻	3.588
	5.040		5.040

* 1.452 = 100 · 14,52
14,52 = 7.260 GE/500 Stk.
Wegen des vorausgesetzten FIFO-Verfahrens ist der Anfangsbestand verkauft.

[b] 10.848 = 400 · 14,52 + 400 · 12,60.

Zur Interpretation der Ergebnisse:

An dem Vergleich der Kostenträgerzeitblätter bei differenzierender Zuschlagskalkulation und Maschinenstundensatzkalkulation wird deutlich, daß die kalkulatorischen Ergebnisse für die einzelnen Produkte stark von dem angewendeten Kalkulationsverfahren abhängen können. Durch die unterschiedliche Bewertung der Bestände kann sogar das Betriebsergebnis insgesamt von dem Kalkulationsverfahren abhängen. In dem hier behandelten Fall bildet die Maschinenstundensatzkalkulation die tatsächlichen Kostenverhältnisse des Betriebes besser ab als die differenzierende Zuschlagskalkulation. Dabei dürfen die Schwächen der Maschinenstundensatzkalkulation, soweit sie wie hier auf dem Vollkostenansatz beruhen, nicht übersehen werden. Für wichtige Entscheidungen fehlt die Trennung der Kosten in fixe und variable Bestandteile. So wäre für viele Entscheidungen von Bedeutung, wie sich die kalkulatorischen

Ergebnisse bei Änderung der Absatzmengen verhalten. Die Proportionalisierung der Materialgemeinkosten berücksichtigt nicht, daß fixe Kosten (z.B. die Gehälter der Einkäufer, die Kosten für Lagereinrichtungen) auftreten. Besonders problematisch ist die Proportionalisierung der Verwaltungs- und Vertriebsgemeinkosten auf der Basis der Herstellkosten. In Teil 3 wird gezeigt werden, daß die Aufteilung in fixe und variable Kosten zur Optimierung des Produktionsprogrammes von Mehrproduktbetrieben unabdingbar ist.

Exkurs: Zur Definition der Herstellungskosten im deutschen Handels- und Steuerrecht sowie nach den International Financial Reporting Standards (IFRS)

Die Begriffe „Herstellkosten" und „Herstell*ungs*kosten" sind streng zu unterscheiden. Die Herstellkosten für das interne Rechnungswesen sind tatsächliche Kosten im Sinne von Übersicht 1.4. Die bilanzrechtlichen Herstellungskosten des externen Rechnungswesens stellen Aufwendungen dar. Zusatzkosten (vgl. Übersicht 1.4) können nicht Bestandteil der Herstellungskosten sein. Man sollte daher besser von Herstellungsaufwendungen sprechen. Diesbezüglich führt bspw. § 255 I HGB aus: „Herstellungskosten sind die Aufwendungen, die durch den Verbrauch von Gütern und die Inanspruchnahme von Diensten für die Herstellung eines Vermögensgegenstandes, seine Erweiterung oder für eine über seinen ursprünglichen Zustand hinausgehende wesentliche Verbesserung entstehen."

In der Übersicht 2.5 sind mögliche Wertansätze für die Herstellungskosten nach deutschem Handels- und Steuerrecht mit den entsprechenden Rechtsquellen angegeben. Übersicht 2.6 skizziert im vergleichenden Überblick die Herstellungskosten nach Handels- und Steuerrecht sowie nach IFRS. Unschärfen in den Definitionen der Herstellungskosten lassen sich durch die Begriffe Pflichtkosten, Wahlkosten und Verbotskosten erfassen. Die Pflichtkosten bilden dabei jeweils die Untergrenzen der Herstellungskosten; die Summe aus Pflicht- und Wahlkosten ergibt dann wiederum die jeweilige Obergrenze der Herstellungskosten.

Zur Abgrenzung der einzelnen Begriffe zu den Übersichten 2.5 und 2.6 sowie zu näheren Erläuterungen sei verwiesen auf: *J. Baetge, H.-J. Kirsch u. St. Thiele, Bilanzen. 11. Aufl., Düsseldorf 2011, S. 197-204 u. 221-224.*

2.3 Kostenträgerrechnung

Übersicht 2.5 – Definition der Herstellungskosten nach deutschem Handels- und Steuerrecht mit Rechtsquellen[13]

Bestandteile von Herstellungskosten	Handelsrecht		Steuerrecht	
• Materialeinzelkosten • Fertigungseinzelkosten • Sondereinzelkosten der Fertigung	Einbeziehungs*pflicht*	§ 255 II Satz 2 HGB	Einbeziehungs*pflicht*	§ 5 I Satz 1 EStG i.V.m. § 255 II Satz 2 HGB
• Materialgemeinkosten • Fertigungsgemeinkosten • Abschreibungen		§ 255 II Satz 2 HGB		R 6.3 I, II, III EStR
angemessene, auf den Zeitraum der Herstellung entfallende • Kosten der allg. Verwaltung • Aufwendungen für soziale Einrichtungen des Betriebs • Aufwendungen für freiwillige soziale Leistungen • Aufwendungen für betriebliche Altersversorgung	Einbeziehungs*wahlrecht*	§ 255 II Satz 3 HGB	Einbeziehungs*wahlrecht*	R 6.3 IV EStR
Fremdkapitalzinsen		§ 255 III HGB		
• Forschungskosten • Vertriebskosten	Einbeziehungs*verbot*	§ 255 II Satz 4 HGB	Einbeziehungs*verbot*	§ 5 I Satz 1 EStG i.V.m. § 255 II Satz 4 HGB

---

[13] In enger Anlehnung an *J. Baetge, H.-J. Kirsch u. St. Thiele*, Bilanzen. 11. Aufl., Düsseldorf 2011, S. 202.

Übersicht 2.6 – Definition der Herstellungskosten nach Handels- und Steuerrecht sowie nach IFRS im vergleichenden Überblick[14]

Bestandteile von Herstellungskosten	Handelsrecht	Steuerrecht	IFRS
• Materialeinzelkosten • Fertigungseinzelkosten • Sondereinzelkosten Fertigung • Materialgemeinkosten • Fertigungsgemeinkosten	Einbeziehungs-*pflicht*	Einbeziehungs-*pflicht*	Einbeziehungs-*pflicht*
Produktionsbezogene • Kosten der allg. Verwaltung • Aufwendungen für soziale Einrichtungen des Betriebs • Aufwendungen für freiwillige soziale Leistungen • Aufwendungen für betriebliche Altersversorgung	Einbeziehungs-*wahlrecht*	Einbeziehungs-*wahlrecht*	
Fremdkapitalkosten			Einbeziehungs-*pflicht/-verbot*
Nicht produktionsbezogene • Kosten der allg. Verwaltung • Aufwendungen für soziale Einrichtungen des Betriebs • Aufwendungen für freiwillige soziale Leistungen • Aufwendungen für betriebliche Altersversorgung			Einbeziehungs-*verbot*
Forschungskosten	Einbeziehungs-*verbot*	Einbeziehungs-*verbot*	
Vertriebskosten			

---

[14] In enger Anlehnung an *J. Baetge, H.-J. Kirsch u. St. Thiele*, Bilanzen. 11. Aufl., Düsseldorf 2011, S. 224.

2.3 Kostenträgerrechnung

Fortführung der Fallgestaltung zur kurzfristigen Erfolgsrechnung:

Für den Endbestand von 30 Stück des Produktes B ist nun die Untergrenze der Herstellungskosten nach § 255 II HGB zu bestimmen. Es sei vorausgesetzt, daß in den Einzelkosten keine Zusatzkosten enthalten sind.

Materialeinzelkosten für 300 Stück:	1.200 GE
Fertigungseinzelkosten für 300 Stück:	1.440 GE
Einzelkosten für 300 Stück:	2.640 GE
Einzelkosten für 30 Stück:	264 GE
Untergrenze der Herstellungskosten nach § 255 II HGB:	264 GE

Aufgabe 43: Kostenträgerzeitrechnung und Umsatzkostenverfahren

Ein Industriebetrieb stellt die beiden Produkte A und B her. Im Abrechnungszeitraum betrugen die Kostenträgereinzelkosten:

Einzelkostenart	Produkt A	Produkt B
Materialeinzelkosten	40.000 GE	80.000 GE
Fertigungslöhne	50.000 GE	50.000 GE
Sondereinzelkosten der Fertigung	0 GE	14.000 GE

Alle Einzelkosten sind zugleich Aufwand. Aus der Kostenstellenrechnung des Abrechnungszeitraumes ergeben sich folgende Daten über die Verteilung der Kostenträgergemeinkosten auf die Kostenstellen Fuhrpark, Material, Fertigung, Verwaltung und Vertrieb, wobei die Vorkostenstelle Fuhrpark 3.400 km für die Materialstelle, jeweils 2.000 km für die Fertigungsstelle und Verwaltungsstelle sowie 12.600 km für die Vertriebsstelle gefahren ist:

Kostenstellen Kostenarten	Vorkostenstelle Fuhrpark	Endkostenstellen			
		Material	Fertigung	Verwaltung	Vertrieb
Gehälter	3.000	15.000	4.000	10.000	38.000
Sozialkosten	1.000	3.000	10.000	4.100	2.000
Instandhaltung	1.000	300	5.000	900	700
Kalk. Kosten	4.000	1.000	130.000	1.000	1.000
Sonstige Kostenarten	1.000	3.000	50.000	4.000	15.000
Summe primäre Gemeinkosten	10.000	22.300	199.000	20.000	56.700
Umlage der Fuhrparkkosten					
Endkosten					

a) Tragen Sie die Umlagebeträge der Fuhrparkkosten und die Endkosten in die Übersicht ein!

In dem Abrechnungszeitraum wurden 500 Stück des Produktes A und 300 Stück des Produktes B hergestellt. Die Anfangsbestände, Zugänge und Verkäufe gehen aus folgender Übersicht hervor:

Kostenträger	Anfangsbestand (Stück)	Zugänge (Stück)	Abgänge (Stück)	Endbestand (Stück)
A	40	500	540	0
B	0	300	240	60

Der Anfangsbestand in Höhe von 40 Stück wird mit 14.000 GE bewertet. Der Endbestand in Höhe von 60 Stück wird für die Zwecke der Kostenrechnung mit den Herstellkosten bewertet. Bei der Lagerbewertung wird das FIFO-Verfahren angewendet. Die Verkaufspreise der Erzeugnisse A bzw. B betrugen 500 GE bzw. 1.000 GE. Für die Kalkulation der Produkte wendet der Betrieb die differenzierende Zuschlagskalkulation an, wobei zur Vereinfachung unterstellt wird, daß Verwaltungskosten nur für die abgesetzten Erzeugnisse angefallen sind.

b) Wie hoch ist die Untergrenze der Herstellungskosten des Endbestandes von 60 Stück des Produktes B nach § 255 II HGB?

c) Ergänzen Sie folgendes Kostenträgerzeitblatt:

Position	Insgesamt (GE)	für Produkt A (GE)	für Produkt B (GE)
Fertigungsmaterial			
Materialgemeinkosten			
Fertigungslöhne			
Fertigungsgemeinkosten			
Sondereinzelkosten der Fertigung			
Herstellkosten der in der Periode erzeugten Produkte			
− Bestandsmehrungen			
+ Bestandsminderungen			
Herstellkosten der in der Periode abgesetzten Produkte			
Verwaltungsgemeinkosten			
Vertriebsgemeinkosten			
Selbstkosten des Umsatzes			
Verkaufserlöse			
Kalkulatorischer Betriebserfolg			

d) Ergänzen Sie folgendes Betriebsergebniskonto nach dem Umsatzkostenverfahren!

Soll	Betriebsergebniskonto	Haben
Herstellkosten der abgesetzten Erzeugnisse	Verkaufserlöse der Erzeugnisse	

Aufgabe 44: Kostenträgerzeitrechnung und Gesamtkostenverfahren

In einem Zweiproduktbetrieb wurden im Monat 500 Stück des Produktes A und 300 Stück des Produktes B hergestellt. Die zur Produktion eingesetzte Maschine lief insgesamt 120 Stunden, zur Herstellung des Produktes A 80 Stunden und zur Herstellung des Produktes B 40 Stunden. An Fertigungsstunden sind im Monat 200 Stunden angefallen, davon 80 Stunden für die Herstellung des Produktes A und 120 Stunden für die Herstellung des Produktes B.

Die Kosten für das Fertigungsmaterial in Höhe von 4.000 GE verteilten sich auf 2.800 GE für das Produkt A und 1.200 GE für das Produkt B. Die Materialgemeinkosten betrugen 200 GE. Der Fertigungslohn in Höhe von 2.400 GE war in Höhe von 960 GE dem Produkt A und in Höhe von 1.440 GE dem Produkt B zurechenbar. Die Fertigungsgemeinkosten in Höhe von 6.000 GE setzten sich aus lohnabhängigen Gemeinkosten in Höhe von 2.400 GE und maschinenabhängigen Kosten in Höhe von 3.600 GE zusammen. Die Verwaltungsgemeinkosten betrugen 630 GE im Monat. Die Vertriebsgemeinkosten betrugen 1.890 GE im Monat. Die Anfangsbestände, Zugänge und Verkäufe gehen aus folgender Übersicht hervor:

Kostenträger	Anfangsbestand (Stück)	Zugänge (Stück)	Abgänge (Stück)	Endbestand (Stück)
A	400	500	800	100
B	0	300	270	30

Die Verkaufspreise der Kostenträger A bzw. B betrugen 18 bzw. 24 GE/Stück. Der Anfangsbestand von Kostenträger A sei mit 400 · 12,60 = 5.040 GE bewertet. Die Lagerbestandsbewertung erfolgt nach dem LIFO-Verfahren. Vereinfachend sollen für die Kalkulation Verwaltungsgemeinkosten nur auf die Herstellkosten der abgesetzten Menge bezogen werden.

a) Im Rahmen der Vollkostenrechnung ist die Maschinenstundensatzkalkulation anzuwenden. Ergänzen Sie folgendes Kostenträgerzeitblatt:

Position	Insgesamt (GE)	für Produkt A (GE)	für Produkt B (GE)
Fertigungsmaterial			
Materialgemeinkosten			
Materialkosten			
Lohnabhängige Kosten			
Maschinenabhängige Kosten			
Fertigungskosten			
Herstellkosten der in der Periode erzeugten Produkte			
Bestandsmehrungen			
Bestandsminderungen			
Herstellkosten der in der Periode abgesetzten Produkte			
Verwaltungsgemeinkosten			
Vertriebsgemeinkosten			
Selbstkosten des Umsatzes			
Verkaufserlöse			
Kalkulatorisches Ergebnis			

b) Im Rahmen der Vollkostenrechnung ist die differenzierende Zuschlagskalkulation anzuwenden.

b1) Ergänzen Sie folgendes Kostenträgerzeitblatt:

Position	Insgesamt (GE)	für Produkt A (GE)	für Produkt B (GE)
Fertigungsmaterial			
Materialgemeinkosten			
Materialkosten			

b2) Ergänzen Sie folgendes Betriebsergebniskonto nach dem Gesamtkostenverfahren!

Soll	Betriebsergebniskonto	Haben

3 Teilkostenrechnung (Deckungsbeitragsrechnung)

Teilkostenrechnungen ordnen im Vergleich zu den Vollkostenrechnungen nicht alle angefallenen Kosten den Leistungseinheiten zu. Sie erfordern mehr Informationen zur Kostenauflösung, und zwar die Differenzierung der Kosten in Einzel- oder Gemeinkosten bzw. in variable oder fixe Kosten. Die Gefahr der Vollkostenrechnung liegt in der Proportionalisierung der Fixkosten bzw. in der Schlüsselung der Gemeinkosten.

Aufgabe 45: Lagerbestandsbewertungen auf der Grundlage von Voll- und Teilkosten

Für einen Einproduktbetrieb habe die Kostenauflösung zu folgenden Ergebnissen geführt:

Gesamte Herstellkosten der Periode $= K_H = 50.000 + 8\, x_P$

Gesamte Vertriebskosten der Periode $= K_{Vt} = 50.000 + 2\, x_A$

Gesamte Verwaltungskosten der Periode, die dem Produktionsbereich zuzurechnen sind $= K_{VwP} = 25.000 + 0{,}25\, x_P$

Gesamte Verwaltungskosten der Periode, die dem Absatzbereich zuzurechnen sind $= K_{VwA} = 8.500 + 0{,}10\, x_A$

x_P sei die produzierte und x_A die abgesetzte Stückzahl der Periode. Der Stückerlös betrage unabhängig von x_A und x_P 20 GE/Stück.

a) Es sei $x_P = 20.000$ und $x_A = 15.000$. Es ist die Divisionskalkulation anzuwenden.

   a1) Berechnen Sie die totalen Stückkosten verkaufter Einheiten!

   k = . . , . . GE/Stück.

   a2) Bewerten Sie die Lagerbestandserhöhung auf der Grundlage von Vollkosten!

   Wert der Lagerbestandserhöhung = ... GE.

   a3) Bewerten Sie die Lagerbestandserhöhung auf der Grundlage von Teilkosten (hier: variable Kosten)!

Wert der Lagerbestandserhöhung = ... GE.

a4) Berechnen Sie das Betriebsergebnis BE bei Bewertung der Lagerbestandserhöhung auf der Grundlage von Vollkosten!

BE = ... GE.

a5) Berechnen Sie das Betriebsergebnis BE bei Bewertung der Lagerbestandserhöhung auf der Grundlage von Teilkosten!

BE = ... GE.

b) Berechnen Sie das Betriebsergebnis BE für folgende Kombinationen von x_A und x_P, wenn die Lagerbestandserhöhungen zu Teilkosten bewertet werden:

X_A	X_P	BE
15.000	22.000	GE
15.000	24.000	GE
15.000	26.000	GE
15.000	28.000	GE
15.000	30.000	GE
20.000	22.000	GE
20.000	24.000	GE
20.000	26.000	GE
20.000	28.000	GE
20.000	30.000	GE

c) In dem beschäftigungsfixen Teil von K_{VwP} sind 10.000 GE Zusatzkosten enthalten. Im Produktionsbereich arbeitet eine Maschine, bei der die beschäftigungsfixen bilanziellen Abschreibungen die kalkulatorischen Abschreibungen um 6.000 GE übertreffen. In allen anderen Fällen stimmen Kosten und Aufwand überein. Es sei $x_P = 20.000$ und $x_A = 15.000$. Erläutern Sie mögliche Bewertungen der Lagerbestandserhöhung von 5.000 Stück für die Handelsbilanz.

3.1 Deckungsbeitragsrechnung bei einem Engpaß

Fallgestaltung zur Deckungsbeitragsrechnung im Vierproduktbetrieb

Ein Industriebetrieb produziert vier verschiedene Produktarten A, B, C, D. Er verfügt in dem zu planenden Jahr über eine Fertigungskapazität von 1.000.000 Fertigungsmi-

3.1 Deckungsbeitragsrechnung

nuten, die einen Engpaß bilden. Die erwarteten Stückerlöse sowie die aus absatzpolitischen Gründen notwendigen Mindestliefermengen gehen aus Übersicht A hervor. Außerdem sind in Übersicht A die Höchstabnahmemengen und die Beanspruchung der Fertigungskapazität je Stück eingetragen.

Übersicht A – Plandaten des betrachteten Industriebetriebes

Produktart	A	B	C	D
Stückerlös (GE/Stück) = Preis	12	8	7	6
Variable Stückkosten (GE/Stück)	9	6	5	5
Mindestliefermenge (Stück/Jahr)	5.000	5.000	5.000	5.000
Höchstabnahmemenge (Stück/Jahr)	40.000	50.000	25.000	60.000
Beanspruchung der Fertigungskapazität je Stück (Min./Stück)	20	8	20	2

Die Werte für die Stückerlöse und die variablen Stückkosten sind unabhängig von den Ausbringungsmengen. Für die Fixkosten wird ein Betrag von 160.000 GE für das Planjahr angesetzt. Es ist das betriebsergebnismaximale Produktionsprogramm zu bestimmen! Die Deckungsbeitragssätze d pro Stück und pro Fertigungsminute betragen nach Übersicht A:

Produkt Deckungsbeitrag	A	B	C	D
pro Stück	3	2	2	1
pro Fertigungsminute	0,15	0,25	0,10	0,50
Priorität	III	II	IV	I

Durch das Pflichtprogramm (Mindestkapazität) gebundene Kapazität	= 5000 · (20 + 8 + 20 + 2) = 250.000 Minuten
Disponierbare Kapazität	= 750.000 Minuten

Zunächst wird das Produkt mit dem höchsten Deckungsbeitrag pro Minute produziert, hier Produkt D.

Kapazitätsverbrauch für 55.000 (= 60.000 – 5.000) Stück:	55.000 · 2	= 110.000 Minuten
Disponierbare Restkapazität nach Produktion der Höchstabnahmemenge von D		= 640.000 Minuten

Nun wird das Produkt mit dem zweithöchsten Deckungsbeitrag pro Minute produziert, hier Produkt B.

Kapazitätsverbrauch für 45.000
(= 50.000 – 5.000) Stück: 45.000 · 8   = 360.000 Minuten

Disponierbare Restkapazität nach Produktion der Höchstabnahmemenge von D und B   = 280.000 Minuten

Das Produkt mit dem dritthöchsten Deckungsbeitrag pro Minute ist Produkt A. Mit der Restkapazität von 280.000 Minuten lassen sich noch 14.000 Stück des Produktes A fertigen (14.000 · 20 = 280.000). Im Planjahr führt also folgendes Produktionsprogramm zum maximalen Betriebsergebnis:

Produktart	A	B	C	D
Im Planjahr zu produzierende Menge	19.000 = 5.000 + 14.000	50.000 = 5.000 + 45.000	5.000	60.000 = 5.000 + 55.000

Das maximale Betriebsergebnis für das Planjahr beträgt:

19.000 · 3	$x_A \cdot d_A$	D_A
+ 50.000 · 2	+ $x_B \cdot d_B$	+ D_B
+ 5.000 · 2	+ $x_C \cdot d_C$	+ D_C
+ 60.000 · 1	+ $x_D \cdot d_D$	+ D_D
– 160.000	– K_f	– K_f
= 67.000 GE	= BE	= BE

Lohnen sich Werbemaßnahmen für das Produkt mit der höchsten Priorität?

Durch Werbemaßnahmen für Produkt D, die 12.000 GE kosten, wäre es möglich, ceteris paribus die Höchstabnahmemenge für Produkt D auf 75.000 Stück zu steigern. Lohnen sich die Werbemaßnahmen?

Die Werbemaßnahmen lohnen sich nicht. Zwar steigt der Deckungsbeitrag D_D um 15.000 GE. Zur Produktion der zusätzlichen 15.000 Stück werden 30.000 Minuten benötigt. Dadurch können von Produkt A nur 1.500 Stück weniger produziert werden. D_A sinkt in der Folge um 4.500 GE. Folgende Beträge stehen sich gegenüber:

3.1 Deckungsbeitragsrechnung

$$\begin{aligned}
\Delta D_D &= +15.000\,\text{GE}\\
\Delta D_A &= -\;\;4.500\,\text{GE}\\
\text{Werbemaßnahmen} &= -12.000\,\text{GE}\\
\hline
\Delta BE &= -\;\;1.500\,\text{GE}
\end{aligned}$$

Bei Realisierung der Werbemaßnahmen würde das Betriebsergebnis um 1.500 GE auf 65.500 GE sinken.

Eigenfertigung oder Fremdbezug (Make or Buy)?

Es soll nun eine weitere Modifikation der ursprünglichen Aufgabenstellung betrachtet werden: Von Produkt B kann eine beliebige Stückzahl für 5 GE/Stück gekauft werden. Von Produkt C können 1.000 Stück für 7.000 GE gekauft werden. Die selbsterstellten und die gekauften Erzeugnisse sind in qualitativer Hinsicht gleichwertig.

Der Kauf von B lohnt sich. Ein Fremdbezug lohnt sich immer, wenn der Einstandspreis niedriger als die variablen Stückkosten ist. Durch den Kauf von B werden $50.000 \cdot 8 = 400.000$ Fertigungsminuten für die Produktion von zusätzlich 20.000 Stück des Produktes A frei.

Auch der Kauf von 1.000 Stück des Produktes C lohnt sich. Durch den Kauf des Produktes C entstehen zwar Mehrkosten in Höhe von $1.000 \cdot (7 - 5) = 2.000$ GE. Es werden aber 20.000 Fertigungsminuten für die Produktion von zusätzlich 1.000 Stück A frei, die einen zusätzlichen Deckungsbeitrag von $1.000 \cdot 3 = 3.000$ GE erbringen. Danach führt folgendes Produktionsprogramm zu einem maximalen Betriebsergebnis:

Produktart	A	B	C	D
Im Planjahr zu produzierende Menge	40.000	-	4.000	60.000

Aufgabe 46: Deckungsbeitragsrechnung im Vierproduktbetrieb

Ein Industriebetrieb produziert vier verschiedene Produktarten A, B, C, D. Er verfügt in dem zu planenden Jahr über eine Fertigungskapazität von 1.000.000 Fertigungsminuten. Die erwarteten Stückerlöse sowie die aus absatzpolitischen Gründen notwendigen Mindestliefermengen gehen aus Übersicht A hervor. Außerdem sind in Übersicht A die Höchstabnahmemengen und die Beanspruchung der Fertigungskapazität je Stück eingetragen.

Übersicht A – Plandaten des betrachteten Industriebetriebes

Produktart	A	B	C	D
Stückerlös (GE/Stück) = Preis	12	8	7	6
Variable Stückkosten (GE/Stück)	9	6	5	5
Mindestliefermenge (Stück/Jahr)	5.000	5.000	5.000	5.000
Höchstabnahmemenge (Stück/Jahr)	40.000	50.000	60.000	70.000
Beanspruchung der Fertigungskapazität je Stück (Min./Stück)	20	8	10	2

Die Werte für die Stückerlöse und die variablen Stückkosten sind unabhängig von den Ausbringungsmengen. Für die Fixkosten wird ein Betrag von 160.000 GE für das Planjahr angesetzt.

a) Bestimmen Sie das Produktionsprogramm, für das die Differenz zwischen Erlösen und Kosten für das Planjahr maximal wird!

Produktart	A	B	C	D
Im Planjahr zu produzierende Menge (Stück/Jahr)				

b) Maximales Betriebsergebnis für das Planjahr

= . . . . . GE/Jahr.

Die folgenden Aufgabenstellungen c) und d) sind jeweils Modifikationen der Aufgabenstellung a):

c) Durch Werbemaßnahmen für Produkt D, die 7.000 GE kosten, wäre es möglich, ceteris paribus die Höchstabnahmemenge für Produkt D auf 80.000 Stück zu steigern. Lohnen sich die Werbemaßnahmen?

Ja / Nein   Zutreffendes ankreuzen und kurz begründen!

d) Von Produkt B kann eine beliebige Stückzahl für 5 GE/Stück gekauft werden. Von Produkt C können 1.000 Stück für 6.000 GE gekauft werden. Die selbsterstellten und die gekauften Erzeugnisse sind in qualitativer Hinsicht gleichwertig. Wie gestaltet sich das optimale Produktionsprogramm bei Berücksichtigung dieser beiden Kaufmöglichkeiten?

Produktart	A	B	C	D
Im Planjahr zu produzierende Menge (Stück/Jahr)				

Aufgabe 47: Deckungsbeitragsrechnung im Vierproduktbetrieb

Ein Industriebetrieb produziert vier verschiedene Produktarten A, B, C, D. Er verfügt in dem zu planenden Jahr über eine Fertigungskapazität von 1.000.000 Fertigungsminuten. Die erwarteten Stückerlöse sowie die aus absatzpolitischen Gründen notwendigen Mindestliefermengen gehen aus Übersicht A hervor. Außerdem sind in Übersicht A die Höchstabnahmemengen und die Beanspruchung der Fertigungskapazität je Stück eingetragen.

Übersicht A – Plandaten des betrachteten Industriebetriebes

Produktart	A	B	C	D
Stückerlös (GE/Stück) = Preis	12	8	8	8
Variable Stückkosten (GE/Stück)	9	6	5	5
Mindestliefermenge (Stück/Jahr)	5.000	5.000	5.000	5.000
Höchstabnahmemenge (Stück/Jahr)	40.000	50.000	55.000	70.000
Beanspruchung der Fertigungskapazität je Stück (Min./Stück)	20	8	10	4

Die Werte für die Stückerlöse und die variablen Stückkosten sind unabhängig von den Ausbringungsmengen. Für die Fixkosten wird ein Betrag von 360.000 GE für das Planjahr angesetzt.

a) Bestimmen Sie das Produktionsprogramm, für das die Differenz zwischen Erlösen und Kosten für das Planjahr maximal wird!

Produktart	A	B	C	D
Im Planjahr zu produzierende Menge (Stück/Jahr)				

b) Maximales Betriebsergebnis für das Planjahr

= . . . . . GE/Jahr.

Die folgenden Aufgabenstellungen c) und d) sind jeweils Modifikationen der Aufgabenstellung a):

c) Durch Werbemaßnahmen für Produkt D, die 18.000 GE kosten, wäre es möglich, ceteris paribus die Höchstabnahmemenge für Produkt D auf 80.000 Stück zu steigern. Lohnen sich die Werbemaßnahmen?

Maximales Betriebsergebnis für das Planjahr bei Durchführung der Werbemaßnahmen

= . . . . . GE/Jahr.

d) Von Produkt B kann eine beliebige Stückzahl für 5 GE/Stück gekauft werden. Von Produkt C können 1.000 Stück für 6.000 GE gekauft werden. Die selbsterstellten und die gekauften Erzeugnisse sind in qualitativer Hinsicht gleichwertig. Wie gestaltet sich das optimale Produktionsprogramm bei Berücksichtigung dieser beiden Kaufmöglichkeiten?

Produktart	A	B	C	D
Im Planjahr zu produzierende Menge (Stück/Jahr)				

3.2 Lineare Optimierungsmodelle

3.2.1 Problemstellung und Definitionen

Fallgestaltung zu linearen Optimierungsmodellen

Die Stückzahlen der in einem Zweiproduktbetrieb monatlich hergestellten und abgesetzten Produkte A bzw. B seien mit x_A bzw. x_B bezeichnet. Die gesamten Kosten (linearer Verlauf) seien gegeben durch:

$$K = 1{,}25 x_A + 2{,}80 x_B + 4.900 = k_{vA} x_A + k_{vB} x_B + K_f$$

Die Produkte A werden für 2 GE/Stück und die Produkte B für 4 GE/Stück verkauft. Die Preise sollen nicht von den abgesetzten Mengen abhängen. Mit dieser Annahme erhält man einen linearen Erlösverlauf:

$$E = 2 x_A + 4 x_B = p_A x_A + p_B x_B$$

3.2 Optimierungsmodelle

Die Differenz zwischen den Erlösen und den Kosten ist das Betriebsergebnis BE:

$$\begin{aligned} BE = E - K &= 0{,}75\, x_A + 1{,}20\, x_B - 4.900 \\ &= (p_A - k_{vA})\, x_A + (p_B - k_{vB})\, x_B - K_f \\ &= d_A\, x_A + d_B\, x_B - K_f \\ &= D - K_f \end{aligned}$$

d_A bzw. d_B sind die Deckungsbeitragssätze pro Stück der Produkte A bzw. B. D ist der gesamte Deckungsbeitrag. Zur Herstellung von einem Stück des Produktes A sind 1,5 Fertigungsminuten und 3 Maschinenlaufminuten erforderlich. Zur Herstellung von einem Stück des Produktes B sind 3 Fertigungsminuten und 3 Maschinenlaufminuten erforderlich. Im Monat stehen 250 Fertigungsstunden und 400 Maschinenlaufstunden zur Verfügung. Wegen der begrenzten Fertigungsstunden pro Monat gilt somit die Beschränkung:

$$1{,}5 x_A + 3 x_B \leq 250 \cdot 60 = 15.000$$

Wegen der begrenzten Maschinenkapazität ergibt sich die folgende Bedingung:

$$3 x_A + 3 x_B \leq 400 \cdot 60 = 24.000$$

Es seien nun die Stückzahlen x_A und x_B gesucht, die die Bedingungen begrenzter Fertigungs- und Maschinenlaufzeiten nicht verletzen und die bei Einhaltung dieser Bedingungen zu einem maximalen Betriebsergebnis führen. Negative Stückzahlen x_A und x_B sind ausgeschlossen.

In algebraischer Formulierung lautet das Problem:

$$\begin{aligned} 0{,}75\, x_A + 1{,}20\, x_B - 4.900 &= \text{Maximum!} \quad \text{(Maximierungsbedingung)} \\ 1{,}5\, x_A + 3\, x_B &\leq 15.000 \quad \text{(Begrenzung der Fertigungszeit)} \\ 3\, x_A + 3\, x_B &\leq 24.000 \quad \text{(Begrenzung der Maschinenlaufzeit)} \\ x_A &\geq 0 \quad \text{(Nichtnegativitätsbedingung)} \\ x_B &\geq 0 \quad \text{(Nichtnegativitätsbedingung)} \end{aligned}$$

Über die Variablen x_A und x_B wird entschieden: Darum heißen sie *Entscheidungsvariablen*. Die *Zielgröße* ist das Betriebsergebnis BE. Für die Zielgröße gilt eine Extremwertvorschrift: Sie ist zu maximieren. Die Funktion, die den Entscheidungsvariablen x_A und x_B die Zielgröße BE zuordnet, heißt *Zielfunktion*.

Zur Lösung der Problemstellung kann auch der gesamte Deckungsbeitrag D als Zielgröße gewählt werden. Da die fixen Kosten K_f nicht von den Entscheidungsvariablen abhängen, nimmt das Betriebsergebnis genau dann einen maximalen Wert an, wenn $D = G + K_f$ maximal ist.

Die Restriktionen, die durch die Begrenzungen der Fertigungszeit und der Maschinenlaufzeit und durch die Forderung nach Nichtnegativität der Entscheidungsvariablen entstehen, werden *Nebenbedingungen* genannt, da man die Maximierungsbedingung für BE (oder D) als Hauptbedingung auffaßt. Da die Entscheidungsvariablen sowohl in die Maximierungsbedingung als auch in die Nebenbedingungen nur linear eingehen, handelt es sich bei der dargestellten Formulierung um ein Problem der *linearen Optimierung*. Als wörtliche Übersetzung von „linear programming" ist auch die Bezeichnung *lineare Programmierung* üblich.

Die erreichte mathematische Problemformulierung ist das Ergebnis eines Versuches, die in einer Entscheidungssituation eines Zweiproduktbetriebes für wesentlich gehaltenen Elemente und Beziehungen in formalisierter Sprache zu definieren. Da derartige *Entscheidungsmodelle* in der Regel nicht alle Elemente und Beziehungen der komplexen Realität abbilden können, stellt die rechnerische Lösung eines Entscheidungsmodells nicht notwendig die tatsächlich zu wählende Entscheidung dar. Das Modell dient zunächst nur der Entscheidungsvorbereitung.

Für unser einfaches Planungsmodell gibt es genau eine Optimallösung. Bei Herstellung von 6.000 Stück des Produktes A und 2.000 Stück des Produktes B ist keine Nebenbedingung verletzt. Das maximale Betriebsergebnis beträgt 2.000 GE.

Es gibt verschiedene Methoden, mit denen Optimallösungen von linearen Entscheidungsmodellen bestimmt werden können, falls Optimallösungen existieren. Im vorliegenden Fall mit nur zwei Entscheidungsvariablen ist eine geometrisch-anschauliche Lösung möglich. Diese graphische Lösungsmethode soll nun wegen ihrer heuristischen Kraft ausführlicher dargestellt werden.

3.2.2 Graphische Lösungsmethode

Die Konstruktion des zulässigen Bereiches

Da in dem betrachteten linearen Planungsmodell nur über die beiden Variablen x_A und x_B zu entscheiden ist, lassen sich die Nebenbedingungen in einer x_A-x_B-Ebene gut veranschaulichen. Bei Vorgabe eines x_A-x_B-Koordinatensystems entsprechen den Zahlpaaren (x_A, x_B) Punkte in einer Ebene. Als Lösung des linearen Planungsproblems kommen nur solche Zahlpaare (x_A, x_B) in Betracht, die alle Nebenbedingungen erfüllen. Die Punkte in der x_A-x_B-Ebene, die den die Nebenbedingungen nicht verletzenden Zahlpaaren (x_A, x_B) zugeordnet sind, bilden in ihrer Gesamtheit den *zulässigen Bereich* des linearen Planungsmodells. Wegen der Linearität des Modells wird der zulässige Bereich von Geraden begrenzt. Im vorliegenden Fall besteht der zulässige Bereich aus dem Inneren und dem Rand eines konvexen Vierecks, wie gleich

3.2 Optimierungsmodelle

gezeigt wird. Ein konvexes Viereck ist ein Viereck, bei dem die Verbindungsstrecke zwischen zwei beliebigen Punkten des Vierecks das Viereck an keiner Stelle verläßt.

Wegen der Nichtnegativitätsbedingungen ist der zulässige Bereich eine Teilmenge des ersten Quadranten der x_A-x_B-Ebene. Wir wollen zunächst alle Punkte des ersten Quadranten bestimmen, deren zugeordnete Zahlpaare die Restriktion $1{,}5x_A + 3x_B \leq 15.000$ nicht verletzen. Zu diesem Zweck tragen wir in die x_A-x_B-Ebene den im ersten Quadranten verlaufenden Teil der Geraden ein, auf der alle Punkte liegen, deren Koordinaten die Gleichung $1{,}5x_A + 3x_B = 15.000$ erfüllen. Der Verlauf einer Geraden ist durch die Angabe von zwei auf ihr liegenden Punkten bestimmt. Wir wählen als solche Punkte die Schnittpunkte der Geraden mit der Ordinate und der Abszisse. Den Ordinatenabschnitt dieser Geraden findet man aus der Geradengleichung durch Nullsetzen von x_A. Es ergibt sich $3x_B = 15.000$, also $x_B = 5.000$. Der Schnittpunkt der Geraden mit der Ordinate ist somit der Punkt (0 | 5.000). Entsprechend erhält man für den Abszissenabschnitt $x_A = 10.000$. In Übersicht 3.1 ist die Strecke zwischen den Punkten (0 | 5.000) und (10.000 | 0) eingetragen. Für die den Punkten dieser Strecke entsprechenden Zahlpaare (x_A, x_B) ist die Nebenbedingung $1{,}5x_A + 3x_B \leq 15.000$ erfüllt, und zwar als Gleichung. Außerdem werden die Nichtnegativitätsbedingungen nicht verletzt. Alle Zahlpaare zu den Punkten, die innerhalb und auf dem Rand des Dreiecks mit den Eckpunkten (0 | 0), (0 | 5.000) und (10.000 | 0) liegen, verletzen weder die Bedingung der begrenzten Fertigungszeit noch die Nichtnegativitätsbedingungen. Diese Dreiecksfläche ist in der Übersicht 3.1 durch horizontale Schraffur (in Abszissenrichtung) gekennzeichnet.

Übersicht 3.1 – Graphische Darstellung zu den Zahlpaaren (x_A, x_B), die die Bedingung der begrenzten Fertigungszeit und die Nichtnegativitätsbedingungen erfüllen

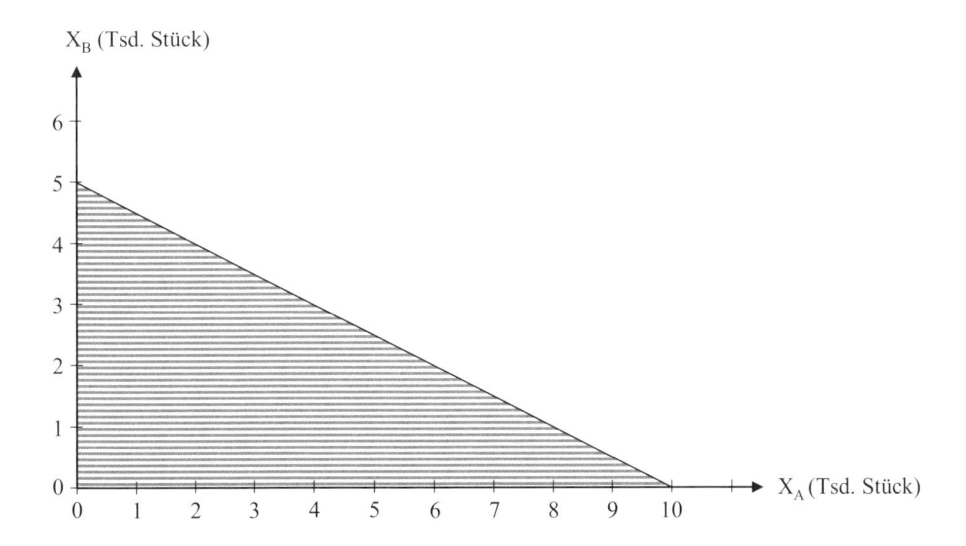

Als weitere Nebenbedingung ist nun die Begrenzung der Maschinenlaufzeit einzubeziehen. Zu diesem Zweck bestimmen wir alle Punkte, deren zugeordnete Zahlpaare außer den Nichtnegativitätsbedingungen der Nebenbedingung $3x_A + 3x_B \leq 24.000$ genügen. Sie liegen innerhalb und auf dem Rand des gleichschenkligen Dreiecks mit den Eckpunkten (0 | 0), (0 | 8.000) und (8.000 | 0). Diese Punktmenge ist in Übersicht 3.2 durch eine vertikale Schraffur (in Ordinatenrichtung) gekennzeichnet.

Übersicht 3.2 – Graphische Darstellung zu den Zahlpaaren (x_A, x_B), die die Bedingung der begrenzten Maschinenlaufzeit und die Nichtnegativitätsbedingungen erfüllen

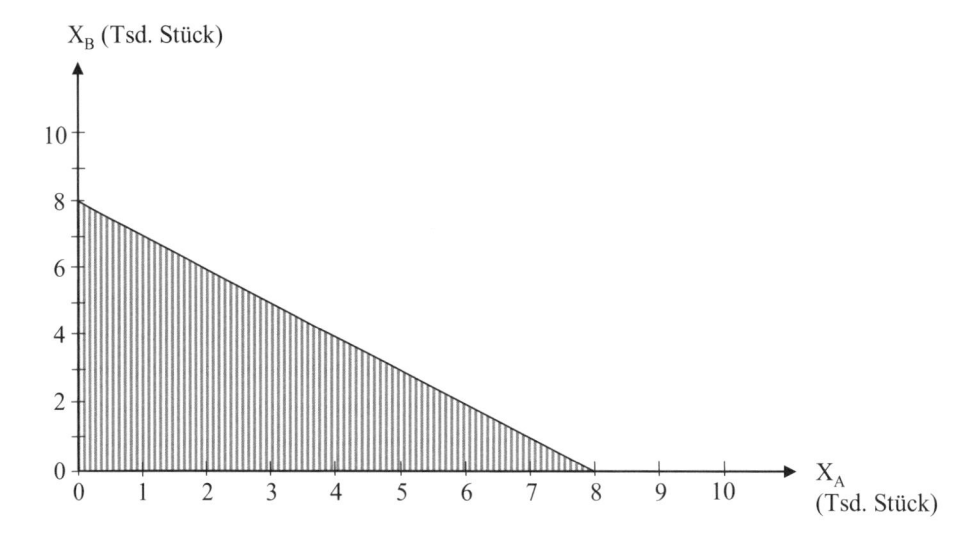

Die Schnittmenge der schraffierten Dreiecke der Übersichten 3.1 und 3.2 stellt den zulässigen Bereich des linearen Planungsmodells dar. Zur Schnittmenge gehören nur solche Punkte, die sowohl innerhalb oder auf dem Rand des Dreiecks der Übersicht 3.1 als auch innerhalb oder auf dem Rand des Dreiecks der Übersicht 3.2 liegen. Die Zahlpaare zu den Punkten dieser Schnittmenge erfüllen alle Nebenbedingungen. Der zulässige Bereich ist in Übersicht 3.3 durch Überlagerung der Schraffuren aus den Übersichten 3.1 und 3.2 gekennzeichnet. Zu ihm gehören die Punkte, die innerhalb oder auf dem Rand des Vierecks mit den Eckpunkten (0 | 0), (0 | 5.000), (6.000 | 2.000) und (8.000 | 0) liegen. Der Punkt (6.000 | 2.000) ergibt sich als Schnittpunkt der in den Übersichten 3.1 bzw. 3.2 eingetragenen Geraden, die die Höchstausnutzung der zur Verfügung stehenden Fertigungs- bzw. Maschinenlaufzeiten repräsentieren.

Aus dem Gleichungssystem:

    I: $1,5\, x_A + 3\, x_B = 15.000$ und

3.2 Optimierungsmodelle

II: $3 x_A + 3 x_B = 24.000$

folgt durch Subtraktion der Gleichung I von der Gleichung II:

$1,5 x_A = 9.000$
$x_A = 6.000$

Durch Ersetzen von x_A in Gleichung II ergibt sich:

$3 x_B = 6.000$
$x_B = 2.000$

Übersicht 3.3 – Der zulässige Bereich zu dem linearen Optimierungsmodell der Fallgestaltung

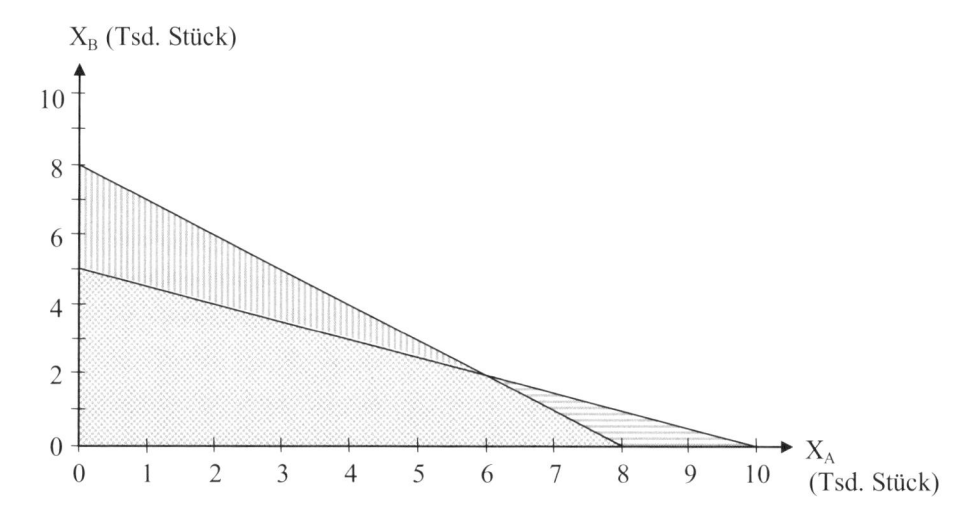

Die graphische Ermittlung der Optimallösung

Wir wollen nun auf anschaulichem Weg die Stückzahlen x_A und x_B bestimmen, die bei Einhaltung aller Nebenbedingungen das Betriebsergebnis $G = 0,75x_A + 1,20x_B - 4.900$ maximieren. Die folgende geometrische Analyse läßt sich leichter beschreiben, wenn statt des Betriebsergebnisses G der gesamte Deckungsbeitrag $D = G + K_f = 0,75x_A + 1,20x_B$ als Zielgröße gewählt wird. Aufgrund der Gleichung $D = 0,75x_A + 1,20x_B$ ist jedem Zahlpaar (x_A, x_B) genau ein Deckungsbeitrag zugeordnet. Gesucht wird das Zahlpaar mit dem höchsten Deckungsbeitrag.

Im folgenden werden zwei zueinander in enger Beziehung stehende Lösungsmethoden beschrieben. Das zuerst dargestellte Verfahren erfordert ein gewisses Maß an räumlicher Vorstellungskraft. Die explizite räumliche Vorstellung kann man sich bei der zweiten Methode ersparen, da wie bei geographischen Landkarten das Konzept der Höhenlinien verwendet wird.

Zur ersten Methode: Man kann in jedem Punkt (x_A | x_B) des zulässigen Bereiches gedanklich das Lot auf der x_A-x_B-Ebene errichten und darauf D = $0{,}75x_A + 1{,}20x_B$ abtragen. Wegen der Linearität von D in den Entscheidungsvariablen bilden die durch diese Konstruktion entstehenden Punkte in ihrer Gesamtheit ein Ebenenstück, das mit dem zulässigen Bereich nur den Ursprung gemeinsam hat. Die Neigung dieses „Daches" über dem zulässigen Bereich hängt dabei von den Deckungsbeitragssätzen d_A bzw. d_B der Produkte A bzw. B ab, die im Beispiel die Werte 0,75 und 1,20 annehmen. Die höchste Stelle des Daches liegt über dem Punkt (x_A | x_B) = (6.000 | 2.000). Der maximale Wert des gesamten Deckungsbeitrags beträgt somit 0,75· 6.000 + 1,20 · 2.000 = 6.900 GE, was einem Betriebsergebnis von 2.000 GE entspricht.

Die beschriebene Konstruktion berechtigt zu folgender Verallgemeinerung: Bei linearen Planungsmodellen kann ein Maximum nur am Rande des zulässigen Bereiches angenommen werden. Gibt es im Fall von zwei Entscheidungsvariablen genau ein Maximum, ist die Maximumstelle ein Eckpunkt des ein Vieleck bildenden zulässigen Bereiches.

Zur zweiten Methode: Bei diesem Verfahren sind die Konstruktionen in der x_A-x_B-Ebene ausführbar. In diese Ebene werden wie bei einer Landkarte Höhenlinien eingetragen. Die Höhenlinien vermitteln einen Überblick über die Deckungsbeiträge. Wegen der Linearität von D in den Entscheidungsvariablen sind die Höhenlinien Geraden. Zur Konstruktion einer Höhenlinie wählen wir einen festen Wert D^*, beispielsweise $D^* = 0$, und fragen nach dem geometrischen Ort aller Punkte, deren Koordinaten x_A und x_B die Gleichung $D^* = 0{,}75x_A + 1{,}20x_B$ erfüllen. Für einen festen Wert D^* liegen alle Punkte (x_A | x_B) mit $D^* = 0{,}75x_A + 1{,}20x_B$ auf einer Geraden. Für $D^* = 0$ lautet beispielsweise die Geradengleichung:

$$0{,}75\, x_A + 1{,}20\, x_B = 0 \text{ , die man auch zu}$$
$$x_B = -0{,}625\, x_A$$

umformen kann. Entlang dieser Geraden durch den Ursprung mit der Steigung -0,625 ist der Deckungsbeitrag konstant gleich Null und somit das Betriebsergebnis konstant gleich -4.900. Linien, auf denen nur Punkte liegen, deren Koordinaten zu einer konstanten Zielgröße führen, sollen im folgenden Isozielgrößenlinien genannt werden. Sie verbinden Punkte, deren Koordinaten als Argumente in die Zielfunktion eingesetzt alle die gleiche Zielgröße ergeben. Bei linearer Planung sind Isozielgrößenlinien immer Geraden, in der betrachteten Fallgestaltung Isodeckungsbeitragsgeraden oder Isobetriebsergebnisgeraden. Die Gerade, die durch die Gleichung $x_B = -0{,}625\, x_A$ beschrieben wird, ist Isozielgrößenlinie für die Zielgrößen Deckungsbeitrag und Betriebsergebnis. In verkürzter Sprechweise kann man sagen, daß entlang dieser Gera-

3.2 Optimierungsmodelle

den der Deckungsbeitrag verschwindet. Für andere Werte von D^* ergeben sich Geraden mit der gleichen Steigung. Ist beispielsweise $D^* = 6.000$, so folgt:

$$0{,}75\, x_A + 1{,}20\, x_B = 6.000$$
$$x_B = -0{,}625\, x_A + 5.000.$$

Die zu dieser Gleichung gehörende Gerade geht durch den Eckpunkt (0 | 5.000) des zulässigen Bereiches. In der Übersicht 3.4 ist der im ersten Quadranten verlaufende Teil der Geraden gestrichelt eingetragen. Entlang dieser Isozielgrößenlinie beträgt der Deckungsbeitrag konstant 6.000 GE. Wegen der gleichen Steigung ist diese Isodeckungsbeitragsgerade parallel zu der durch den Ursprung. Wir können verallgemeinernd festhalten, daß im linearen Planungsmodell die verschiedenen Isozielgrößenlinien Geraden sind, die durch Parallelverschiebung auseinander hervorgehen. In unserem Beispiel nimmt der Deckungsbeitrag durch Verschiebung nach rechts oben zu, da die Deckungsbeitragssätze positiv sind. Die Maximumstelle erhält man, wenn eine Isodeckungsbeitragsgerade so weit nach rechts oben parallel verschoben wird, bis sie den zulässigen Bereich gerade noch berührt. Die Konstruktion (vgl. Übersicht 3.4) zeigt, daß der maximale Deckungsbeitrag im Punkt $(x_A \mid x_B) = (6.000 \mid 2.000)$ angenommen wird. In der Übersicht 3.4 ist die Isodeckungsbeitragsgerade durch den Optimalpunkt gestrichelt eingetragen.

Der Zusammenhang zwischen den beiden geometrischen Lösungsmethoden besteht darin, daß die Isodeckungsbeitragslinien Projektionen der Höhenlinien des beschriebenen „Deckungsbeitragsdaches" auf den zulässigen Bereich sind. Man könnte zur Maximumbestimmung statt dieser Horizontallinien die Linien stärksten Ab- oder Anstiegs wählen, die sogenannten Fallinien. Die Projektionen dieser Fallinien auf die x_A-x_B-Ebene verlaufen senkrecht zu den Isozielgrößenlinien. Es sind Geraden mit der Steigung $1{,}2 / 0{,}75 = 8 / 5$. Die Steigung ist gleich dem Quotienten der Deckungsbeitragssätze. Die Betrachtung dieser Fallinien steilsten Anstiegs ist wichtig für sogenannte Gradientenverfahren, die als Lösungsmethoden für nichtlineare Planungsrechnungen zur Anwendung kommen.

Übersicht 3.4 – Gestrichelte Isodeckungsbeitragsgeraden in der x_A-x_B-Ebene durch den Punkt (0 | 5.000) mit D = 6.000 und durch den Optimalpunkt mit D = 6.900

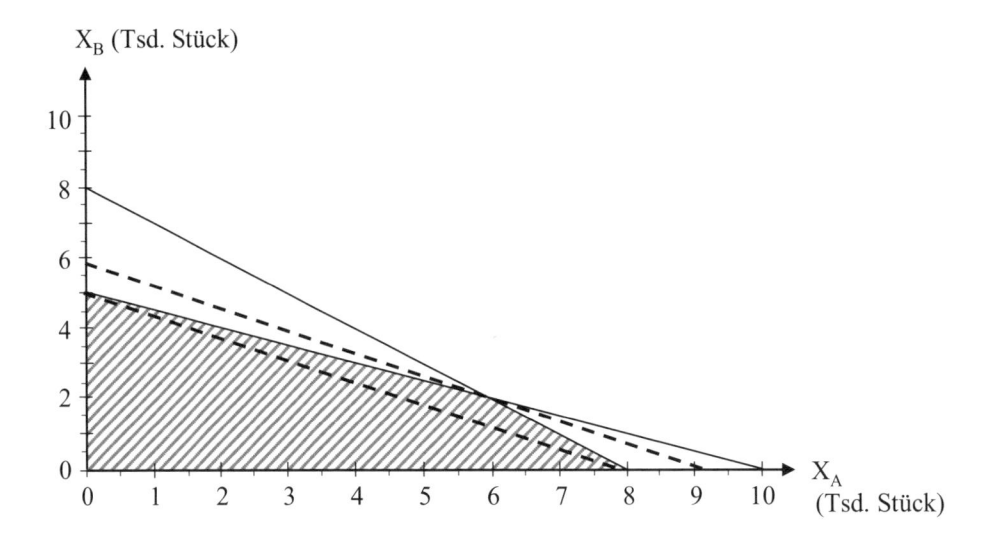

Änderung des maximalen Betriebsergebnisses bei Ausdehnung der Fertigungszeit

Die maximale Fertigungszeit werde nun ceteris paribus um 25 Stunden auf 275 Stunden ausgedehnt. Sie kann bei sonst gleichbleibenden Verhältnissen bis zu $275 \cdot 60 = 16.500$ Minuten betragen. Die Nebenbedingung, mit der die Begrenzung der Fertigungszeit ausgedrückt wird, lautet nun:

$$1,5 x_A + 3 x_B \leq 16.500$$

Die Begrenzungsgerade für die Fertigungszeit wird damit im Vergleich zu Übersicht 3.3 parallel nach rechts oben verschoben mit dem Ordinatenabschnitt $16.500 / 3 = 5.500$. Der zulässige Bereich ist nun also größer, vgl. Übersicht 3.5. Die Isozielgrößenlinien bleiben hingegen unverändert. Die neue Maximumstelle liegt bei dem Schnittpunkt der neuen Begrenzungsgeraden für die Fertigungszeit mit der unveränderten Begrenzungsgeraden für die Maschinenlaufzeit. Für die Maximumstelle gilt:

Ia: $1,5 x_A + 3 x_B = 16.500$
II: $3 x_A + 3 x_B = 24.000$

mit der Lösung: $x_A = 5.000$ und $x_B = 3.000$. Der maximale Deckungsbeitrag beträgt $0,75 \cdot 5.000 + 1,2 \cdot 3.000 = 7.350$ GE. Wegen der fixen Kosten von 4.900 GE beläuft sich das neue maximale Betriebsergebnis dann auf 2.450 GE gegenüber 2.000 GE bei der alten Datenkonstellation. Bei einer Ausdehnung der Fertigungszeit um 1.500 Minuten erhöht sich das maximale Betriebsergebnis um 450 GE. Pro eingesetzte zusätzliche Fertigungsminute steigt das Betriebsergebnis um 0,30 GE. Wegen der Linearität des Zusammenhangs zwischen Betriebsergebniszuwachs und Ausdehnung der Fertigungszeit gilt diese Beziehung nicht nur im Durchschnitt, sondern auch marginal. Bis zu einer noch zu bestimmenden Schranke (sie liegt bei einer Erweiterung der Fertigungszeitkapazität um 9.000 auf 24.000 Fertigungsminuten) ist die Betriebsergebnissteigerungsrate bei Ausdehnung der Fertigungszeit konstant gleich 0,30 GE/Minute. Wird die Ausdehnung der höchstmöglichen Fertigungszeit mit Δb_F bezeichnet, gilt allgemein zur Bestimmung des Schnittpunktes der Begrenzungsgeraden das folgende Gleichungssystem:

Ia: $1,5\, x_A + 3\, x_B = 15.000 + \Delta b_F$
II: $3\, x_A + 3\, x_B = 24.000$

mit der Lösung:

$$x_A = 6.000 - \frac{\Delta b_F}{1,5} = 6.000 - \frac{2}{3}\Delta b_F$$

$$x_B = 2.000 + \frac{\Delta b_F}{1,5} = 2.000 + \frac{2}{3}\Delta b_F$$

Übersicht 3.5 – Der zulässige Bereich bei einer Ausdehnung der maximalen Fertigungszeit um 25 Stunden

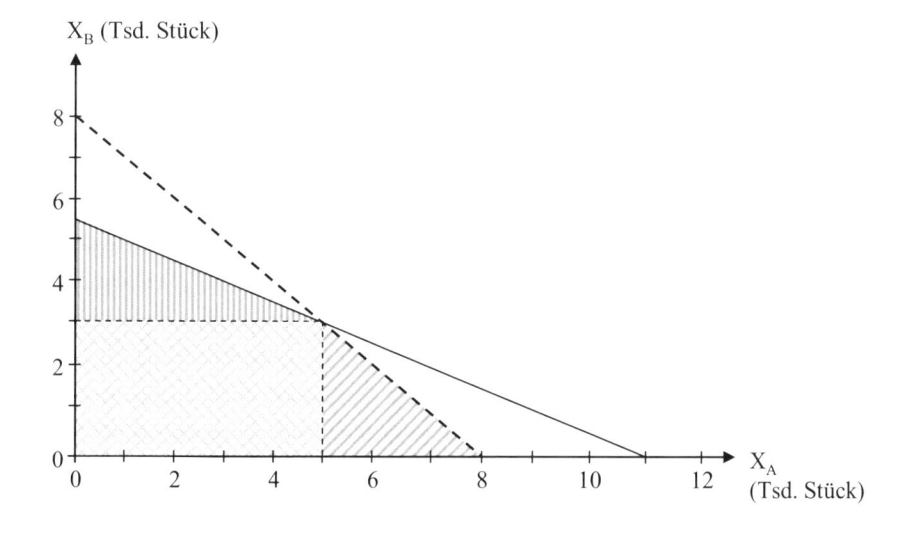

Die Änderungen Δx_A und Δx_B gegenüber der Ausgangslösung betragen also:

$$\Delta x_A = -\frac{\Delta b_F}{1,5} = -\frac{2}{3}\Delta b_F \text{ und}$$

$$\Delta x_B = +\frac{\Delta b_F}{1,5} = +\frac{2}{3}\Delta b_F$$

Die Koeffizienten -2/3 und 2/3 zeigen die Auswirkungen von Kapazitätserhöhungen auf die Outputvariablen. Sie werden später Simplexmultiplikatoren genannt.

Für die Änderung des Betriebsergebnisses gilt:

$$\Delta G = 0,75\left(-\frac{\Delta b_F}{1,5}\right) + 1,2\left(\frac{\Delta b_F}{1,5}\right) = 0,30\Delta b_F$$

Der Differenzenquotient $\Delta G/\Delta b_F$ ist bis auf gleich zu beschreibende Schranken unabhängig von Δb_F gleich 0,30 GE/Fertigungsminute.

Bei Ausdehnung der Fertigungskapazität um Δb_F = 9.000 Minuten liegt der Schnittpunkt der Begrenzungsgeraden auf der Ordinate. In diesem Fall wird zur Maximierung des Betriebsergebnisses nur noch das Produkt B mit einer Stückzahl von 8.000 Stück produziert. Eine weitere Erhöhung der Fertigungskapazität über 15.000 + 9.000 = 24.000 Fertigungsminuten hinaus bringt keine Steigerung des Deckungsbeitrags mehr.

Eine ähnliche Überlegung gilt für ein Schrumpfen der Fertigungskapazität. Bis zu einer Schranke von Δb_F = -3.000 ist der Differenzenquotient auch hier unabhängig von Δb_F gleich 0,30 GE/Fertigungsminute.

Bis zu den angegebenen Grenzen bewirkt eine Ausdehnung (Reduktion) der Fertigungszeit um jede Minute eine Steigerung (Minderung) des maximalen Betriebsergebnisses um 0,30 GE. Die Fertigungszeit wird also in diesem Sinne mit 0,30 GE pro Minute bewertet. Für diesen Wertansatz der Fertigungszeit schreiben wir u_F. Man nennt u_F = 0,30 GE/Fertigungsminute = 18 GE/Fertigungsstunde den *Schattenpreis*[1] der Fertigungskapazitätsbedingung. Der Schattenpreis ist eine ökonomisch interessante Größe, da sich aus ihm erkennen läßt, bis zu welcher Höhe es für einen deckungsbeitragsmaximierenden Betrieb lohnt, erhöhte Kosten durch Überstunden zu tragen.

---

[1] Allgemeiner handelt es sich um eine sogenannte Dualvariable, die hier tatsächlich die Dimension eines Preises hat. Die Dualvariable u_F mißt die Knappheit der Größe b_F. Man könnte von einer zielbezogenen Grenzproduktivität sprechen.

3.2 Optimierungsmodelle

Übersicht 3.6 – Der zulässige Bereich bei einer Ausdehnung der maximalen Maschinenlaufzeit um 25 Stunden

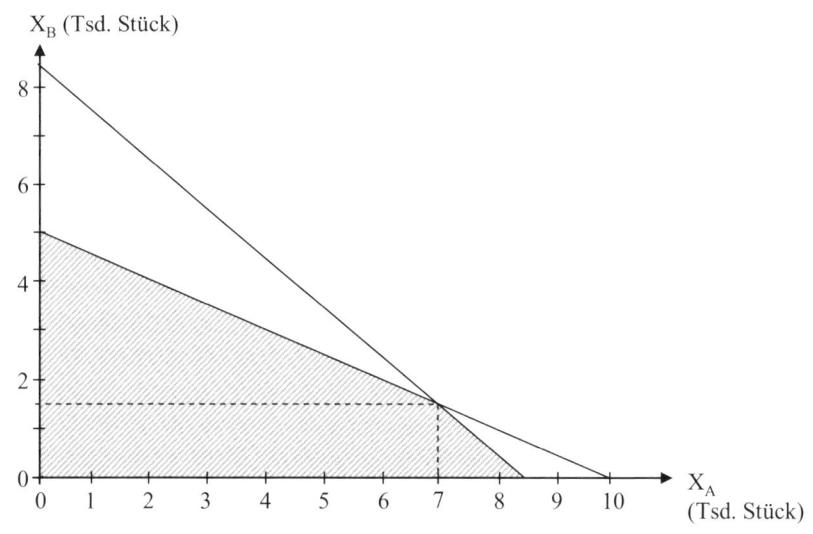

Änderung des maximalen Betriebsergebnisses bei Ausdehnung der Maschinenlaufzeit

Die maximale Maschinenlaufzeit werde nun ceteris paribus gegenüber der Ausgangssituation um 25 Stunden auf 425 Stunden ausgedehnt. Die Maschinenlaufzeit kann nun bis zu $425 \cdot 60 = 25.500$ Minuten betragen. Daraus ergibt sich die folgende Restriktion für die Maschinenlaufzeit:

$$3x_A + 3x_B \leq 25.500$$

Die Begrenzungsgerade für die Maschinenlaufzeit behält wie in Übersicht 3.3 die Steigung -1. Im Vergleich zu Übersicht 3.3 wird sie parallel nach rechts oben verschoben mit den Achsenabschnitten $25.500 / 3 = 8.500$. Der zulässige Bereich ist nun größer als in der Ausgangssituation, vgl. Übersicht 3.6. Die neue Maximumstelle liegt bei dem Schnittpunkt der unveränderten Begrenzungsgeraden für die Fertigungszeit mit der neuen Begrenzung für die Maschinenlaufzeit. Man erhält die neue Maximumstelle aus den Gleichungen:

$$\begin{aligned} \text{I}: \quad & 1{,}5 x_A + 3 x_B = 15.000 \\ \text{IIa}: \quad & 3\ x_A + 3 x_B = 25.500 \end{aligned}$$

mit der Lösung: $x_A = 7.000$ und $x_B = 1.500$. Der maximale Deckungsbeitrag beträgt somit $0{,}75 \cdot 7.000 + 1{,}2 \cdot 1.500 = 7.050$ GE.

Wegen der fixen Kosten von 4.900 GE beläuft sich das neue maximale Betriebsergebnis dann auf 2.150 GE gegenüber 2.000 GE in der Ausgangssituation. Bei einer Ausdehnung der Maschinenlaufzeit um 1.500 Minuten erhöht sich das maximale Betriebsergebnis um 150 GE. Der Schattenpreis u_M zur Maschinenkapazitätsbedingung beträgt somit 0,10 GE/Maschinenlaufminute = 6 GE/Maschinenlaufstunde. Der Schattenpreis behält diesen Wert bei Änderung der Maschinenlaufzeit, wenn der Schnittpunkt der Begrenzungsgeraden im ersten Quadranten liegt.

Die Wirkungen von simultanen Änderungen der Fertigungs- und Maschinenlaufzeit auf das maximale Betriebsergebnis

Die maximal zur Verfügung stehende Fertigungszeit werde nun um 300 Minuten und zugleich die maximal zur Verfügung stehende Maschinenlaufzeit um 600 Minuten erhöht. Wegen der Linearität überlagern sich die in den letzten beiden Abschnitten gezeigten Effekte additiv, und es gilt für die Steigerung des Betriebsergebnisses gegenüber der Ausgangssituation:

$$\Delta BE = u_F \cdot 300 + u_M \cdot 600 = 0{,}3 \cdot 300 + 0{,}1 \cdot 600 = 150 \text{ GE}$$

Das neue maximale Betriebsergebnis beträgt 2.000 + 150 = 2.150 GE.

Das Schattenpreispaar (u_F, u_M) bleibt unverändert, wenn der Schnittpunkt der Begrenzungsgeraden im ersten Quadranten liegt. Denken wir uns nun beginnend mit der Ausgangssituation, in der das maximale Betriebsergebnis 2.000 GE betrug, einen simultanen Schrumpfungsprozeß für die Fertigungs- und Maschinenlaufzeit, der die Schnittpunkte der Begrenzungsgeraden im ersten Quadranten beläßt. Beispielsweise ist ein derartiger Prozeß durch eine gleiche relative Reduktion der Zeiten möglich. Beim Grenzübergang verschwindender Fertigungs- und Maschinenlaufzeit ist das Betriebsergebnis gleich ($-K_f$). Es gelten somit die folgenden beiden Gleichungen:

$$\Delta BE = -15.000 u_F - 24.000 u_M \text{ und}$$
$$BE + \Delta BE = -K_f$$

Daraus folgt für das maximale Betriebsergebnis in der Ausgangssituation:

$$\begin{aligned} BE &= u_F \cdot 15.000 + u_M \cdot 24.000 - K_f \\ &= 0{,}3 \cdot 15.000 + 0{,}1 \cdot 24.000 - 4.900 = 2.000 \end{aligned}$$

Die entwickelte Gleichung zeigt noch einmal im Zusammenhang, daß die Fertigungszeit mit u_F und die Maschinenlaufzeit mit u_M bewertet wird.

3.2 Optimierungsmodelle

Für den maximalen Deckungsbeitrag gilt, wenn die Maschinenkapazität mit b_M bezeichnet wird:

$D = u_F b_F + u_M b_M = 0{,}3 \cdot 15.000 + 0{,}1 \cdot 24.000 = 6.900$ GE

Dualität bei linearen Optimierungsmodellen

Das ursprüngliche lineare Optimierungsproblem, das jetzt *primales Problem* genannt werden soll, läßt sich mit dem Deckungsbeitrag als Zielgröße folgendermaßen formulieren:

$$\begin{aligned}
d_A x_A + d_B x_B &= \text{Maximum!} \\
1{,}5 x_A + 3\, x_B &\leq b_F = 15.000 \\
3\, x_A + 3\, x_B &\leq b_M = 24.000 \\
x_A &\geq 0 \\
x_B &\geq 0
\end{aligned}$$

Führen wir die Matrix

$$A = \begin{bmatrix} 1{,}5 & 3 \\ 3 & 3 \end{bmatrix}$$

ein, so ist für das primale Programm folgende Schreibweise möglich:

$$d_A x_A + d_B x_B = \text{Maximum!}$$

$$A \cdot \begin{bmatrix} x_A \\ x_B \end{bmatrix} \leq \begin{bmatrix} b_F \\ b_M \end{bmatrix}$$

$$\begin{bmatrix} x_A \\ x_B \end{bmatrix} \geq \begin{bmatrix} 0 \\ 0 \end{bmatrix}$$

Zu jedem primalen Problem der linearen Optimierungsrechnung gehört ein *duales Problem*, das durch eine gewisse Art der Spiegelung des primalen Problems entsteht. Wie beim Spiegeln ist das Spiegelbild des Spiegelbildes wieder das Urbild. Das duale Problem zu unserem Beispielfall lautet:

$$b_F u_F + b_M u_M = \text{Minimum!}$$

$$A_T \cdot \begin{bmatrix} u_F \\ u_M \end{bmatrix} \geq \begin{bmatrix} d_A \\ d_B \end{bmatrix}$$

$$\begin{bmatrix} u_F \\ u_M \end{bmatrix} \geq \begin{bmatrix} 0 \\ 0 \end{bmatrix}$$

Dabei ist die transponierte Matrix A_T die an der Hauptdiagonalen gespiegelte Matrix A. Man kann die Matrix A_T aus der Matrix A durch Vertauschen von Zeilen und Spalten erzeugen.[2] Da in unserem speziellen Beispiel die Matrix A symmetrisch ist, gilt $A_T = A$. In ausführlicher Schreibweise lautet mit den gegebenen Zahlenwerten das duale Programm:

$$b_F u_F + b_M u_M = 15.000 u_F + 24.000 u_M = \text{Minimum!}$$

$$\begin{aligned} 1{,}5 u_F + 3 u_M &\geq d_A = 0{,}75 \\ 3\ u_F + 3 u_M &\geq d_B = 1{,}20 \\ u_F &\geq 0 \\ u_M &\geq 0 \end{aligned}$$

Die Übersicht 3.7 vermittelt einen Eindruck von dem zulässigen Bereich des dualen Problems. Die Begrenzungsgerade für den Deckungsbeitrag des Produktes A verläuft durch die Punkte (0,5 | 0) und (0 | 0,25). Die Begrenzungsgerade für den Deckungsbeitrag des Produktes B hat die Steigung (-1) und Achsenabschnitte 0,4. Wegen der $\geq$-Beziehungen ergibt sich ein unbeschränkter zulässiger Bereich.

Die Isozielgeraden haben die Steigung $(-15.000) / (24.000) = -5/8$. In Übersicht 3.7 ist eine Isozielgerade durch den Punkt (0,4 | 0) gestrichelt eingetragen. Durch Parallelverschiebung dieser Geraden erkennt man, daß das Minimum an der Stelle (u_F, u_M) = (0,3, 0,1) angenommen wird. Der Extremwert beträgt wie beim primalen Problem

$$0{,}3 \cdot 15.000 + 0{,}1 \cdot 24.000 = 6.900 \text{ GE.}$$

Wir wollen nun die Schattenpreise zu den Nebenbedingungen des dualen Programmes in der Optimallösung bestimmen. Erhöht sich der Deckungsbeitrag d_A um 0,15 GE/Stunde auf 0,90 GE/Stunde, ergibt sich der Schnittpunkt der Begrenzungsgeraden aus:

---

[2] Für eine allgemeine Matrix A mit m Zeilen und n Spalten:

$$A = \begin{bmatrix} a_{11} & a_{12} & \ldots & a_{1n} \\ a_{21} & a_{22} & \ldots & a_{2n} \\ . & . & & . \\ . & . & & . \\ . & . & & . \\ a_{m1} & a_{m2} & \ldots & a_{mn} \end{bmatrix} \quad \text{ist } A_T = \begin{bmatrix} a_{11} & a_{21} & \ldots & a_{m1} \\ a_{12} & a_{22} & \ldots & a_{m2} \\ . & . & & . \\ . & . & & . \\ . & . & & . \\ a_{1n} & a_{2n} & \ldots & a_{mn} \end{bmatrix}.$$

3.2 Optimierungsmodelle

Ia: $1{,}5\, u_F + 3\, u_M = 0{,}90$
II: $3\, u_F \;\;\;\; + 3\, u_M = 1{,}20$

mit der Lösung: $u_F = u_M = 0{,}20$. Das neue Minimum beträgt: $15.000 \cdot 0{,}2 + 24.000 \cdot 0{,}2 = 7.800$. Das Minimum hat gegenüber der Ausgangssituation um $7.800 - 6.900 = 900$ GE zugenommen. Wegen der Zunahme von d_A um 0,15 GE/Stück in unserer Beispielrechnung beträgt der Schattenpreis[3] zur d_A-Nebenbedingung 900 GE / (0,15 GE/Stück) = 6.000 Stück. Der Schattenpreis zur d_A-Nebenbedingung ist in der Optimallösung des dualen Problems gleich der produzierten Menge x_A in der Optimallösung des primalen Problems. Analog beträgt der Schattenpreis zur d_B-Nebenbedingung in der Optimallösung des dualen Problems 2.000 Stück.

Als Ergebnis können wir festhalten:

1. Die Optimallösungen für die Entscheidungsvariablen des primalen Problems sind Schattenpreise der Optimallösung des dualen Problems.
2. Die Optimallösungen für die Entscheidungsvariablen des dualen Problems sind Schattenpreise der Optimallösung des primalen Problems.
3. Das Maximum der Zielfunktion des primalen Problems ist gleich dem Minimum der Zielfunktion des dualen Problems.

Übersicht 3.7 – Graphische Darstellung zum dualen Problem

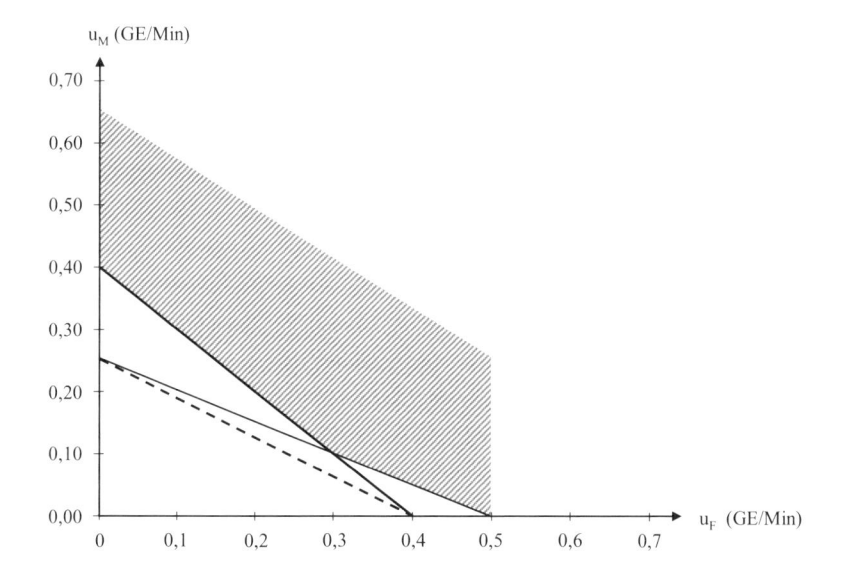

---
[3] Der Schattenpreis hat hier nicht die Dimension eines Preises.

Aufgabe 48: Lineares Programmierungsproblem mit drei Entscheidungsvariablen und zwei ≤ - Bedingungen

Die Stückzahlen der in einem Dreiproduktbetrieb monatlich hergestellten und abgesetzten Produkte seien mit x_A, x_B und x_C bezeichnet.
Die Deckungsbeitragssätze betragen:

d_A = 0,75 GE/Stück,
d_B = 1,20 GE/Stück,
d_C = 1,35 GE/Stück.

Zur Herstellung von einem Stück des Produktes A sind 1,5 Fertigungsminuten und 3 Maschinenlaufminuten erforderlich. Zur Herstellung von einem Stück des Produktes B sind 3 Fertigungsminuten und 3 Maschinenlaufminuten erforderlich. Zur Herstellung von einem Stück des Produktes C sind 3 Fertigungsminuten und 4 Maschinenlaufminuten erforderlich. Im Monat stehen 250 Fertigungsstunden und 400 Maschinenlaufstunden zur Verfügung.

a) Bestimmen Sie den maximalen Deckungsbeitrag für den Monat!

b) Welche Stückzahlen x_A, x_B und x_C werden bei dem deckungsbeitragsmaximalen Programm produziert?

c) Welches Produktionsprogramm ist deckungsbeitragsmaximal, wenn ceteris paribus 320 Fertigungsstunden zur Verfügung stehen?

3.2.3 Verallgemeinerung zum Standardoptimierungsproblem

In Verallgemeinerung des Beispiels gibt es n Entscheidungsvariable $x_1,..., x_n$. Der Wert einer in diesen Variablen linearen Zielfunktion ist zu maximieren:

$$Z = \sum_{j=1}^{n} c_j x_j = \text{Maximum!}$$

Es gibt m lineare ≤-Bedingungen:

$$\sum_{j=1}^{m} a_{ij} x_j \leq b_i, \qquad i = 1,..., m$$

Dabei sollen alle b_i nichtnegativ sein. Ferner gelten die n Nichtnegativitätsbedingungen:

$$x_j \geq 0, \qquad j = 1,..., n$$

3.2 Optimierungsmodelle

Lineare Optimierungsprobleme mit den aufgeführten Eigenschaften werden *Standardoptimierungsprobleme* genannt. Lineare Optimierungsprobleme, die eine oder mehrere dieser Eigenschaften verletzen, versucht man in diesen Standardfall umzuformen [z.B. Minimierungsaufgaben durch Multiplikation der Zielfunktion mit (-1)].

Für Standardoptimierungsprobleme ist nun ein Verfahren zu entwickeln, das Optimallösungen (im Falle ihrer Existenz) bestimmt. Für n > 3 ist eine graphisch-anschauliche Lösungsmethode nicht mehr möglich. Das gleich zu beschreibende *Simplexverfahren* ist ein Lösungsverfahren, das Methoden der linearen Algebra verwendet. Gleichwohl ist eine geometrische Sprechweise auch für n > 3 üblich, wie bereits der Name Simplexverfahren zeigt: ein n-dimensionales Simplex ist ein n-dimensionales konvexes Polyeder mit n + 1 Eckpunkten. Ein 2-dimensionales Simplex ist demnach ein Dreieck, ein 3-dimensionales Simplex ein Tetraeder.

Da man algebraische Methoden leichter mit Gleichungen als mit Ungleichungen durchführen kann, werden die m ≤-Bedingungen durch Addition von nichtnegativen Schlupfvariablen $y_1, ..., y_m$ in Gleichungen überführt:

$$\sum_{j=1}^{m} a_{ij} x_j + y_i = b_i, \qquad i = 1,...,n$$

Setzen wir von den n+m Variablen $x_1, ..., x_n, y_1, ..., y_m$ n Variablen gleich Null, erhalten wir ein Gleichungssystem von m Gleichungen mit m Unbekannten. Bei Einhaltung gewisser Bedingungen für die a_{ij} gibt es dann für die m Unbekannten genau eine Lösung. Aus kombinatorischen Gründen gibt es maximal

$$\binom{n+m}{n} \text{ solcher Lösungen.}$$

Im Fallbeispiel sind das

$$\binom{4}{2} = \frac{4 \cdot 3}{1 \cdot 2} = 6$$

Lösungen, die in Übersicht 3.8 als Ecken gekennzeichnet sind. Die Variablen, die gleich Null gesetzt werden, heißen *Nichtbasisvariablen*. Die übrigen m Basisvariablen bilden die sogenannte Basis.[4] Für den Fall, daß die n Entscheidungsvariablen

---

[4] Unter Basis wird hier im Anschluß an Ellinger die Menge aller Basisvariablen verstanden. *T. Ellinger, G. Beuermann u. R. Leisten,* Operations Research. Eine Einführung. 6. Aufl., Berlin u.a. 2003, S. 25. In anderen Lehrbüchern zur linearen Optimierung ist teilweise eine andere Terminologie üblich.

gleich Null gesetzt werden, erkennt man wegen der reduzierten Form des Gleichungssystems leicht $y_i = b_i$ (i=1,..., m) als Lösung, die wegen $b_i \geq 0$ zulässig ist. Dieser Lösung entspricht der Ursprung in den Übersichten 3.3 und 3.8. Ein lineares Gleichungssystem liegt in reduzierter Form vor, wenn in jeder Gleichung eine Variable (hier: y_i) mit dem Koeffizienten 1 auftritt, die in den übrigen Gleichungen nicht mehr vorkommt.

Um einheitliche Gleichungsstrukturen zu erhalten, wird die Gleichung

$$Z = \sum_{j=1}^{n} c_j x_j$$

umgeformt in:

$$\sum_{j=1}^{n} (-c_j x_j) + Z = 0.$$

Das Standardoptimierungsmodell läßt sich damit folgendermaßen aufschreiben:

$Z = $ Maximum!

$$\sum_{j=1}^{n} a_{ij} x_j + y_i = b_i \geq 0$$

$$\sum_{j=1}^{n} (-c_j) x_j + Z = 0$$

$x_j \geq 0, \qquad j = 1,..., n$

$y_i \geq 0, \qquad i = 1,..., m$

Das Simplexverfahren geht von der Ursprungslösung $y_i = b_i$ (i=1,..., m) aus, in der alle Entscheidungsvariablen Nichtbasisvariable sind. Für diese Ausgangslösung ist Z = 0. Die Koeffizienten der Zielfunktion geben dann Aufschluß darüber, ob der Z-Wert erhöht werden kann. Wenn ein Maximum für Z existiert, wird es wegen der Linearität in einer Ecke des zulässigen Bereiches angenommen. Diese läßt sich algebraisch dadurch bestimmen, daß n der n+m Variablen $x_1,..., x_n, y_1,..., y_m$ gleich Null gesetzt werden und die Zulässigkeit dieser Ecklösung sichergestellt wird. Durch systematisches Absuchen der Ecklösungen erhält man schließlich die Optimallösung.

Das im folgenden dargestellte Simplexverfahren schreitet von Ecklösung zu Ecklösung fort, wobei sich i.a. bei jedem Iterationsschritt der Wert der Zielfunktion erhöht. Zuerst wird ein ausführliches Simplexverfahren vorgeführt, dessen Tableaus noch unmittelbar als Gleichungssysteme gelesen werden können. Das danach zu entwi-

3.2 Optimierungsmodelle

ckelnde verkürzte Verfahren spart bei EDV-Lösungen Speicherplatz sowie Drucker- und Rechenzeit.

Übersicht 3.8 – Die sechs Ecklösungen zu dem linearen Optimierungsproblem der Fallgestaltung

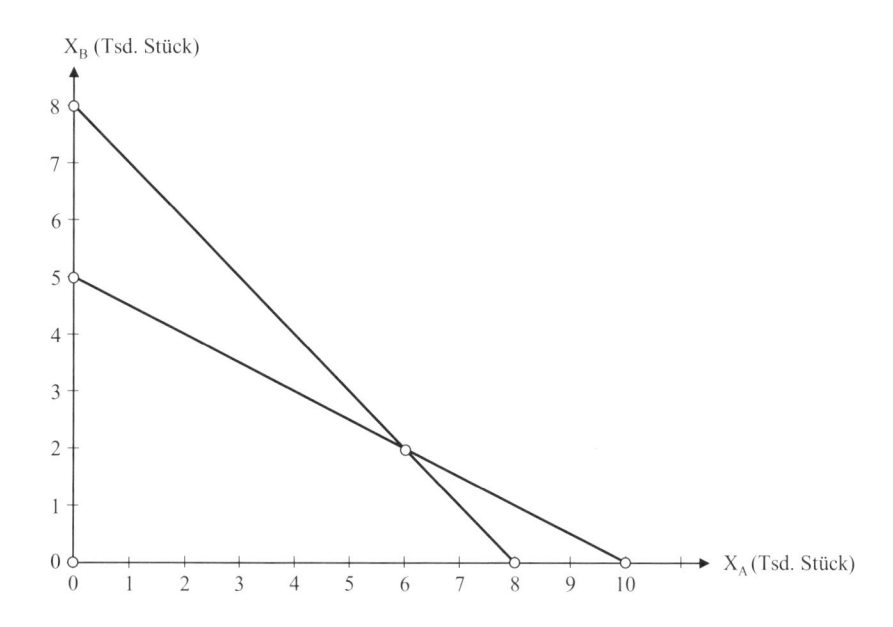

3.2.4 Simplexverfahren

Das ausführliche Simplexverfahren für die Fallgestaltung

Das lineare Optimierungsproblem des Beispiels läßt sich mit der Zielvariablen D folgendermaßen aufschreiben:

D = Maximum!

$$1,5\ x_A + 3\ x_B + y_F = 15.000$$
$$3\ x_A + 3\ x_B + y_M = 24.000$$
$$-0,75\ x_A - 1,20\ x_B + D = 0$$
$$\text{mit } x_A, x_B, y_F, y_M \geq 0$$

Die Schlupfvariablen y_F und y_M kann man im Beispiel gut ökonomisch interpretieren. Für die Herstellung von x_A Stück des Produktes A und x_B Stück des Produktes B sind 1,5 x_A + 3 x_B Fertigungsminuten erforderlich. Die Differenz zwischen den 15.000

verfügbaren Fertigungsminuten und den benötigten Fertigungsminuten ist gleich der Schlupfvariablen y_F, der in Minuten gemessenen Leerkapazität bei der Fertigungszeit. Entsprechende Überlegungen gelten für die Schlupfvariable y_M, die die Leerkapazität des Maschinenbereiches in Maschinenlaufminuten mißt.

Bei der Darstellung des Simplexverfahrens bedient man sich sogenannter Tableaus, deren Anordnung bei den Lehrbuchautoren unterschiedlich sein kann. Das folgende ausführliche Tableau mit Kopfzeile, Vorspalte, m+1 Zeilen, n+m+1 Spalten und einer Nachspalte enthält alle Informationen des Gleichungssystems:

BV	x_A	x_B	y_F	y_M	D	RS
y_F	1,5	3	1	0	0	15.000
y_M	3	3	0	1	0	24.000
D	-0,75	-1,20	0	0	1	0

          ⟵ Nichtbasis-   ⟶⟵   Einheitsmatrix   ⟶⟵   Rechte Seite   ⟶
             variable

BV ist die Abkürzung für Basisvariable, RS steht für die rechte Seite des Gleichungssystems. Die letzte Zeile mit der Zielgröße D in der Vorspalte heißt Zielfunktionszeile. Das dargestellte Tableau ist das zum linearen Optimierungsproblem gehörige Ausgangstableau, das durch programmierbare Operationen schrittweise verändert wird, bis man das Optimaltableau erhält, aus dem sich die Optimallösung ermitteln läßt. Wie wir sehen werden, liefert das Optimaltableau zugleich die Schattenpreise.

Das Ausgangstableau kann als Gleichungssystem gelesen werden. Zwischen der D-Spalte und der RS-Spalte denkt man sich dabei ein Gleichheitszeichen. Im Ausgangstableau sind die Entscheidungsvariablen Nichtbasisvariable. Sie werden gleich Null gesetzt. Die Schlupfvariablen y_F und y_M sind Basisvariable. Wegen der reduzierten Form des Gleichungssystems können die Werte der Basisvariablen unmittelbar aus dem Tableau abgelesen werden:

$y_F = 15.000$; $y_M = 24.000$

Der Deckungsbeitrag D ist im Ausgangstableau gleich Null. Die Zielfunktionszeile enthält die negativen Deckungsbeitragssätze. Der Wert −0,75 in der x_A-Spalte zeigt, daß sich der Deckungsbeitrag um 0,75 GE erhöht, wenn eine Einheit des Produktes A in das Programm aufgenommen wird. Für das Produkt B lautet die entsprechende Deckungsbeitragssteigerung 1,20 GE. Die negativen Werte in der Zielfunktionszeile unter den Nichtbasisvariablen weisen darauf hin, daß Lösungen mit höherem Deckungsbeitrag möglich sind. Stünden in der Zielfunktionszeile nur nichtnegative Werte, wäre das Optimum bereits erreicht.

3.2 Optimierungsmodelle

Ausgehend von dem Ausgangstableau wird ein neues Tableau erzeugt, das aus dem Ausgangstableau entsteht, indem eine bisherige Nichtbasisvariable in die Basis eintritt und dafür eine bisherige Basisvariable die Basis verläßt. Es wäre denkbar, daß in einem Austauschschritt mehr als eine Nichtbasisvariable gegen die gleiche Anzahl von Basisvariablen ausgetauscht wird. Bei der Auswechselung von je einer Variablen bewegt man sich von einer Ecke zu einer „benachbarten" Ecke. Das neue Tableau muß wieder als reduziertes Gleichungssystem gelesen werden können.

Man braucht *Auswahlkriterien* dafür, welche der bisherigen Nichtbasisvariablen in die Basis eintritt und welche bisherige Basisvariable aus der Basis verschwindet. Als in die Basis eintretende Variable wählen wir x_B. Dieser Variablen ist der höchste Deckungsbeitragssatz zugeordnet. Der Eintritt dieser Variablen in die Basis bewirkt die größte Erhöhung des Deckungsbeitrags pro Einheit. Man bewegt sich entlang der steilsten „Dachkante". Allgemein wird bei dieser Wahl die Entscheidungsvariable x_j mit dem niedrigsten Koeffizienten $(-c_j)$ in der Zielfunktionszeile ausgesucht. Die Auswahl einer Nichtbasisvariablen entspricht einer Spaltenauswahl im Ausgangstableau. Der Auswahlspalte unter der Variablen x_B ist die Spaltennummer 2 zugeordnet. Für die Auswahlspaltennummer s gilt allgemeiner:

$$-c_s = \min(-c_j)$$

Wenn alle c_j (j = 1,..., n) untereinander verschieden sind, ist die Auswahlspaltennummer eindeutig bestimmt. Wird das Minimum bei mehreren Spaltennummern angenommen, wählt man von diesen Nummern eine aus, beispielsweise die kleinste.

Wegen der konstanten Zahl der Basisvariablen muß eine bisherige Basisvariable ausscheiden, wenn eine bisherige Nichtbasisvariable in die Basis eintritt. Die Auswahl der ausscheidenden Basisvariablen bedeutet im Tableau eine Zeilenauswahl. Zum Zweck der Zeilenauswahl wird für jede Zeile i, deren Auswahlspaltenelement a_{is} positiv ist, der Quotient b_i / a_{is} berechnet. Gibt es keine Zeile i mit positivem Auswahlspaltenelement, ist der zulässige Bereich unbeschränkt: es gibt keine endliche Optimallösung. Gibt es mindestens eine Zeile i, für die das Auswahlspaltenelement positiv ist, sucht man das Minimum der Quotienten b_i / a_{is}. Wird das Minimum bei genau einer Zeile angenommen, ist diese Zeile die Auswahlzeile, deren Nummer r genannt wird. Für die Auswahlzeilennummer r gilt:

$$b_r / a_{rs} = \min(b_i / a_{is}, \text{ wobei } a_{is} > 0)$$

In unserem speziellen Beispiel ist die Auswahlnummer r gleich 1, wie folgende Rechnung zeigt:

Zeilennummer i	b_i	a_{is}	b_i / a_{is}	
1	15.000	3	5.000	← Min.
2	24.000	3	8.000	

Zur Auswahlzeilennummer r = 1 gehört die bisherige Basisvariable y_F, die jetzt aus der Basis verschwinden muß. Aus der Fertigungszeitbedingung, die die Zeilennummer 1 hat, folgt, daß die neue Basisvariable x_B maximal den Wert 5.000 annehmen darf. Auswahlzeile und Auswahlspalte kreuzen sich im sogenannten „Pivotelement" (von frz. pivot = Dreh- oder Angelpunkt). Im Beispiel ist das Pivotelement $a_{rs} = a_{12} = 3$.

Wäre im Beispiel $b_2 = 15.000$, würde das Minimum von b_i / a_{is} an zwei Stellen angenommen. Es ergäbe sich eine sogenannte Degeneration. In unserem Beispiel würden drei Begrenzungsgeraden durch die degenerierte Ecke (0 | 5.000) gehen, vgl. Übersicht 3.9.

Nach der Festlegung von Auswahlspalte, Auswahlzeile und damit des Pivotelements muß das Tableau, damit es als Gleichungssystem in reduzierter Form gelesen werden kann, so umgeformt werden, daß an der Stelle des Pivotelements eine Eins und in der restlichen Auswahlspalte nur Nullen stehen. Bei der Umformung sind nur Rechenoperationen zugelassen, die die Lösungen von Gleichungssystemen nicht verändern. Zu diesen Rechenoperationen gehört das Dividieren einer Zeile durch eine von Null verschiedene Zahl und die Addition bzw. Subtraktion eines Vielfachen einer Zeile zu bzw. von einer anderen Zeile. Durch Anwendung dieser erlaubten Rechenoperationen wird das Ausgangstableau (= 1. Tableau) in das 2. Tableau überführt. Damit auch das 2. Tableau als reduziertes Gleichungssystem gelesen werden kann, muß unter der neuen Basisvariablen ein Einheitsvektor stehen.

Im gewählten Fallbeispiel wird zunächst die Auswahlzeile durch das Pivotelement $a_{rs} = a_{12} = 3$ dividiert. Aus der alten Zeile mit der Kopfspaltenvariablen y_F wird nun die neue Zeile mit der Kopfspaltenvariablen x_B:

x_B	0,5	1	1/3	0	0	5.000

Diese Zeile wird in das neue Simplextableau übernommen.

3.2 Optimierungsmodelle

Übersicht 3.9 – Beispiel für eine Degeneration mit der degenerierten Ecke $(x_A \mid x_B) = (0 \mid 5.000)$

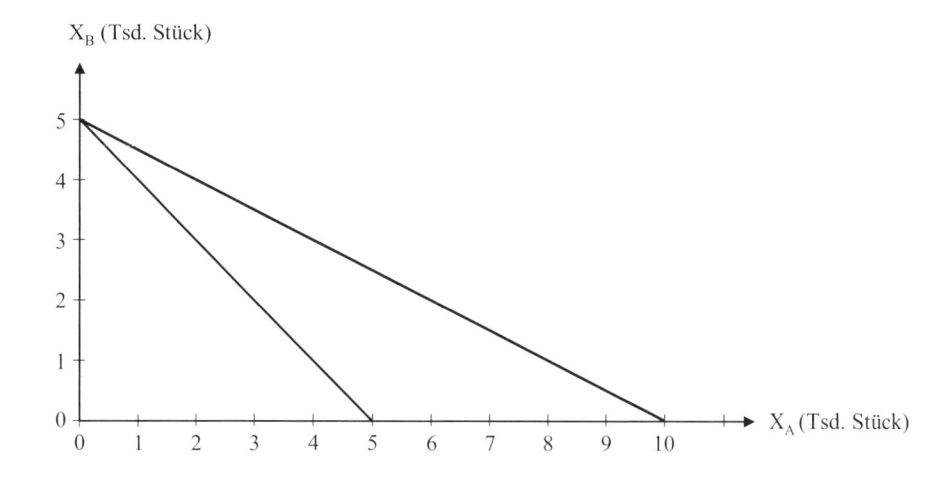

X_B (Tsd. Stück)

X_A (Tsd. Stück)

Von der zweiten Zeile im Ausgangstableau muß das Dreifache der neuen Zeile subtrahiert werden, um in der Auswahlspalte den Wert Null zu erhalten. Schließlich muß zu der Zielfunktionszeile des Ausgangstableaus das 1,20-fache der neuen Zeile addiert werden, um in der Auswahlspalte den Wert Null zu erreichen. Das 2. Simplextableau lautet damit:

BV	x_A	x_B	y_F	y_M	D	RS
x_B	0,5	1	1/3	0	0	5.000
y_M	1,5	0	-1	1	0	9.000
D	-0,15	0	0,4	0	1	6.000

Das zweite Tableau zeigt eine zulässige Basislösung:

$x_B = 5.000$; $y_M = 9.000$

Der Deckungsbeitrag dieses Produktionsplanes steht in der Nachspalte der Zielfunktionszeile:

$D = 1,2 \cdot 5.000 = 6.000$

Der Ecklösung ist die Ecke $(x_A \mid x_B) = (0 \mid 5.000)$ der Übersicht 3.10 zugeordnet. Der Austauschschritt vom Ausgangstableau zum 2. Tableau bewirkte also einen Übergang von dem Ursprung $(0 \mid 0)$ zu dem Eckpunkt $(0 \mid 5.000)$ des zulässigen Bereiches. In Übersicht 3.10 ist dieser Übergang durch einen Pfeil markiert. In der Zielfunktionszeile steht noch die negative Zahl -0,15 , was darauf hindeutet, daß das Produktionsprogramm in Richtung auf höhere Deckungsbeiträge noch verbessert werden kann.

Auswahlspalte ist nun die Spalte 1 mit der Variablen x_A in der Kopfzeile. Durch Bildung der Quotienten 5.000 / 0,5 = 10.000 und 9.000 / 1,5 = 6.000 erkennt man, daß die Variable y_M nun die Basis verlassen muß. Das Pivotelement hat den Wert 1,5. Die Division der zweiten Zeile des 2. Tableaus durch 1,5 liefert nun mit der Kopfspaltenvariablen x_A:

x_A	1	0	-2/3	2/3	0	6.000

Diese Zeile wird in das neue Simplextableau übernommen. Von der ersten Zeile des 2. Tableaus muß das 0,5-fache der neuen Zeile subtrahiert werden. Schließlich muß zu der Zielfunktionszeile des 2. Tableaus das 0,15-fache der neuen Zeile addiert werden.

Übersicht 3.10 – Graphische Veranschaulichung für den Übergang vom ersten Tableau zum zweiten Tableau

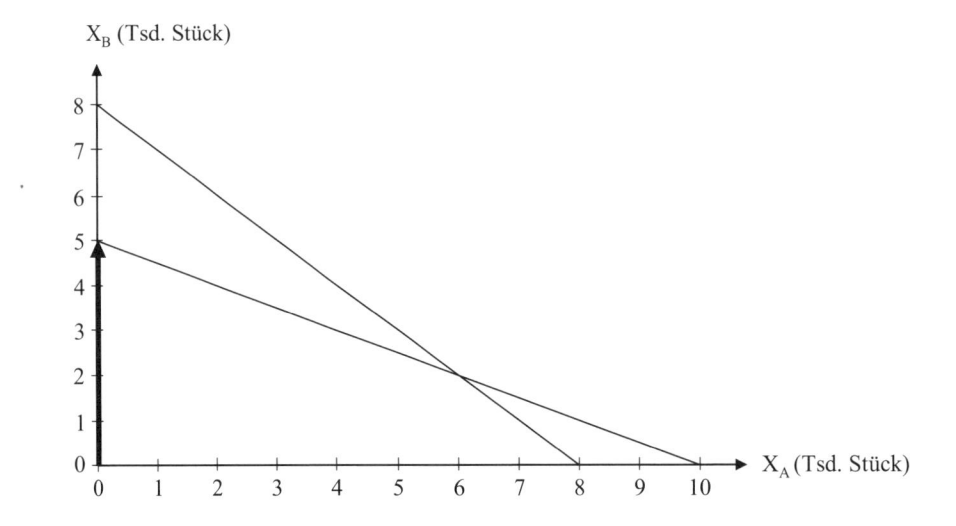

Man erhält damit als 3. Simplextableau:

BV	x_A	x_B	y_F	y_M	D	RS
x_B	0	1	2/3	-1/3	0	2.000
x_A	1	0	-2/3	2/3	0	6.000
D	0	0	0,3	0,1	1	6.900

3.2 Optimierungsmodelle

Aus der Nichtnegativität aller Elemente der Zielfunktionszeile läßt sich ablesen, daß das 3. Simplextableau ein Optimaltableau ist. In der Zielfunktionszeile stehen unter den Schlupfvariablen y_F und y_M die Schattenpreise 0,30 und 0,10, deren ökonomische Bedeutung bereits diskutiert wurde. Da beide Schattenpreise positiv sind, ist die Stelle $(x_A \mid x_B) = (6.000 \mid 2.000)$ die einzige Maximumstelle. Der maximale Deckungsbeitrag steht in der Nachspalte der Zielfunktionszeile. Er beträgt 6.900 GE.

Die Koeffizienten unter y_F in den Zeilen zu den Basisvariablen x_A und x_B wurden bereits unter dem Gliederungspunkt 3.2.2 bei Ausdehnung der Fertigungszeit erläutert. Bei Änderung der Fertigungszeit um Δb_F gilt (in gewissen Grenzen):

$\Delta x_B = 2/3\ \Delta b_F$ und

$\Delta x_A = -2/3\ \Delta b_F$

Entsprechend gilt bei Änderung der Maschinenlaufzeit um Δb_M:

$\Delta x_B = -1/3\ \Delta b_M$ und

$\Delta x_A = 2/3\ \Delta b_M$

Die Koeffizienten 2/3, -2/3, -1/3, 2/3 nennt man Simplexmultiplikatoren. Der Austauschschritt vom 2. Tableau zum Optimaltableau bewirkte einen Übergang vom Eckpunkt $(0 \mid 5.000)$ zum Optimalpunkt $(6.000 \mid 2.000)$. In Übersicht 3.11 ist dieser Übergang durch einen Pfeil markiert.

Übersicht 3.11 – Graphische Veranschaulichung für den Übergang vom zweiten Tableau zum Optimaltableau

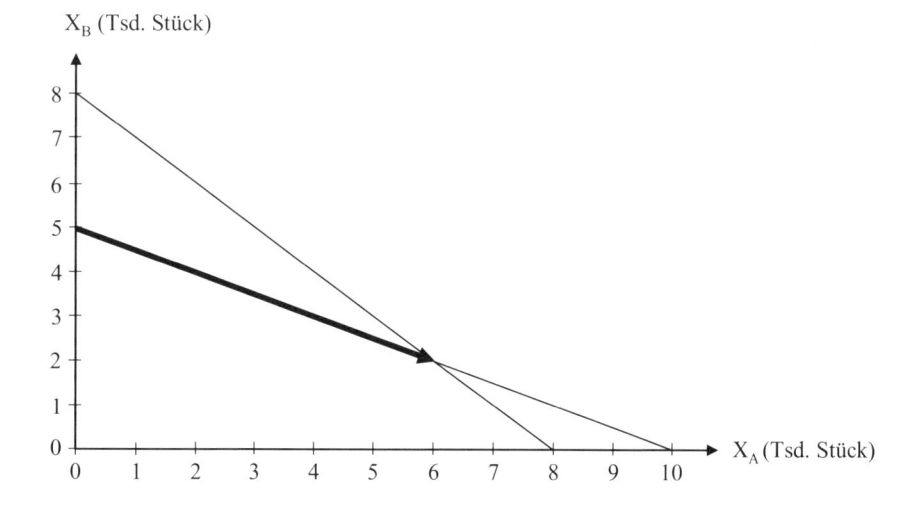

Beziehungen zwischen Ausgangs- und Optimaltableau

Die Zeilen des Optimaltableaus sind durch Linearkombination der Zeilen des Ausgangstableaus entstanden. Das ergibt sich aus der Konstruktion der Iterationsschritte. Für die Zielfunktionszeile des Optimaltableaus gilt beispielsweise:

Zielfunktionszeile im Optimaltableau = Zielfunktionszeile des Ausgangstableaus
+ 0,40 · (1. Zeile des Ausgangstableaus)
+ 0,10 · (2. Zeile des 2. Tableaus).

Für die 2. Zeile des 2. Tableaus ergibt sich:

2. Zeile des 2. Tableaus = 2. Zeile des Ausgangstableaus
− 1. Zeile des Ausgangstableaus.

Insgesamt erhält man:

Zielfunktionszeile des Optimaltableaus = Alte Zielfunktionszeile
+ 0,40 · (1. Zeile des Ausgangstableaus)
+ 0,10 · (2. Zeile des Ausgangstableaus
− 1. Zeile des Ausgangstableaus)
= 0,3 · (1. Zeile des Ausgangstableaus)
+ 0,1 · (2. Zeile des Ausgangstableaus)
= u_F · (1. Zeile des Ausgangstableaus)
+ u_M · (2. Zeile des Ausgangstableaus).

Aus dieser verallgemeinerten Beziehung kann man wiederum

$u_F b_F + u_M b_M = D$ ablesen.

Die Zeilen zu den Basisvariablen des Optimaltableaus denken wir uns so umgeordnet, wie es der Reihenfolge in der Kopfzeile entspricht, also zuerst die Zeile für x_A und dann für x_B. Unter den Nichtbasisvariablen y_F und y_M des Optimaltableaus steht dann die Matrix der Simplexmultiplikatoren

$$B = \begin{bmatrix} -2/3 & 2/3 \\ 2/3 & -1/3 \end{bmatrix}$$

Unter den Basisvariablen der Kopfzeile steht die Einheitsmatrix

3.2 Optimierungsmodelle

$$E = \begin{bmatrix} 1 & 0 \\ 0 & 1 \end{bmatrix}$$

Zwischen der Matrix A des Ausgangstableaus und der Matrix B der Simplexmultiplikatoren des Optimaltableaus gilt die Beziehung: AB = BA = E. B ist also die inverse Matrix A^{-1} zur Matrix A. Zu jeder quadratischen Matrix A mit nicht verschwindender Determinante existiert genau eine Matrix A^{-1}. Es sei speziell A eine zweireihige quadratische Matrix

$$A = \begin{bmatrix} a_{11} & a_{12} \\ a_{21} & a_{22} \end{bmatrix}$$

mit $\det(A) = a_{11} a_{22} - a_{21} a_{12} \neq 0$. Es existiert dann

$$A^{-1} = \frac{1}{\det(A)} \cdot \begin{bmatrix} a_{22} & -a_{21} \\ -a_{12} & a_{11} \end{bmatrix} = \begin{bmatrix} b_{11} & b_{12} \\ b_{21} & b_{22} \end{bmatrix} = B.$$

Im Beispiel ist $A = \begin{bmatrix} 1{,}5 & 3 \\ 3 & 3 \end{bmatrix}$ und $\det(A) = -4{,}5$.

Für $B = A^{-1}$ folgt:

$$B = \frac{1}{-4{,}5} \cdot \begin{bmatrix} 3 & -3 \\ -3 & 1{,}5 \end{bmatrix} = \begin{bmatrix} -2/3 & 2/3 \\ 2/3 & -1/3 \end{bmatrix}$$

Die Zeilen zu den Basisvariablen des Optimaltableaus ergeben sich durch Linearkombination der Zeilen zu den Basisvariablen des Ausgangstableaus. Mit leicht verständlicher Symbolik gilt dann:

$$\text{Zeile}_i^{opt} = \sum_{k=1}^{m} b_{ik} \, \text{Zeile}_k^{Ausg}$$

Ein verkürztes Simplexverfahren

Eine Analyse der durchgeführten Simplexiterationsschritte zeigt, daß die Zielfunktionsspalte unverändert bleibt. Diese Spalte kann also ohne Informationsverlust wegfallen. Beim verkürzten Simplexverfahren werden außerdem die Einheitsspalten nicht notiert. Das erspart bei EDV-Lösungen Speicherplatz sowie Drucker- und Rechenzeit. Für die Fallgestaltung ergibt sich bei dem verkürzten Verfahren folgendes Ausgangstableau mit den Basisvariablen y_F und y_M sowie den Nichtbasisvariablen x_A und x_B:

BV \ NBV	x_A	x_B	RS
y_F	1,5	[3]	15.000
y_M	3	3	24.000
D	-0,75	-1,20	0

Im innersten Feld des Ausgangstableaus steht die Matrix A. Die Auswahlspalte s und die Auswahlzeile r werden wie beim ausführlichen Simplexverfahren bestimmt. Die Variable x_B tritt in die Basis ein, die Variable y_F verläßt die Basis. Es ergibt sich wiederum das Pivotelement $a_{rs} = a_{12} = 3$. Das Pivotelement ist im Ausgangstableau eingerahmt. Entsprechend der Konstruktion des ausführlichen Verfahrens ergibt sich als zweites Simplextableau:

BV \ NBV	x_A	y_F	RS
x_B	0,5	1/3	5.000
y_M	[1,5]	-1	9.000
D	-0,15	0,40	6.000

Das zweite Simplextableau des verkürzten Verfahrens kann wiederum als Ausschnitt aus dem zweiten Simplextableau des ausführlichen Verfahrens gelesen werden. Das neue Pivotelement $\underline{a}_{rs} = \underline{a}_{12}$ ist gleich dem Kehrwert des alten Pivotelements:

$$\underline{a}_{rs} = \frac{1}{a_{rs}}$$

Das neue Pivotelement ist doppelt unterstrichen. Die übrigen Elemente der neuen Zeile r = 1 ergeben sich aus den alten Elementen der Auswahlzeile durch Division mit dem bisherigen Pivotelement oder durch Multiplikation mit dem neuen Pivotelement:

$$\underline{a}_{rj} = \frac{a_{rj}}{a_{rs}} = a_{rj}\underline{a}_{rs} \qquad \text{für } j \neq s$$

$$\underline{b}_r = \frac{b_r}{a_{rs}} = b_r \underline{a}_{rs}$$

3.2 Optimierungsmodelle

Die übrigen Elemente der Spalte s = 2 erhält man aus den alten Elementen der Auswahlspalte ebenfalls durch Multiplikation mit dem neuen Pivotelement und anschließender Vorzeichenumkehr:

$$\underline{a}_{is} = -\frac{a_{is}}{a_{rs}} = (-a_{is})\underline{a}_{rs} \qquad \text{für } i \neq r$$

$$-\underline{c}_s = -\frac{c_s}{a_{rs}} = c_s \underline{a}_{rs}$$

Die neuen Elemente der Auswahlzeile und Auswahlspalte lassen sich schnell berechnen. Alle übrigen Elemente werden nach der sogenannten Rechteckregel bestimmt:

$$\underline{a}_{ij} = a_{ij} - \frac{a_{rj} a_{is}}{a_{rs}} = a_{ij} - \underline{a}_{rj} a_{is} \qquad \text{für } i \neq r \text{ und } j \neq s$$

$$\underline{b}_i = b_i - \frac{b_r a_{is}}{a_{rs}} = b_i - \underline{b}_r a_{is} \qquad \text{für } i \neq r$$

$$-\underline{c}_j = -c_j - \frac{a_{rj}(-c_s)}{a_{rs}} = -c_j + \underline{a}_{rj} c_s \qquad \text{für } j \neq s$$

$$\underline{D} = D - \frac{b_r(-c_s)}{a_{rs}} = D + \underline{b}_j c_s$$

Die Bezeichnung Rechteckregel wird durch folgende Darstellung zur Gleichung

$$\underline{a}_{ij} = a_{ij} - \frac{a_{rj} a_{is}}{a_{rs}} \text{ verständlich:}$$

$$\begin{array}{ccc}
 & s & j \\
 & \vdots & \vdots \\
r & \cdots a_{rs} \cdots & a_{rj} \\
 & \vdots & \vdots \\
i & \cdots a_{is} \cdots & a_{ij}
\end{array}$$

Wird auf das zweite Simplextableau das beschriebene Verfahren angewandt, erhält man folgendes Optimaltableau:

BV \ NBV	y_M	y_F	RS
x_B	-1/3	2/3	2.000
x_A	<u>2/3</u>	-2/3	6.000
D	0,10	0,30	6.900

Die Elemente eines neuen Tableaus lassen sich beim verkürzten Simplexverfahren aus dem alten Tableau nach folgenden Regeln bestimmen:

1. Neues Pivotelement = Kehrwert des alten Pivotelements

(Für den Übergang vom zweiten Tableau zum Optimaltableau gilt s = 1 und r = 2 mit dem alten Pivotelement a_{rs} = 1,5. Das neue Pivotelement $\underline{a}_{rs} = \underline{a}_{21}$ lautet 1/1,5 = 2/3.)

Für die übrigen Elemente der Auswahlzeile gilt:

2. Neues Element = Altes Element · Neues Pivotelement

(im Beispiel: $\underline{a}_{22}$ = (-1) · 2/3 = -2/3
$\underline{b}_2$ = 9.000 · 2/3 = 6.000)

Für die übrigen Elemente der Auswahlspalte gilt:

3. Neues Element = Altes Element · (-Neues Pivotelement)

(im Beispiel: $\underline{a}_{11}$ = 0,5 · (-2/3) = -1/3
$-\underline{c}_1$ = -0,15 · (-2/3) = 0,10)

Alle übrigen Elemente werden nach der Rechteckregel bestimmt:

4. Neues Element = Altes Element - Neues Element · Altes Element
　　　　　　　　　　　　　　　　　　in gleicher Spalte　in gleicher Zeile
　　　　　　　　　　　　　　　　　　und Auswahlzeile　und Auswahlspalte

(im Beispiel: a_{12} = 1/3 − (−2/3) · 0,5 = 1/3 + 1/3 = 2/3
b_1 = 5.000 − 6.000 · 0,5 = 5.000 − 3.000 = 2.000
$-c_2$ = 0,40 − (−2/3) · (−0,15) = 0,40 − 0,10 = 0,30
D = 6.000 − 6.000 (−0,15) = 6.000 + 900 = 6.900)

3.2 Optimierungsmodelle

Übersicht 3.12 zeigt den Ablauf des verkürzten Simplexverfahrens für das Standardoptimierungsproblem als Flußdiagramm.

Übersicht 3.12 – Flußdiagramm zur verkürzten Simplexmethode bei einem Standardoptimierungsproblem

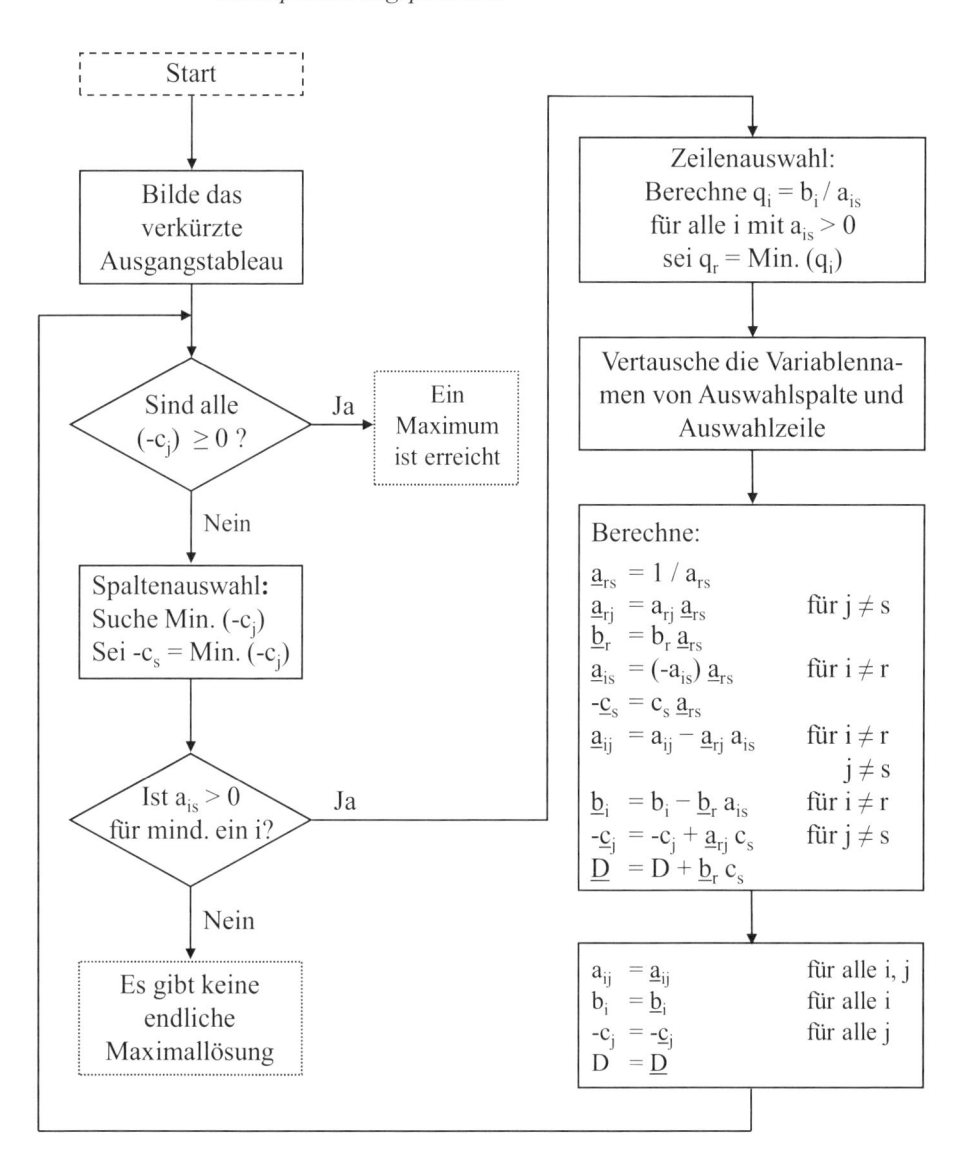

```
┌──────────────┐
│    Start     │
└──────┬───────┘
       │
       ▼
┌──────────────┐          ┌─────────────────────────────────┐
│  Bilde das   │          │ Zeilenauswahl:                  │
│  verkürzte   │          │ Berechne $q_i = b_i / a_{is}$   │
│Ausgangstableau│          │ für alle i mit $a_{is} > 0$     │
└──────┬───────┘          │ sei $q_r = \text{Min.}(q_i)$    │
       │                  └─────────────┬───────────────────┘
       ▼                                │
   ◇ Sind alle ◇  ──Ja──▶ ┌──────────┐ │
   ◇$(-c_j) \geq 0$?◇      │   Ein    │ ▼
       │                   │ Maximum  │ ┌─────────────────────────────────┐
       │ Nein              │ist erreicht│ │ Vertausche die Variablen-       │
       ▼                   └──────────┘ │ namen von Auswahlspalte und     │
┌──────────────┐                         │ Auswahlzeile                    │
│Spaltenauswahl:│                        └─────────────┬───────────────────┘
│Suche Min.$(-c_j)$│                                   │
│Sei $-c_s = \text{Min.}(-c_j)$│                       ▼
└──────┬───────┘                         ┌─────────────────────────────────┐
       │                                 │ Berechne:                       │
       ▼                                 │ $\underline{a}_{rs} = 1 / a_{rs}$│
   ◇ Ist $a_{is} > 0$ ◇ ──Ja──────────▶ │ $\underline{a}_{rj} = a_{rj}\,\underline{a}_{rs}$  für $j \neq s$ │
   ◇ für mind. ein i?◇                   │ $\underline{b}_r = b_r\,\underline{a}_{rs}$      │
       │                                 │ $\underline{a}_{is} = (-a_{is})\,\underline{a}_{rs}$  für $i \neq r$ │
       │ Nein                            │ $-\underline{c}_s = c_s\,\underline{a}_{rs}$     │
       ▼                                 │ $\underline{a}_{ij} = a_{ij} - \underline{a}_{rj}\,a_{is}$  für $i \neq r$ │
┌──────────────┐                         │                                              $j \neq s$ │
│Es gibt keine │                         │ $\underline{b}_i = b_i - \underline{b}_r\,a_{is}$  für $i \neq r$ │
│  endliche    │                         │ $-\underline{c}_j = -c_j + \underline{a}_{rj}\,c_s$  für $j \neq s$ │
│Maximallösung │                         │ $\underline{D} = D + \underline{b}_r\,c_s$      │
└──────────────┘                         └─────────────┬───────────────────┘
                                                       │
                                                       ▼
                                         $a_{ij} = \underline{a}_{ij}$   für alle i, j
                                         $b_i = \underline{b}_i$         für alle i
                                         $-c_j = -\underline{c}_j$       für alle j
                                         $D = \underline{D}$
```

3.2.5 Lineare Optimierung für nicht in Standardform vorliegende Probleme

Probleme der linearen Optimierung zeichnen sich dadurch aus, daß Nebenbedingungen und Extremwertbedingung in linearer Weise von den Entscheidungsvariablen abhängen. Probleme der linearen Optimierung, die nicht in Standardform formuliert sind, lassen sich unmittelbar oder durch Einführung künstlicher Hilfsvariablen in Standardform bringen.

Minimumprobleme werden durch Multiplikation mit (-1) zu Maximumproblemen. Treten $\geq$-Bedingungen auf mit $b_i \leq 0$, können sie ebenfalls durch Multiplikation mit (-1) zu $\leq$-Bedingungen und $b_i \geq 0$ transformiert werden.

Sind die rechten Seiten b_i negativ, bedient man sich zur Lösung künstlicher Hilfsvariablen w_i. Entsprechend geht man vor bei $\geq$-Bedingungen mit $b_i \geq 0$, wie gleich gezeigt wird. Künstliche Hilfsvariable lassen sich auch mit Erfolg einsetzen, wenn Nebenbedingungen in Gleichungsform gegeben sind.

Bei Einführung künstlicher Hilfsvariablen hat sich die sogenannte Zweiphasen-Methode als Lösungsprozedur sehr bewährt. In der ersten Phase werden die künstlichen Hilfsvariablen eliminiert, und man erhält eine zulässige Lösung des ursprünglichen Problems. Die zweite Phase verläuft dann in der bereits für den Standardfall besprochenen Weise. Die Anwendung der Zweiphasen-Methode wird nun an zwei Beispielen gezeigt.

Zweiphasen-Methode zur Lösung des dualen Problems der Fallgestaltung mit dem Simplexverfahren

Aus $D = b_F u_F + b_M u_M = 15.000 u_F + 24.000 u_M = $ Minimum! wird durch Multiplikation mit (-1):

$$-D = -15.000\ u_F - 24.000\ u_M = \text{Maximum!}$$

Die $\geq$-Bedingungen werden durch die Einführung der nichtnegativen Schlupfvariablen y_A und y_B in Gleichungen transformiert:

$$1{,}5\ u_F + 3\ u_M - y_A = 0{,}75$$
$$3\ \ \ u_F + 3\ u_M - y_B = 1{,}20$$

Das Gleichungssystem ist mit dieser Darstellung nicht in reduzierter Form gegeben, da zu den Schlupfvariablen y_A und y_B die Koeffizienten (-1) gehören. Ausgangsgleichungen in reduzierter Form erhalten wir mit künstlichen Hilfsvariablen w_A und w_B.

3.2 Optimierungsmodelle

Wenn dafür gesorgt wird, daß am Ende einer ersten Phase der Simplexmethode sowohl w_A als auch w_B gleich Null werden, läßt sich formulieren:

$$1{,}5\,u_F + 3\,u_M - y_A + w_A = 0{,}75$$
$$3\,u_F + 3\,u_M - y_B + w_B = 1{,}20$$

$$15.000\,u_F + 24.000\,u_M + (-D) = 0$$

$$u_F \geq 0\,;\ u_M \geq 0\,;\ y_A \geq 0\,;\ y_B \geq 0\,;\ w_A \geq 0\,;\ w_B \geq 0$$

Maximiere in der ersten Phase die vorläufige Hilfsgröße $H^* = -w_A - w_B$ und in der zweiten Phase $(-D)$.

Mit $H^* + w_A + w_B = 0$ und einer noch zu erklärenden Hilfsgröße H ergibt sich als Ausgangstableau, wobei zur Abkürzung die Zielfunktionsspalte weggelassen wurde:

1. Tableau = Ausgangstableau

BV	u_F	u_M	y_A	y_B	w_A	w_B	RS
w_A	1,5	⟦3⟧	-1	0	1	0	0,75
w_B	3	3	0	-1	0	1	1,20
-D	15.000	24.000	0	0	0	0	0
H*	0	0	0	0	1	1	0
H	-4,5	-6	1	1	0	0	-1,95

Die H-Zeile erhält man durch Subtraktion der Summe von w_A- und w_B-Zeile von der H*-Zeile. In der Hilfszielfunktionszeile H des Ausgangstableaus stehen unter den Basisvariablen w_A und w_B Nullen in Übereinstimmung mit dem Standardfall. In der ersten Phase ist die H-Zeile Zielfunktionszeile. Daher ergibt sich die Auswahlspalte s = 2. Für i = 1 wird der Quotient b_i/a_{is} minimal, also ist r = 1. Mit dem Pivotelement $a_{rs} = a_{12} = 3$ ergibt sich das folgende neue Tableau, wobei die H*-Zeile gestrichen wurde.

2. Tableau

BV	u_F	u_M	y_A	y_B	w_A	w_B	RS
u_M	0,5	1	-1/3	0	1/3	0	0,25
w_B	[1,5]	0	1	-1	-1	1	0,45
-D	3.000	0	8.000	0	-8.000	0	-6.000
H	-4,5	0	-1	1	2	0	-0,45

Die erreichte Ecke entspricht der Ecke $(x_A | x_B) = (8.000 | 0)$ des primalen Problems. Mit dem Pivotelement $a_{21} = 1,5$ ergibt sich das dritte Tableau, das sich zugleich als das Optimaltableau erweist:

3. Tableau = Optimaltableau

BV	u_F	u_M	y_A	y_B	w_A	w_B	RS
u_M	0	1	-2/3	1/3	2/3	-1/3	0,10
u_F	1	0	2/3	-2/3	-2/3	2/3	0,30
-D	0	0	6.000	2.000	-6.000	-2.000	-6.900
H	0	0	0	0	1	1	0

Wie bereits mit dem graphischen Verfahren gezeigt, ist $u_F = 0,30$ und $u_M = 0,10$ optimal. Der maximale Deckungsbeitrag D ist gleich 6.900 GE. In der Zielfunktionszeile (-D) steht die Lösung des primalen Programms $x_A = 6.000$ und $x_B = 2.000$. Für alle Tableaus gilt: $w_A = -y_A$ und $w_B = -y_B$

Zweiphasen-Methode zur Lösung der um eine Erlösbedingung erweiterten Fallgestaltung

Zusätzliche Bedingung: Der Erlös $E = p_A x_A + p_B x_B = 2x_A + 4x_B$ soll größer oder gleich 12.000 GE sein. Das erweiterte Problem lautet nun mit der künstlichen Hilfsvariablen w_E:

Maximiere D
$$1,5x_A + 3x_B + y_F = 15.000$$
$$3\ x_A + 3x_B + y_M = 24.000$$
$$2\ x_A + 4x_B - y_E + w_E = 12.000$$
$$-0,75\ x_A - 1,20\ x_B + D = 0$$

3.2 Optimierungsmodelle

$x_A, x_B, y_F, y_M, y_E, w_E \geq 0$

Vorläufige Hilfszielvorschrift: Maximiere H^* mit $H^* + w_E = 0$.

1. Tableau = Ausgangstableau

BV	x_A	x_B	y_F	y_M	y_E	w_E	RS
y_F	1,5	3	1	0	0	0	15.000
y_M	3	3	0	1	0	0	24.000
w_E	2	[4]	0	0	-1	1	12.000
D	-0,75	-1,20	0	0	0	0	0
H^*	0	0	0	0	0	1	0
H	-2	-4	0	0	1	0	-12.000

Die H-Zeile erhält man nach Subtraktion der w_E-Zeile von der H^*-Zeile.

2. Tableau

BV	x_A	x_B	y_F	y_M	y_E	w_E	RS
y_F	0	0	1	0	[3/4]	-3/4	6.000
y_M	1,5	0	0	1	3/4	-3/4	15.000
x_B	0,5	1	0	0	-1/4	1/4	3.000
D	-0,15	0	0	0	-0,3	0,3	3.600
(H	0	0	0	0	0	1	0)

H-Zeile und w_E-Spalte können weggelassen werden. Die erste Phase ist beendet.

3. Tableau

BV	x_A	x_B	y_F	y_M	y_E	RS
y_E	0	0	4/3	0	1	8.000
y_M	[1,5]	0	-1	1	0	9.000
x_B	0,5	1	1/3	0	0	5.000
D	-0,15	0	0,4	0	0	6.000

4. Tableau = Optimaltableau

BV	x_A	x_B	y_F	y_M	y_E	RS
y_E	0	0	4/3	0	1	8.000
x_A	1	0	-2/3	2/3	0	6.000
x_B	0	1	2/3	-1/3	0	2.000
D	0	0	0,3	0,1	0	6.900

Übersicht 3.13 – Flußdiagramm zur Umformung eines allgemeinen linearen Optimierungsproblems in ein Standardoptimierungsproblem

Die Anzahl der Restriktionen (ohne Nichtnegativitätsbedingungen für die Entscheidungsvariablen) sei m. Die Restriktionen können in $\leq$, $=$ oder $\geq$-Form vorliegen.

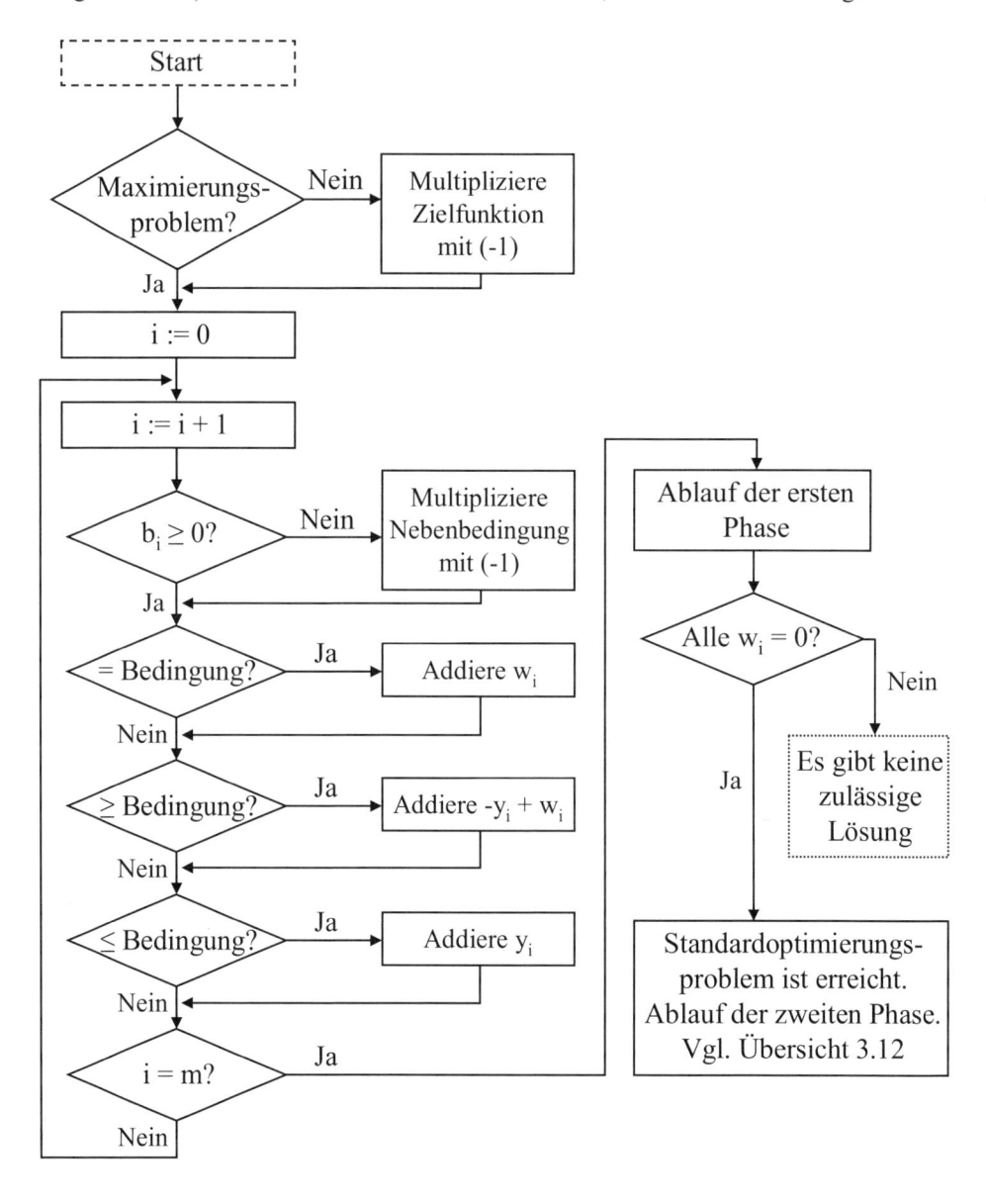

```
              Start
                │
                ▼
        ┌───────────────┐   Nein   ┌──────────────────┐
        │ Maximierungs- ├─────────▶│   Multipliziere  │
        │   problem?    │          │    Zielfunktion  │
        └───────┬───────┘          │     mit (-1)     │
             Ja │  ◀───────────────└──────────────────┘
                ▼
           ┌─────────┐
           │ i := 0  │
           └────┬────┘
                ▼
        ┌─────────────┐
   ┌───▶│  i := i + 1 │
   │    └──────┬──────┘
   │           ▼
   │    ┌───────────┐   Nein    ┌──────────────────┐
   │    │ b_i ≥ 0?  ├──────────▶│   Multipliziere  │
   │    └─────┬─────┘           │  Nebenbedingung  │
   │       Ja │ ◀───────────────│     mit (-1)     │
   │          ▼                 └──────────────────┘
   │    ┌──────────────┐  Ja   ┌──────────────┐
   │    │ = Bedingung? ├──────▶│ Addiere w_i  │
   │    └──────┬───────┘       └──────┬───────┘
   │        Nein │◀───────────────────┘
   │             ▼
   │    ┌──────────────┐  Ja   ┌──────────────────┐
   │    │ ≥ Bedingung? ├──────▶│ Addiere -y_i + w_i │
   │    └──────┬───────┘       └──────┬───────────┘
   │        Nein │◀───────────────────┘
   │             ▼
   │    ┌──────────────┐  Ja   ┌──────────────┐
   │    │ ≤ Bedingung? ├──────▶│ Addiere y_i  │
   │    └──────┬───────┘       └──────┬───────┘
   │        Nein │◀───────────────────┘
   │             ▼
   │       ┌─────────┐  Ja
   │       │ i = m?  ├─────▶ Ablauf der ersten Phase
   └───Nein└─────────┘              │
                                    ▼
                             ┌──────────────┐ Nein ┌──────────────┐
                             │ Alle w_i = 0?├─────▶│ Es gibt keine│
                             └──────┬───────┘      │   zulässige  │
                                 Ja │              │    Lösung    │
                                    ▼              └──────────────┘
                           Standardoptimierungs-
                           problem ist erreicht.
                           Ablauf der zweiten Phase.
                           Vgl. Übersicht 3.12
```

3.2 Optimierungsmodelle

Aufgabe 49: Graphische Lösung zu einem Problem der linearen Programmierung

Ein Möbelfabrikant produziert Schlafzimmer und Wohnzimmer. Wenn mit x_s bzw. x_w die Stückzahl der monatlich produzierten Schlaf- bzw. Wohnzimmer bezeichnet wird, erhält man die Kosten K pro Monat aus folgender Gleichung:

$$K = 50.000 + 1.500 x_s + 3.200 x_w$$

Die Schlafzimmer werden für 2.000 GE/Stück und die Wohnzimmer für 4.000 GE/Stück verkauft. Die Schlafzimmer und Wohnzimmer werden in den gleichen Fertigungsabteilungen hergestellt. Sie durchlaufen die Abteilung H (Holzbearbeitung), die Abteilung M (Montage und Lackierung) und – nur die Wohnzimmer – die Abteilung P (Polsterei).

Zur Herstellung jedes Schlafzimmers sind die gesamte Abteilung H und ebenfalls die gesamte Abteilung M je eine Stunde beschäftigt. Für die Herstellung jedes Wohnzimmers wird die gesamte Abteilung H zwei Stunden, die gesamte Abteilung M drei Stunden und die gesamte Abteilung P vier Stunden benötigt. Die Abteilungen H, M, P stehen im Monat 140, 150, 160 Stunden für die Produktion zur Verfügung.

Die höchstmögliche Absatzmenge pro Monat beträgt sowohl für Schlafzimmer wie auch für Wohnzimmer 60 Stück. Eine Lagerproduktion findet nicht statt.

a) Tragen Sie in das x_s-x_w-Koordinatensystem der Übersicht A den zulässigen Bereich ein.

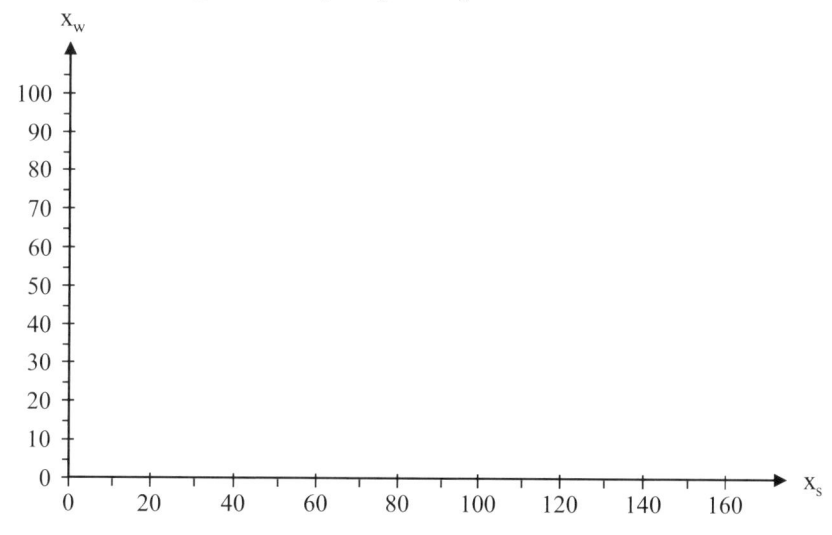

Übersicht A – Zulässiger Bereich für x_S und x_W

b) Für welche Werte x_s und x_w ist die Differenz zwischen Erlösen und Kosten maximal?

x_s = . . Stück

x_w = . . Stück

c) Wie sieht das optimale Produktionsprogramm aus, wenn ceteris paribus der Absatzpreis für Wohnzimmer auf 5.000 GE/Stück steigt?

x_s = . . Stück

x_w = . . Stück

d) Beschreiben Sie die Kapazitätsauslastung der Abteilungen H, M, P bei der Optimallösung zu Aufgabenstellung c!

Aufgabe 50: Graphische Lösung zu einem Problem der linearen Programmierung

Ein Möbelfabrikant produziert Schlafzimmer und Wohnzimmer. Wenn mit x_s bzw. x_w die Stückzahl der monatlich produzierten Schlaf- bzw. Wohnzimmer bezeichnet wird, erhält man die Kosten K pro Monat aus folgender Gleichung:

$$K = 60.000 + 1.400 x_s + 3.200 x_w$$

Die Schlafzimmer werden für 2.000 GE/Stück und die Wohnzimmer für 4.000 GE/Stück verkauft. Die Schlafzimmer und Wohnzimmer werden in den gleichen Fertigungsabteilungen hergestellt. Sie durchlaufen die Abteilung H (Holzbearbeitung), die Abteilung M (Montage und Lackierung) und - nur die Wohnzimmer - die Abteilung P (Polsterei).

Zur Herstellung jedes Schlafzimmers sind die gesamte Abteilung H und ebenfalls die gesamte Abteilung M je eine Stunde beschäftigt. Für die Herstellung jedes Wohnzimmers wird die gesamte Abteilung H zwei Stunden, die gesamte Abteilung M eine Stunde und die gesamte Abteilung P drei Stunden benötigt. Den Abteilungen H, M, P stehen im Monat 140, 110, 120 Stunden für die Produktion zur Verfügung.

Die höchstmögliche Absatzmenge pro Monat beträgt sowohl für Schlafzimmer wie auch für Wohnzimmer 90 Stück. Eine Lagerproduktion findet nicht statt.

3.2 Optimierungsmodelle

a) Tragen Sie in das x_s-x_w-Koordinatensystem der Übersicht A den zulässigen Bereich ein.

Übersicht A – Zulässiger Bereich für x_S und x_W

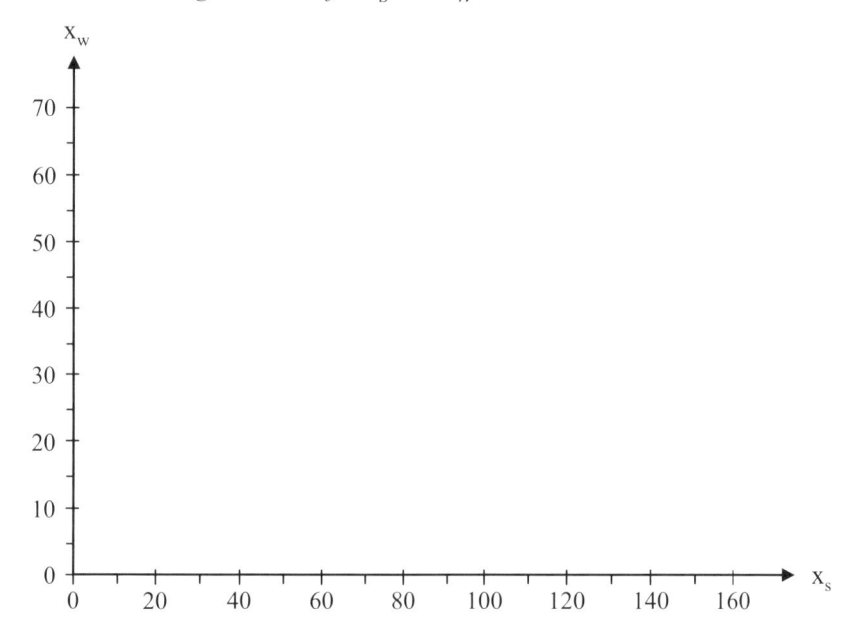

b) Für welche Werte x_s und x_w ist die Differenz zwischen Erlösen und Kosten maximal?

x_s = . . Stück

x_w = . . Stück

c) Durch Werbemaßnahmen für Schlafzimmer des Möbelfabrikanten, die 1.000 GE kosten, wäre es möglich, ceteris paribus die Höchstabnahmemenge für Schlafzimmer auf 100 Stück zu steigern. Lohnen sich die Werbemaßnahmen? Begründung?

Analyse von Lenkungsrechnungen mit der linearen Optimierung

Bei dezentraler Unternehmensführung können Konflikte zwischen Leistungsbereichen auftreten, wenn Leistungsbereiche um knappe Ressourcen des Gesamtbetriebes konkurrieren. Mit dem Verfahren der linearen Optimierung lassen sich Lösungsmöglichkeiten für diese Konflikte analysieren.

Es sei von der Hypothese ausgegangen, daß zu rigide Vorgaben der Zentrale die Motivation der Mitarbeiter in den Leistungsbereichen schwächen. Die Leistungsbereiche sollen hauptsächlich durch Vorgabe von Leistungsbereichszielen motiviert werden, Entscheidungen im Sinne der Zielsetzung des Gesamtbetriebes zu fällen. Die Zentrale kann zusätzlich Konflikte der Leistungsbereiche um knappe Ressourcen lösen durch

(a) Mengenzuweisungen der knappen Ressourcen an die Leistungsbereiche (vgl. Aufgabe 51),

(b) Festlegung von Verrechnungspreisen für die knappen Ressourcen (vgl. Aufgabe 52).

Im Fall (a) geht es darum, Leistungsbereichsziele und Mengenzuweisungen so festzulegen, daß ein Optimum für den Gesamtbetrieb erreicht wird. Den Fall (b) hat schon sehr frühzeitig Schmalenbach erörtert. Schmalenbach prägte den Begriff „pretiale Lenkung". Es geht darum, Verrechnungspreise für die knappen Ressourcen zu finden, die die Leistungsbereiche bei Vorgabe von Leistungsbereichszielen zu Entscheidungen veranlassen, die der optimalen Zielerreichung des Gesamtbetriebes dienen.

In den beiden folgenden Aufgaben wird ein Vierproduktbetrieb mit den Produkten A, B, C und D betrachtet. Im Leistungsbereich I werden die Produkte A und B, im Leistungsbereich II die Produkte C und D erzeugt. Alle Produkte müssen eine Qualitätsprüfung durchlaufen. Die begrenzte Anzahl von Qualitätsprüfungsminuten stellt die knappe Ressource des Gesamtbetriebes dar. In der nächsten Aufgabe soll der mögliche Konflikt um diese knappe Ressource durch Mengenzuweisungen an die Leistungsbereiche gelöst werden. Die danach folgende Aufgabe behandelt dann ein Problem der pretialen Lenkung. Für eine Qualitätsprüfungsminute wird ein Verrechnungspreis festgelegt.

Aufgabe 51: Lenkungsrechnung mit Mengenzuweisungen

Die Stückzahlen der in einem Vierproduktbetrieb monatlich hergestellten und abgesetzten Produkte A, B, C und D seien mit X_A, X_B, X_C und X_D bezeichnet. Der Betrieb ist in zwei fast strukturgleiche Leistungsbereiche I und II sowie in eine Qualitätsprüfungsstelle untergliedert. Der Leistungsbereich I stellt die Produkte A und B, der Leistungsbereich II die Produkte C und D her.

Der Deckungsbeitrag D des Gesamtbetriebes hängt von den Stückzahlen X_A, X_B, X_C und X_D in folgender Weise ab:

$$D = 0{,}75 X_A + 1{,}20 X_B + 0{,}70 X_C + 1{,}20 X_D$$

3.2 Optimierungsmodelle

Zur Herstellung von jeweils einem Stück der Produkte A oder C sind 1,5 Fertigungsminuten und 3 Maschinenlaufminuten erforderlich. Zur Herstellung von jeweils einem Stück der Produkte B oder D sind 3 Fertigungsminuten und 3 Maschinenlaufminuten erforderlich. Die Kostenstelle Qualitätsprüfung benötigt für jedes Stück unabhängig von der Produktart eine Prüfungszeit von einer Minute.

Beide Leistungsbereiche verfügen über eine Kapazität von jeweils 24.000 Maschinenlaufminuten. Die Fertigungsstundenkapazitäten der Leistungsbereiche I bzw. II betragen 15.000 bzw. 16.500 Fertigungsminuten. Die Kostenstelle Qualitätsprüfung kann insgesamt 12.000 Minuten prüfen. Von dieser Kapazität weist die Betriebsleitung dem Leistungsbereich I 6.500 und dem Leistungsbereich II 5.500 Minuten zu.

a) Bestimmen Sie das Produktionsprogramm (X_A, X_B) des Leistungsbereiches I, mit dem bei der beschriebenen Ressourcenvorgabe für die Qualitätsprüfung der Deckungsbeitrag für den ersten Leistungsbereich $D_I = 0{,}75 X_A + 1{,}20 X_B$ maximiert wird. Lösen Sie zu diesem Zweck die folgenden Teilaufgaben:

a1) Formulieren Sie die Restriktionen mit den Entscheidungsvariablen X_A und X_B.

a2) Konstruieren Sie den zulässigen Bereich!

a3) Entlang welcher Linien ist D_I konstant?

a4) Für welche Werte X_A und X_B ist D_I maximal?

a5) Welchen Wert nimmt D_I im Maximum an?

b) Entwickeln Sie analog die Optimallösung für den Leistungsbereich II.

c) Welchen Wert nimmt bei der beschriebenen Ressourcenaufteilung $D = D_I + D_{II}$ an? Vergleichen Sie diesen Wert mit dem Gesamtdeckungsbeitrag bei einer Ressourcenaufteilung, bei der jedem Leistungsbereich 6.000 Qualitätsprüfungsminuten zugewiesen werden.

d) Welchen Wert nimmt in der Optimallösung der Teilaufgabe a) der Schattenpreis u_Q der Qualitätsprüfungsbedingung an?

$u_Q = .\,,\,.\,.$ GE / Qualitätsprüfungsminute

Aufgabe 52: Lenkungsrechnung mit einem Verrechnungspreis

Die Stückzahlen der in einem Vierproduktbetrieb monatlich hergestellten und abgesetzten Produkte A, B, C und D seien mit X_A, X_B, X_C und X_D bezeichnet. Der Betrieb ist in zwei fast strukturgleiche Leistungsbereiche I und II sowie in einen Qualitätsprüfungsbereich Q untergliedert. Der Leistungsbereich I stellt die Produkte A und B, der Leistungsbereich II die Produkte C und D her.

Zur Herstellung von jeweils einem Stück der Produkte A oder C sind 1,5 Fertigungsminuten und 3 Maschinenlaufminuten erforderlich. Zur Herstellung von jeweils einem Stück der Produkte B oder D sind 3 Fertigungsminuten und 3 Maschinenlaufminuten erforderlich. Die Kostenstelle Qualitätsprüfung benötigt für jedes Stück unabhängig von der Produktart eine Prüfungszeit von einer Minute.

Beide Leistungsbereiche verfügen über eine Kapazität von jeweils 24.000 Maschinenlaufminuten. Die Fertigungsstundenkapazitäten der Leistungsbereiche I bzw. II betragen 15.000 bzw. 16.500 Fertigungsminuten. Der Bereich Qualitätsprüfung kann insgesamt 12.000 Minuten prüfen.

Die Kosten in den Bereichen hängen linear von den Ausbringungsmengen ab:

$$K_I = 0{,}75 X_A + 1{,}20 X_B + 3.200$$

$$K_{II} = 0{,}80 X_C + 1{,}20 X_D + 3.500$$

$$K_Q = 0{,}10 (X_A + X_B + X_C + X_D) + 1.800$$

Die Preise

$$p_A = p_C = 1{,}60 \text{ GE/Stück sowie}$$

$$p_B = p_D = 2{,}50 \text{ GE/Stück}$$

sollen nicht von den abgesetzten Mengen abhängen. Der Leistungsbereich II werde nur durch Vorgabe der Zielsetzung und des Preises p_Q für die Qualitätsprüfungsminute gesteuert. Der Leistungsbereich II soll bei Einhaltung aller Kapazitätsbedingungen sein Bereichsergebnis

$$G_{II} = (0{,}80 - p_Q) X_C + (1{,}30 - p_Q) X_D - 3.500$$

maximieren.

a) Bestimmen Sie unter den genannten Prämissen die optimalen Werte für X_C und X_D bei $p_Q = 0{,}40$ GE/Qualitätsprüfungsminute. Wenden Sie dabei die graphische Lösungsmethode der linearen Optimierung an!

b) Nach Festlegung des Produktionsprogramms des Leistungsbereiches II soll mit der verbliebenen Kapazität der Qualitätsprüfungsstelle das zusammengefaßte Bereichsergebnis $G_I + G_Q$ durch Wahl von X_A und X_B maximiert werden.

c) Ermitteln Sie das Gesamtbetriebsergebnis des Vierproduktbetriebs!

3.2 Optimierungsmodelle

d) Bei Anwendung der Vollkostenrechnung läßt sich mit der Divisionskalkulation ein innerbetrieblicher Verrechnungspreis für die Qualitätsprüfungsminute bestimmen. Es soll dabei von der Vollauslastung des Qualitätsprüfungsbereiches ausgegangen werden. Wählen Sie nun diesen Vollkostenpreis als Preis p_Q. Diskutieren Sie die Lenkungswirkungen.

e) Erläutern Sie an dem Beispiel dieser Aufgabe den Begriff „pretiale Lenkung" nach Schmalenbach.

3.3 Mehrstufige Fixkostendeckungsrechnung

Bei der bisherigen Betrachtung der Teilkostenrechnung wurden die Fixkosten wie ein homogener Block behandelt. Die Unterscheidung in Einzel- und Gemeinkosten hinsichtlich bestimmter Bezugsgrößen (vgl. Abschnitt 1.3.1) zeigt bereits, daß dieser Fixkostenblock keine homogene Masse darstellt. Das Gehalt eines technischen Leiters, der die Produktgruppe A mit den Produktarten A1, A2 und A3 betreut, gehört bezüglich der Produktart A1 zu den Gemeinkosten, bezüglich der Produktgruppe A zu den Einzelkosten. Im Fallbeispiel bilden wir die Hierarchiestufen Betrieb, Leistungsbereich, Produktgruppe und Produktart.

Fixe Kosten, die hinsichtlich der Bezugsgröße Leistungsbereich Gemeinkosten sind, werden *Betriebsfixkosten* genannt. Zu den Betriebsfixkosten gehören beispielsweise die Kosten für den Betriebsschutz. Wir betrachten nun den Fixkostenblock nach Aussonderung der Betriebsfixkosten. Unter diesen verbleibenden Kosten kann es solche geben, die bezüglich der Leistungsbereiche Einzelkosten, bezüglich der Produktgruppen aber Gemeinkosten darstellen. Diese Kosten werden *Fixkosten der Leistungsbereiche* genannt. Beispielsweise gehört zu den Fixkosten der Leistungsbereiche das Gehalt eines Bereichsleiters, der für mehrere Produktgruppen verantwortlich ist.

Bei dem verbleibenden Rest der Fixkosten wird unterschieden, ob es sich um Gemeinkosten oder Einzelkosten der Produktarten handelt. Zu den Gemeinkosten der Produktarten gehören beispielsweise kalkulatorische Abschreibungen aufgrund des Zeitverschleißes von Maschinen, die für mehrere Produktarten einer Produktgruppe genutzt werden. Diese Kosten, die bezüglich der Produktgruppe Einzelkosten, bezüglich der Produktarten aber Gemeinkosten sind, werden *Fixkosten der Produktgruppen* genannt. Als Rest der Fixkosten verbleiben dann die *Fixkosten der Produktarten*, die zugleich Einzelkosten der Produktarten darstellen, z. B. Zeitabschreibungen für produktartenspezifische Maschinen.

Die beschriebene Vorgehensweise entspricht also dem Prinzip, die Fixkosten soweit unten in der Hierarchie wie möglich zu erfassen und zu verrechnen. Wegen der Erfassung der Fixkosten auf verschiedenen Hierarchiestufen spricht man von der mehrstufigen Fixkostendeckungsrechnung. In folgendem Fallbeispiel soll diskutiert werden, welche Entscheidungen das Ergebnis der mehrstufigen Fixkostendeckungsrechnung auslösen kann.

Fallbeispiel

In einem Industriebetrieb hat die mehrstufige Fixkostendeckungsrechnung zu folgendem Ergebnis geführt:

Leistungsbereiche	I			II			
Produktgruppen	A			B		C	
Produktarten	A1	A2	A3	B1	B2	C1	C2
Nettoerlöse	1.000	1.600	1.400	300	420	1.600	1.600
- Variable Kosten der Produktarten	1.000	700	800	200	200	800	1.300
= Deckungsbeiträge I der Produktarten	0	900	600	100	220	800	300
- Fixkosten der Produktarten	100	100	200	200	100	500	350
= Deckungsbeiträge II der Produktarten	-100	800	400	-100	120	300	-50
		1.100		20		250	
- Fixkosten der Produktgruppen	300			150		150	
= Deckungsbeiträge der Produktgruppen	800			-130		100	
				-30			
- Fixkosten der Leistungsbereiche	0			40			
= Deckungsbeiträge der Leistungsbereiche	800			-70			
	730						
- Betriebsfixkosten	500						
= Betriebsergebnis	<u>230</u>						

Zunächst legt der negative Deckungsbeitrag II für Produktart A1 nahe, die Produktion dieser Produktart einzustellen. Sind die Fixkosten der Produktart A1 kurzfristig abbaubar und entstehen durch die Produktionseinstellung von A1 keine neuen Kosten, würde sich das Betriebsergebnis bei Nichtproduktion von A1 um 100 Geldeinheiten erhöhen. Ähnliche Überlegungen gelten für die Produktart C2.

3.3 Fixkostendeckungsrechnung   169

Weiterhin könnte sich die Betriebsleitung veranlaßt sehen, die gesamte Produktgruppe B aus dem Produktionsprogramm herauszunehmen. Dadurch würde der negative Deckungsbeitrag von -130 Geldeinheiten verschwinden. Bei Elimination von A1, C2 und B (B1 und B2) erhöht sich das Betriebsergebnis auf 510 Geldeinheiten. Bei der Diskussion der Ergebnisse der mehrstufigen Fixkostendeckungsrechnung dürfen folgende Probleme nicht übersehen werden:

1. Fallen die fixen Kosten wirklich kurzfristig weg? Es entstehen evtl. Kosten für den Verkauf von Maschinen, für Lagerung oder Wartung, Aufwendungen für Sozialpläne etc.
2. Wird z. B. von Kunden die Produktart A2 in Verbindung mit der Produktgruppe B gekauft (Nachfrageverbund), können sich Umsatzrückgänge bei der Produktart A2 ergeben, wenn der Betrieb die Produktion der Produktgruppe B einstellt.

Aufgabe 53: Mehrstufige Fixkostendeckungsrechnung

In einem Industriebetrieb hat die mehrstufige Fixkostendeckungsrechnung zu folgenden Ergebnissen geführt (Fälle a und b). Fall a:

Betriebsbereich							
Leistungsbereiche	I			II			
Produktgruppen	A			B		C	
Produktarten	A1	A2	A3	B1	B2	C1	C2
Nettoerlöse	1.000	1.200	1.400	300	500	1.600	1.600
Variable Kosten der Produktarten	600	700	800	200	200	800	1.300
Deckungsbeiträge I der Produktarten	400	500	600	100	300	800	300
Fixkosten der Produktarten	100	100	200	200	100	400	350
Deckungsbeiträge II der Produktarten	300	400	400	-100	200	400	-50
		1.100			100		350
Fixkosten der Produktgruppen		300			150		150
Deckungsbeiträge der Produktgruppen		800			-50		200
						150	
Fixkosten der Leistungsbereiche		0				40	
Deckungsbeiträge der Leistungsbereiche		800				110	
				910			
Betriebsfixkosten				500			
Betriebsergebnis				<u>410</u>			

Fall b:

Betriebsbereich							
Leistungsbereiche	I			II			
Produktgruppen	A			B		C	
Produktarten	A1	A2	A3	B1	B2	C1	C2
Nettoerlöse	1.000	1.200	1.400	300	420	1.600	1.600
Variable Kosten der Produktarten	600	700	800	200	200	800	1.300
Deckungsbeiträge I der Produktarten	400	500	600	100	220	800	300
Fixkosten der Produktarten	100	100	200	200	100	400	350
Deckungsbeiträge II der Produktarten	300	400	400	-100	120	400	-50
		1.100		20		350	
Fixkosten der Produktgruppen		300		150		150	
Deckungsbeiträge der Produktgruppen		800		-130	70	200	
Fixkosten der Leistungsbereiche		0			40		
Deckungsbeiträge der Leistungsbereiche		800			30		
				830			
Betriebsfixkosten				500			
Betriebsergebnis				<u>330</u>			

Diskutieren Sie mögliche Entscheidungen zum Produktionsprogramm für die Fälle a) und b)! Als Problem sollten Sie dabei die Fristigkeit der Entscheidungen und einen möglichen Nachfrageverbund der Produkte ansprechen.

4 Abweichungsanalyse im Rahmen der Plankostenrechnung

Nach Abschnitt 1.1.1 ist die Kontrollaufgabe die Hauptaufgabe der Kosten- und Leistungsrechnung. Die geplanten und die tatsächlich entstandenen Kosten werden miteinander verglichen. Aus der Analyse der Abweichungen sollen sich Ansatzpunkte zur Verbesserung der Zielerreichung des Betriebes ergeben.

4.1 Unterschied zwischen starrer und flexibler Plankostenrechnung

Im Kapitel 1.3 wurden verschiedene Kosteneinflußgrößen genannt und nur die Hauptkosteneinflußgröße Beschäftigung näher analysiert, die im Falle einer Einproduktunternehmung durch die Ausbringungsmenge gemessen werden kann. Im allgemeinen sind bei der Kostenplanung die künftigen Werte für die Kosteneinflußgrößen nicht bekannt. Trotz möglicher verschiedener Werte für die Kosteneinflußgrößen wird bei der starren Plankostenrechnung nur mit einwertig geplanten Kosteneinflußgrößen gearbeitet. Beispielsweise ermittelt man bei der *starren Plankostenrechnung* die Plandaten nur für einen einzigen Beschäftigungsgrad. Weicht dann der tatsächliche Beschäftigungsgrad von diesem geplanten Beschäftigungsgrad ab, gibt es Probleme bei der Interpretation der Abweichung zwischen Plan- und Istkosten. Die starre Plankostenrechnung kann allerdings in Betrieben ohne Beschäftigungsschwankungen oder mit sehr geringen Beschäftigungsschwankungen sinnvoll eingesetzt werden.

Diesen Nachteil nur eines planbaren Beschäftigungsgrades vermeidet die *flexible Plankostenrechnung*. Im Prinzip müßte sie für alle möglichen Kombinationen der nicht mit Sicherheit planbaren Kosteneinflußgrößen die Plankosten bestimmen. Eine derart vollflexible Plankostenrechnung ist möglich, sofern eine Funktion gebildet werden kann, die die geplanten Kosten in Relation zu Kosteneinflußgrößen quantifizierbar macht.[1] Im folgenden wird nur die Flexibilität im Hinblick auf die Kosteneinflußgröße Beschäftigung vorausgesetzt. Die flexible Plankostenrechnung vergleicht nur die Istkosten und die Plankosten bei gleicher Beschäftigung. Die geplanten Kosten bei Istbeschäftigung nennt man *Sollkosten*.

---

[1] A. G. Coenenberg, T. M. Fischer u. T. Günther, Kostenrechnung und Kostenanalyse, 7. Aufl., Stuttgart 2009, S. 236f.

4.2 Abweichungsanalyse im Rahmen der flexiblen Plankostenrechnung

Die flexible Plankostenrechnung gestattet im Vergleich zur starren Plankostenrechnung eine Zerlegung der ermittelten Gesamtabweichung zwischen Ist- und Plankosten (Istkosten = Istmenge · Istpreis und Plankosten = Planmenge · Planpreis) bei einer identischen Beschäftigung in eine rein preisbedingte, eine rein verbrauchsbedingte und in eine gemischte Abweichung.

Für die Gesamtabweichung gilt: Istmenge · Istpreis − Planmenge · Planpreis

Diese läßt sich zerlegen in eine:
- reine preisbedingte Abweichung: Planmenge · (Istpreis − Planpreis),
- reine verbrauchsbedingte Abweichung: (Istmenge − Planmenge) · Planpreis,
- gemischte Abweichung: (Istmenge − Planmenge) · (Istpreis - Planpreis).

Nach dem Vorbild von Horngren/Foster[2] sei folgende Fallgestaltung zur Plankostenrechnung formuliert:

Fallgestaltung zur Plankostenrechnung:

Ein Aschenbecher produzierender Betrieb hatte Ende März 2004 erwartet, im Monat April 2004 zwischen 10.000 und 12.000 Aschenbecher absetzen zu können und hatte einen bezüglich der Absatzmenge flexiblen Produktions- und Absatzplan aufgestellt. Aus der folgenden Tabelle gehen die Plandaten und die Ende April 2004 festgestellten Istdaten hervor:

---

[2] *C. T. Horngren, G. Foster u. S. M. Datar,* Kostenrechnung. Entscheidungsorientierte Perspektive. 9. Aufl., München 2001, S. 201-230.

4 Plankostenrechnung

Mengen oder Werte (Dimensionen)	Alternative Planzahlen		Istzahlen
Absatzmenge (Stück)	10.000	12.000	10.000
Erlöse (GE)	700.000	840.000	720.000
Materialverbrauch (kg)	40.000	48.000	50.000
Materialkosten (GE)	200.000	240.000	270.000
Fertigungsstunden (h)	10.000	12.000	11.000
Fertigungslöhne (GE)	160.000	192.000	171.600
Sonstige variable Herstellkosten (GE)	30.000	36.000	32.000
Variable Vertriebs- und Verwaltungsgemeinkosten (GE)	70.000	84.000	73.000
Fixe Kosten (GE)	176.000	176.000	172.000

Analysieren Sie die Abweichungen! Da alternative Absatzmengen geplant wurden und eine der beiden alternativen Planbeschäftigungen mit der Istbeschäftigung übereinstimmt, ist die Anwendung der flexiblen Plankostenrechnung problemlos möglich. In der folgenden Lösung soll die Abweichungsanalyse an den Beispielen Materialkosten und Fertigungslöhne gezeigt werden. Allgemein gilt dabei, daß man die Kosten faktoriell in Mengen- und Preiskomponenten zerlegt:

Symbole: m_{Ist} = Istmenge, m_{Plan} = Planmenge, p_{Ist} = Istpreis, p_{Plan} = Planpreis

Es gilt dann:

$$
\begin{aligned}
& m_{Ist} \cdot p_{Ist} - m_{Plan} \cdot p_{Plan} && = \text{Gesamtabweichung} \\
& = m_{Plan}(p_{Ist} - p_{Plan}) && \text{Reine preisbedingte Abweichung} \\
& + (m_{Ist} - m_{Plan}) p_{Plan} && \text{Reine verbrauchsbedingte Abweichung} \\
& + (m_{Ist} - m_{Plan})(p_{Ist} - p_{Plan}) && \text{Gemischte Abweichung}
\end{aligned}
$$

1. Abweichungsanalyse am Beispiel der Materialkosten:

Die Materialkosten werden wie in Abschnitt 2.1.1 zerlegt in:
Materialkosten (GE) = Verbrauchte Menge (ME) · Kostenwert (GE/ME)

Tatsächliche Materialkosten	=	Istmenge	·	Istpreis		
	=	50.000	·	5,40	=	270.000 GE
Geplante Materialkosten	=	Planmenge	·	Planpreis		
	=	40.000	·	5,00	=	200.000 GE
Gesamtabweichung der Materialkosten zwischen Ist und Plan					=	70.000 GE

Ist- und Planpreise erhält man mittels Division der tatsächlichen bzw. geplanten Materialkosten und der Ist- bzw. Planmengen. Der Vergleich zwischen den tatsächlichen und den geplanten Materialkosten ergibt, daß die tatsächlichen Kosten um 70.000 GE zu hoch ausgefallen sind. Wie ist diese Gesamtabweichung zu erklären? Wer ist für die Abweichung verantwortlich? Um Antworten auf diese Fragen zu finden, wird die Gesamtabweichung der Materialkosten in Teilabweichungen aufgespalten:

Reine preisbedingte Abweichung	=	40.000 ·	0,40 =	16.000 GE
+ Reine verbrauchsbedingte Abweichung	=	10.000 ·	5,00 =	50.000 GE
+ Gemischte Abweichung	=	10.000 ·	0,40 =	4.000 GE
= Gesamtabweichung			=	70.000 GE

Die Teilabweichungen können Signale für die Verantwortlichkeiten sein. Verantwortlich für preisbedingte Abweichungen sind eher externe Markteinflüsse oder die Einkäufer. Die Verantwortlichen für verbrauchsbedingte Abweichungen sind in den Fertigungsabteilungen zu suchen, wenn nicht Planungsfehler der Ingenieure vorliegen.

Übersicht 4.1 – Abweichungsanalyse im Bereich der Materialkosten: Fläche (a) = reine preisbedingte Abweichung, Fläche (b) = reine verbrauchsbedingte Abweichung, Fläche (c) = gemischte Abweichung

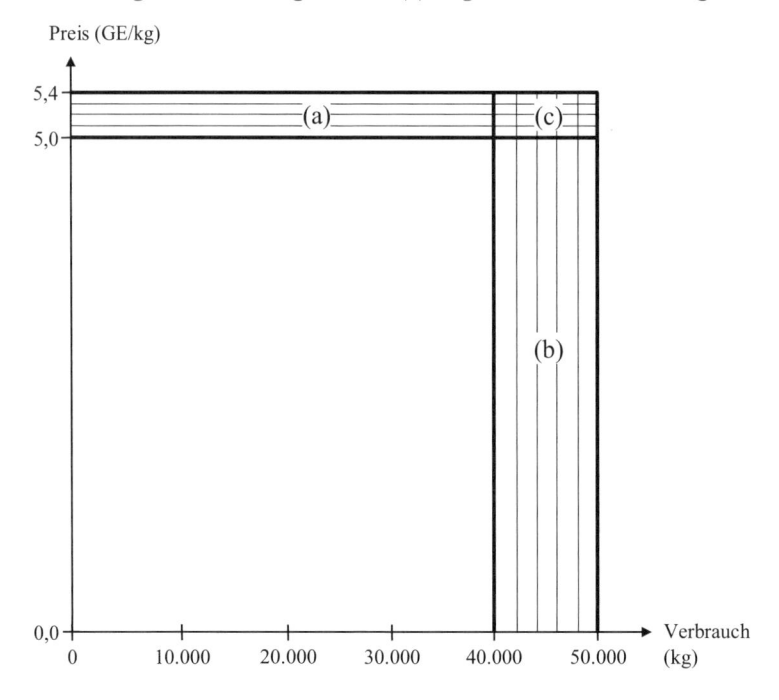

2. Abweichungsanalyse am Beispiel der Fertigungslöhne:

p_{Ist} = 171.600 GE / 11.000 h = 15,60 GE/h
p_{Plan} = 160.000 GE / 10.000 h = 16,00 GE/h
m_{Ist} = 11.000 h
m_{Plan} = 10.000 h

Reine preisbedingte Abweichung	= 10.000 (15,6 − 16)	= −4.000 GE
+ Reine verbrauchsbedingte Abweichung	= (11.000 − 10.000) 16	= 16.000 GE
+ Gemischte Abweichung	= (11.000 − 10.000)(15,6 − 16) =	−400 GE
= Gesamtabweichung	= 171.600 − 160.000	= 11.600 GE

Aufgabe 54: Plankostenrechnung

Aus dem internen Rechnungswesen eines Industriebetriebes ergeben sich folgende Daten:

Mengen oder Werte (Dimensionen)	Alternative Planzahlen		Istzahlen
Produktionsmenge (Stück)	10.000	12.000	10.000
Fertigungsstunden (h)	20.000	24.000	19.000
Fertigungslöhne (GE)	320.000	384.000	323.000

Ermitteln Sie die reinen preisbedingten und verbrauchsbedingten Abweichungen und die gemischte Abweichung der Fertigungslöhne!

Reine preisbedingte Abweichung   = ... GE

Reine verbrauchsbedingte Abweichung   = ... GE

Gemischte Abweichung   = ... GE

5 Lösungshinweise zu den Aufgaben

Aufgabe 1: Abgrenzung von Auszahlung, Ausgabe, Aufwand, Einzahlung, Einnahme und Ertrag

a) Beispiel zur Lösung der Teilaufgabe a4:

Buchung zum Geschäftsvorfall:

   per Zahlungsmittel   an   Warenforderungen   4.000 GE.

Da sich der Zahlungsmittelbestand erhöht, handelt es sich um eine Einzahlung. Das Nettogeldvermögen bleibt durch den Geschäftsvorfall unverändert, da die Steigerung des Zahlungsmittelbestandes durch die Senkung des Forderungsbestandes ausgeglichen wird. Daher liegen weder Einnahmen noch Ausgaben vor. Da sich weder das Nettogeldvermögen noch das Sachvermögen ändern, bleibt das Reinvermögen konstant. Es liegen also weder Erträge noch Aufwendungen vor.

a1) Aufwand von 9.000 GE.
a2) Ausgabe von 3.000 GE.
a3) Auszahlung, Ausgabe, Aufwand von 1.000 GE.
a4) Einzahlung von 4.000 GE.
a5) Einzahlung, Einnahme von 2.000 GE.
a6) Auszahlung von 6.000 GE.

b) b1) Einzahlung, Einnahme von 50.000 GE und (a.o.) Aufwand von 10.000 GE.
   (Buchungssatz: Zahlungsmittel an Maschine 50.000 GE
                    a.o. Aufwand an Maschine 10.000 GE)

   b2) Einnahme von 75.000 GE; (a.o.) Ertrag von 15.000 GE.

c) Auszahlung, Ausgabe von 25.000 GE; (a.o.) Ertrag von 15.000 GE.

d1) Auszahlung von 2.000 GE; Ausgabe = 0; Aufwand = 0.

Durch Überweisung vom KKK sinkt nicht nur der Zahlungsmittelbestand in Form des Guthabens um 2.000 GE (Auszahlung 2.000 GE), sondern es wird zugleich eine Verbindlichkeit (Fremdkapital) über 4.000 GE aufgebaut. Parallel dazu steigt durch die Auszahlung beim Lieferanten der Forderungsbestand des Kaufmanns um 6.000 GE. Der Zahlungsmittelbestand sinkt um 2.000 GE. Das Nettogeldvermögen ändert sich nicht, da sich die Änderungen bei den Zahlungsmitteln, den Forderungen und dem Fremdkapital zu Null saldieren.

d2) Auszahlung von 2.000 GE; Ausgabe = 0; Aufwand = 0.

e) Einzahlung = 0; Einnahme = 0; Ertrag = 0.

Aufgabe 2: Abgrenzung von Ertrag und Leistung

Die Zuordnung der Beispiele erfolgt nach den in der Abbildung eingeteilten Bereichen 1 bis 6:

1 - betriebsfremder Ertrag
2 - außerordentlicher Ertrag
3 - periodenfremder Ertrag
4 - 6 Zusatzleistungen (vgl. Übersicht 1.4).

a) 2, Beispiel: Milchpfennig
b) 1
c) 2
d) 2
e) 4, Beispiel: selbsterstellte und selbstgenutzte Software
f) 4
g) Zweckertrag = Grundleistung

Aufgabe 3: Kalkulatorische Abschreibungen

Die kalkulatorischen Abschreibungen sollen sich bei einer angenommenen Nutzungsdauer von 5 Jahren aus den Tagesbeschaffungswerten ergeben. Da eine gleichmäßige Entwertung unterstellt wird, beträgt die kalkulatorische Abschreibung für die jeweilige Periode 1/5 des Tagesbeschaffungswertes am Ende der Periode. Für das Jahr 2005 betragen beispielsweise die kalkulatorischen Abschreibungen 42.000 / 5 = 8.400 GE.

Zur Ermittlung der bilanziellen Abschreibungen ist der Anschaffungswert zu bestimmen, der nach § 255 I HGB die „Aufwendungen" umfaßt, „die geleistet werden, um einen Vermögensgegenstand zu erwerben und ihn in einen betriebsbereiten Zustand zu versetzen, soweit sie dem Vermögensgegenstand einzeln zugeordnet werden können". Nach Übersicht 1.3 hätte der Gesetzgeber besser den Begriff „Aufwendungen" durch „Ausgaben" ersetzt. Die sogenannten Anschaffungsneben„kosten" umfassen beispielsweise Ausgaben für Transport und Montage. Der Anschaffungswert beträgt somit in der Aufgabe 40.000 GE. Bei der linearen Abschreibung erfolgt eine gleichmäßige Verteilung des Anschaffungswertes auf die Jahre der Abschreibung. Da die Abschreibungsdauer nach AfA-Tabelle[1] mit 4 Jahren angesetzt wird, ergeben sich jährliche bilanzielle Abschreibungen in Höhe von 10.000 GE.

Die Grundkosten (Übersicht 1.4) sind gleich dem Minimum aus den kalkulatorischen und bilanziellen Abschreibungen. Die Zusatzkosten sind die Differenz aus den kalkulatorischen Abschreibungen und den Grundkosten. Der Neutrale Aufwand ist die Differenz aus den bilanziellen Abschreibungen und den Grundkosten.

Jahr	Kalkulatorische Abschreibungen (1)	Bilanzielle Abschreibungen (2)	Grundkosten (3) min[(1),(2)]	Zusatz- kosten (1) - (3)	Neutraler Aufwand (2) - (3)
2005	8.400	10.000	8.400	0	1.600
2006	8.800	10.000	8.800	0	1.200
2007	10.000	10.000	10.000	0	0
2008	10.400	10.000	10.000	400	0
2009	10.800	0	0	10.800	0
∑	48.400	40.000	37.200	11.200	2.800

Die Differenz aus der Summe der kalkulatorischen und der bilanziellen Abschreibungen in Höhe von 8.400 GE ist in der Differenz aus Zusatzkosten und Neutralem Aufwand wiederzufinden.

Aufgabe 4: Kalkulatorische Abschreibungen

a) Die kalkulatorischen Abschreibungen sollen sich aus den Tagesbeschaffungswerten errechnen. Diese unterliegen einer Preissteigerungsrate von 8%. Die Nutzungsdauer von 5 Jahren wird angenommen. Da sich die kalkulatorischen Abschreibungen der Perioden aus den Tagesbeschaffungswerten am Ende der Periode ergeben, sind die kalkulatorischen Abschreibungen einer Periode um den Faktor 1,08 höher als die der Vorperiode. Ist A der Anschaffungswert, ergibt sich als kalkulatorische Abschreibung der k-ten Periode (k = 1, 2, 3, 4, 5) der Wert $1/5 \cdot A \cdot 1{,}08^k$.

Für die bilanziellen Abschreibungen ist der Anschaffungswert von 100.000 GE aufgrund der angenommenen linearen Abschreibung auf die Jahre der Abschreibung gleichmäßig zu verteilen. Wegen der Abschreibungsdauer von 4 Jahren ergeben sich somit bilanzielle Abschreibungen in Höhe von 100.000 / 4 = 25.000 GE.

---

[1] AfA = Absetzung für Abnutzung; AfA-Tabellen werden vom Bundesfinanzministerium herausgegeben. Ihre Bedeutung auch für handelsbilanzielle Abschreibungen hängt mit dem Maßgeblichkeitsprinzip zusammen.

Jahr	Kalkulatorische Abschreibungen[a] (1)	Bilanzielle Abschreibungen (2)	Grundkosten (3) min[(1),(2)]	Zusatz- kosten (1) - (3)	Neutraler Aufwand (2) - (3)
2005	21.600	25.000	21.600	0	3.400
2006	23.328	25.000	23.328	0	1.672
2007	25.194	25.000	25.000	194	0
2008	27.210	25.000	25.000	2.210	0
2009	29.387	0	0	29.387	0
Σ	126.719	100.000	94.928	31.791	5.072

[a] Die kalkulatorischen Abschreibungen sind auf volle Beträge (GE) gerundet.

b) Werden die jeweiligen kalkulatorischen Abschreibungsbeträge bis zum Ende der Nutzungsdauer aufgezinst mit der Preissteigerungsrate von 8% und aufsummiert, so ergibt sich der Wiederbeschaffungswert zur Jahreswende 2009/10. Die folgende Übersicht veranschaulicht die Zusammenhänge:

Jahr	Kalk. Abschr. Aufzinsfaktor	Produkt
2005	$20.000 \cdot 1,08 \cdot 1,08^4$	$20.000 \cdot 1,08^5$
2006	$20.000 \cdot 1,08^2 \cdot 1,08^3$	$20.000 \cdot 1,08^5$
2007	$20.000 \cdot 1,08^3 \cdot 1,08^2$	$20.000 \cdot 1,08^5$
2008	$20.000 \cdot 1,08^4 \cdot 1,08$	$20.000 \cdot 1,08^5$
2009	$20.000 \cdot 1,08^5$	$20.000 \cdot 1,08^5$
	Summe:	$100.000 \cdot 1,08^5$
	=	<u>146.932,81 GE</u>

Werden die Preise von Produkten auf Basis ihrer Kosten kalkuliert, so beeinflußt der Ansatz kalkulatorischer Abschreibungen die Kostenhöhe und damit auch die Preise der Produkte. In den Verkaufserlösen (Menge · Preis) der Produkte sind dann die kalkulatorischen Abschreibungen als Gegenwerte enthalten. Da die Erlöse kontinuierlich während der Abschreibungsdauer dem Betrieb zufließen, müssen die zwischenzeitlich zugeflossenen Abschreibungsgegenwerte noch bis zum Ende der Abschreibungsdauer verzinslich (Zinssatz = Preissteigerungsrate) angelegt werden, damit die aufgezinsten Abschreibungsgegenwerte gerade für eine Wiederbeschaffung der neuen Anlage ausreichen (*reproduktive Substanzerhaltung*).

Aufgabe 5: Kalkulatorische Abschreibungen und kalkulatorische Zinsen bei konstanter Preissteigerungsrate

Für die Folgejahre 2007 bis 2009 gilt:

kalk. Restwert der Maschine am 1.1.07:	$69.984 = 60.000 \cdot 1{,}08^2$
kalk. Abschreibungen für 2007:	$25.194 = 20.000 \cdot 1{,}08^3$
kalk. Zinsen für 2007:	$1.400 = 69.984 \cdot 0{,}02$
Kapitaldienst für 2007:	$\underline{26.594} = 25.194 + 1.400$
kalk. Restwert der Maschine am 1.1.08:	$50.388 = 40.000 \cdot 1{,}08^3$
kalk. Abschreibungen für 2008:	$27.210 = 20.000 \cdot 1{,}08^4$
kalk. Zinsen für 2008:	$1.008 = 50.388 \cdot 0{,}02$
Kapitaldienst für 2008:	$\underline{28.218} = 27.210 + 1.008$
kalk. Restwert der Maschine am 1.1.09:	$27.210 = 20.000 \cdot 1{,}08^4$
kalk. Abschreibungen für 2009:	$29.387 = 20.000 \cdot 1{,}08^5$
kalk. Zinsen für 2009:	$544 = 27.210 \cdot 0{,}02$
Kapitaldienst für 2009:	$\underline{29.931} = 29.387 + 544$

Der Kapitaldienst wird nach einem Opportunitätskalkül ermittelt: Die Wertansätze für die Kosten der gewählten Alternativen (hier: Investition in einen abnutzbaren Anlagegegenstand) werden bestimmt durch den Nutzenentgang der nicht gewählten Alternative (hier: Investition am Geld- oder Kapitalmarkt).

Wir wissen zwar nicht, welches die beim Opportunitätsprinzip geforderte nächstbeste Alternative ist. In Unkenntnis dieser zweitbesten Alternative setzen wir die Kapitalmarktdaten an (hier erfaßt über den risikoangepaßten Zinssatz). Die Anlage am Kapitalmarkt soll im Risiko vergleichbar zur betrachteten Maschineninvestition sein. Wie man das Risiko mißt und wie ein risikoangepaßter Zinssatz zu bestimmen ist, wird in der Kapitalmarkttheorie behandelt und ist nicht Gegenstand dieses einführenden Studienbuchs.

Der Unternehmer hätte die Möglichkeit, die 100.000 GE Anschaffungswert der Maschine am Kapitalmarkt zu 10% anzulegen. Die jeweils am Kapitalmarkt angelegten Kapitaldienstgegenwerte müssen zum gleichen Ergebnis führen.

$$23.600 \cdot 1{,}1^4 + 25.056 \cdot 1{,}1^3 + 26.594 \cdot 1{,}1^2 + 28.218 \cdot 1{,}1 + 29.931$$
$$= 100.000 \cdot 1{,}1^5$$

Dieses Ergebnis gilt allgemein, ist also nicht abhängig von dem speziellen Zahlenbeispiel. Sei n die Nutzungsdauer (im Beispiel n = 5) und R_n der Restwert am Ende der Nutzungsdauer (im Beispiel $R_5 = 0$). R_0 sei gleich dem Anschaffungswert (im Beispiel $R_0 = 100.000$) und seien $R_1, R_2, ..., R_{n-1}$ die kalkulatorischen Restwerte am Ende des 1., 2.,..., n-1-ten Jahres (im Beispiel 86.400, 69.384, ..., 29.387). Dann gilt mit dem Marktzinsssatz i (im Beispiel 10%): Der Kapitaldienst für das Jahr zwischen den Zeitpunkten t und t+1 beträgt $R_t - R_{t+1} + i \cdot R_t$, und die verzinslich angelegten Kapitaldienste erfüllen folgende Gleichung:

$$\sum_{t=0}^{n-1}(R_t - R_{t+1} + i \cdot R_t) \cdot (1+i)^{n-t-1} + R_n = R_0 \cdot (1+i)^n \qquad (*)$$

Beweis durch vollständige Induktion:

I. Die Behauptung ist für n = 1 richtig:

$$(R_0 - R_1 + i \cdot R_0) \cdot (1+i)^0 + R_1 = R_0 \cdot (1+i)$$

II. Schluß von n = k auf n = k+1:

Induktionsannahme:

$$\sum_{t=0}^{k-1}(R_t - R_{t+1} + i \cdot R_t) \cdot (1+i)^{k-t-1} + R_k = R_0 \cdot (1+i)^k$$

Aus dieser Annahme folgt die Gültigkeit von Gleichung (*) für n = k+1:

$$\sum_{t=0}^{k}(R_t - R_{t+1} + i \cdot R_t) \cdot (1+i)^{k-t} + R_{k+1}$$

$$= \left[\sum_{t=0}^{k-1}(R_t - R_{t+1} + i \cdot R_t) \cdot (1+i)^{k-t-1}\right] \cdot (1+i) + (R_k - R_{k+1} + i \cdot R_k) + R_{k+1}$$

$$= [R_0 \cdot (1+i)^k - R_k] \cdot (1+i) + R_k(1+i) - R_{k+1} + R_{k+1}$$

$$= R_0 \cdot (1+i)^{k+1} \qquad \text{q.e.d.}$$

Bei diesem Beweis haben wir nicht davon Gebrauch gemacht, daß wie in Aufgabe 5 linear abgeschrieben wird. In der Tat gilt Gleichung (*) für beliebige Abschreibungsverläufe.

Wir haben die Kapitaldienste nach dem Opportunitätskalkül entwickelt entsprechend der Alternative: Anlage der Mittel am Kapitalmarkt zum Marktzinssatz i. Dieser Ansatz wird problematisch, wenn durch Staatseingriffe der Zinssatz i nicht mehr die tatsächlichen Knappheitsverhältnisse am Kapitalmarkt wiedergibt. Da der Staat an der Inflation dann gewinnt, wenn i zu niedrig festgelegt wird, beobachtet man in Inflationszeiten, daß die festgelegten Zinssätze i nicht genügend für die Kaufkraftverluste entschädigen. Unsere Überlegungen zum Kapitaldienst sind immer dann relevant, wenn sich der Zinssatz i an freien Kapitalmärkten bildet.

Eine andere Frage ist die, wieviel der Betrieb an seine Kapitalgeber ausschütten kann, um am Ende der Nutzungszeit eine gleichwertige, nun teurere Maschine beschaffen zu können, ohne neues Kapital aufzunehmen (*reproduktive Substanzerhaltung*). Werden im Beispiel die Kapitaldienstgegenwerte (als Teil der Umsatzerlöse) verdient, kann der Betrieb am Ende des 1. Nutzungsjahres 2.000 GE, am Ende des 2. Nutzungsjahres 2.000 · 1,08 ... und am Ende des 5. Nutzungsjahres 2.000 · $1,08^4$ GE ausschütten, ohne die reproduktive Substanzerhaltung zu gefährden. Die Differenzen aus Kapitaldienstgegenwerten und Ausschüttungen betragen dann am Ende des

1. Nutzungsjahres	2. Nutzungsjahres	3. Nutzungsjahres	4. Nutzungsjahres	5. Nutzungsjahres
23.600	25.056	26.594	28.218	29.931
− 2.000	− 2.160	− 2.334	− 2.520	− 2.720
21.600 GE	22.896 GE	24.260 GE	25.698 GE	27.211 GE.

Es gilt nun bei Anlage dieser Mittel zum Zinssatz von 10%:

$$21.600 \cdot 1{,}1^4 + 22.896 \cdot 1{,}1^3 + 24.260 \cdot 1{,}1^2 + 25.698 \cdot 1{,}1 + 27.211$$
$$= 100.000 \cdot 1{,}08^5 = 146.933$$

Die verzinslich angelegten einbehaltenen Anteile der Kapitaldienstgegenwerte reichen somit gerade aus, um eine neue Maschine am Ende der Nutzungszeit der alten Maschine zu erwerben. Dieser Zusammenhang gilt allgemein. Sei p die konstante Preissteigerungsrate (im Beispiel p = 0,08 = 8%), dann gilt:

$$\sum_{t=0}^{n-1}\left[R_t - R_{t+1} + i \cdot R_t - R_0(i-p) \cdot (1+p)^t\right] \cdot (1+i)^{n-t-1} + R_n = R_0 \cdot (1+p)^n$$
$$= R_0 \cdot (1+p)^n \qquad (**)$$

Ein Beweis der Gleichung (**) ist wiederum durch vollständige Induktion möglich.

Nennen wir die Differenz i − p Realzinssatz[2], kann am Ende des 1. Nutzungsjahres die Realverzinsung des Anschaffungsbetrages ausgeschüttet werden. In den folgenden Jahren wächst diese Ausschüttungsmöglichkeit mit der Preissteigerungsrate.

---

[2] Der Realzinssatz beträgt nach der üblichen Definition (i − p) / (1 + p). Es kann also am Ende des 1. Nutzungsjahres die Realverzinsung des Anschaffungsbetrages in Kaufkrafteinheiten des Zeitpunktes t = 0 ausgeschüttet werden.

Stimmt die spezielle Preissteigerungsrate für die Maschine mit der Preissteigerungsrate des Konsums der Kapitalgeber überein, können die Kapitalgeber bei Aufrechterhaltung der reproduktiven Substanzerhaltung durch die Ausschüttung einen gleichbleibenden Realkonsum finanzieren (Übersicht 5.1).

Übersicht 5.1 – Ausschüttungsbeträge an den Jahresenden

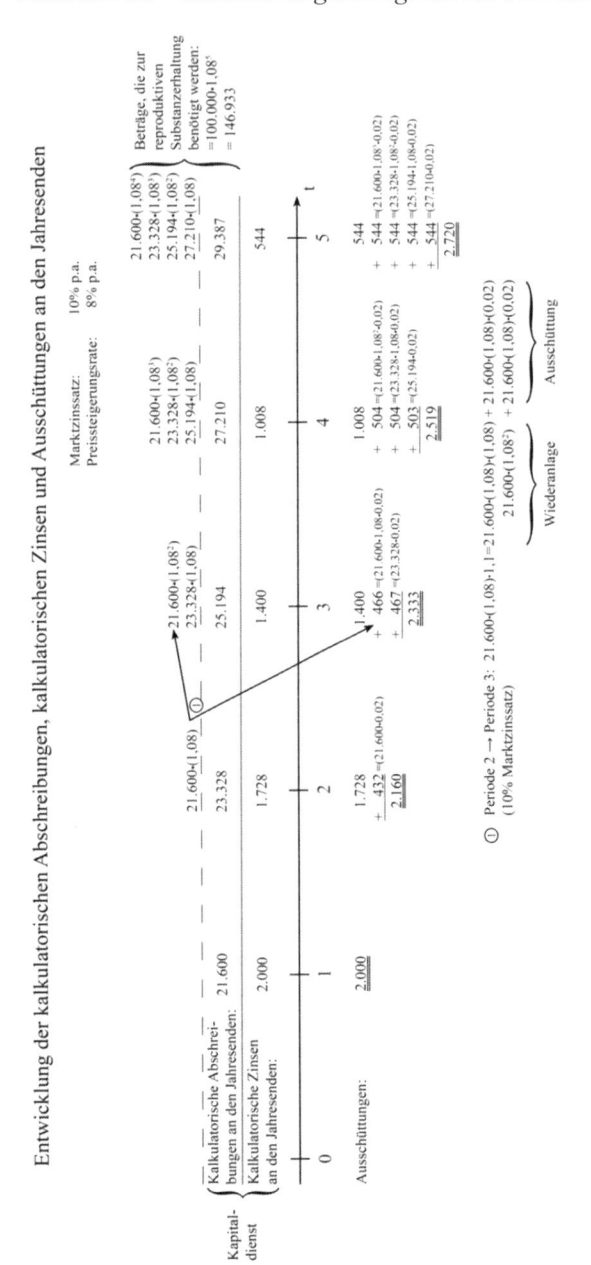

5 Lösungshinweise

Anhang zu Aufgabe 5: Kalkulatorische Abschreibungen und Zinsen bei Inflation

Reale kalkulatorische Restwerte (in Kaufkrafteinheiten vom 1.1.2005) seien mit $R^*(t)$ bezeichnet. Nominale kalkulatorische Restwerte (in GE) mit $R(t) = R^*(t) \cdot 1{,}08^t$.

t	Datum	$R^*(t)$	R(t)
0	1.1.2005	100.000	100.000
1	1.1.2006	80.000	86.400 = 80.000 · 1,08
2	1.1.2007	60.000	69.984 = 60.000 · 1,08²
3	1.1.2008	40.000	50.388 = 40.000 · 1,08³
4	1.1.2009	20.000	27.210 = 20.000 · 1,08⁴
5	1.1.2010	0	0

Kalkulatorische Abschreibungen für die Periode zwischen t und t+1: $20.000 \cdot 1{,}08^{t+1}$

Kalkulatorische Zinsen für die Periode zwischen t und t+1: $R(t) \cdot 0{,}02$

Jahr	Kalkulatorische Abschreib. (I)	Kalkulatorische Zinsen (II)	Kapitaldienst (III) = (I) + (II)
2005	21.600	2.000	23.600
2006	23.328	1.728	25.056
2007	25.194	1.400	26.594
2008	27.210	1.008	28.218
2009	29.387	544	29.931

Bei Anlage der Kapitaldienstgegenwerte am Ende der Perioden zum Zinssatz 10% gilt:

$23.600 \cdot 1{,}1^4 + 25.056 \cdot 1{,}1^3 + 26.594 \cdot 1{,}1^2 + 28.128 \cdot 1{,}1 + 29.931$
$= 100.000 \cdot 1{,}1^5$
$=$ Endwert der Alternativanlage

Aufgabe 6: Kapazitätseffekte und Maschinenbestandsentwicklung

Die Nutzungsdauer einer Anlage beträgt bei gleichmäßiger Entwertung 5 Jahre, d.h.
- jedes Jahr werden 1/5 der Nutzungseinheiten aller Maschinen verbraucht und sollen neu angeschafft werden,
- nach 5 Jahren Nutzungsdauer (n) einer Maschine zählt sie nicht mehr zum Maschinenbestand.

a) Maschinenbestandsentwicklung: Jedes Jahr werden 1/5 bzw. 20% der Nutzungseinheiten benötigt. Hinweis: Wegen der Ganzzahligkeitsbedingung werden 2009 nur 1.036 Maschinen neu beschafft. Der nichtganzzahlige Anteil wird auf die Folgejahre übertragen.

Anfang 2005: 3.000
Anfang 2006: 3.600 = 3.000 · (1 + 0,2)
Anfang 2007: 4.320 = 3.600 · (1 + 0,2)
Anfang 2008: 5.184 = 4.320 · (1 + 0,2)
Anfang 2009: 6.220 = 5.184 · (1 + 0,2)

Nach Ablauf des Jahres 2009 sind die Maschinen von 2005 kapazitätsmäßig erschöpft. Sie zählen nicht mehr zum Maschinenbestand. Dasselbe gilt für die ersetzten Maschinen in den nächsten Jahren. Sie müssen vom Maschinenbestand subtrahiert werden.

Anfang 2010: 4.464 = 6.220 · 1,2 – 3.000
Anfang 2011: 4.757 = 4.464 · 1,2 –   600
Anfang 2012: 4.988 = 4.757 · 1,2 –   720
Anfang 2013: 5.122 = 4.988 · 1,2 –   864

Langfristig pendelt sich der Maschinenbestand (MB) nach folgender Formel auf 5.000 Stück ein (vgl. hierzu auch Übersicht 5.3):

$$\lim_{t \to \infty} MB_t = \frac{2}{1 + \frac{1}{n}} MB_0$$

b) Da immer die verbrauchten Kapazitäten ersetzt werden, bleiben die Totalkapazitäten gleich. Sie betragen

3.000 · 10.000 = 30.000.000 NE.

c) Jedes Jahr stehen 1/5 bzw. 20% der Kapazitäten einer Maschine zur Verfügung, d.h. in jedem Jahr beträgt die Jahreskapazität 2.000 NE pro Maschine.

Ende 2005:   3.000 · 2.000 = 6.000.000
Ende 2006:   3.600 · 2.000 = 7.200.000
Ende 2007:   4.320 · 2.000 = 8.640.000
Ende 2008:   5.184 · 2.000 = 10.368.000
Ende 2009:   6.220 · 2.000 = 12.440.000
Ende 2010:   4.464 · 2.000 = 8.928.000

Die Ausweitung der Periodenkapazitäten bei Aufrechterhaltung der Totalkapazität, die sich dann ergibt, wenn man von einem neuen Maschinenpark ausgeht, heißt auch Lohmann-Ruchti-Effekt[3] (Übersichten 5.2 und 5.3).

d) Die Ausgaben berechnen sich aus der Anzahl neugekaufter Maschinen, dem Preisindex und dem Preis pro Maschine im Jahre 1990.

Anfang 2006: $600 \cdot 40.000 \cdot 1.05 = 25.200.000$
Anfang 2007: $720 \cdot 40.000 \cdot 1.10 = 31.680.000$
Anfang 2008: $864 \cdot 40.000 \cdot 1.25 = 43.200.000$
Anfang 2009: $1.036 \cdot 40.000 \cdot 1.30 = 53.872.000$
Anfang 2010: $1.244 \cdot 40.000 \cdot 1.35 = 67.176.000$

---

[3] Außerdem sind die Bezeichnungen „Kapazitätserweiterungseffekt" und „Marx-Engels-Effekt" üblich.

Übersicht 5.2 – Investitionen, Maschinenbestände und Nutzungsabgaben im Zeitablauf

Jahr	t	Maschinenbeschaffung zu Beginn des Jahres (Stück)	Maschinenbestand zu Beginn des Jahres[a] (Stück)	Nutzungsabgabe der zu Beginn des Jahres beschafften Maschinen für die Jahre (10.000 Nutzungseinheiten)									
				2005	2006	2007	2008	2009	2010	2011	2012	2013	
2005	0	3.000	3.000	600	600	600	600	600					
2006	1	600	3.600	600	120	120	120	120	120				
2007	2	720	4.320		720	144	144	144	144	144			
2008	3	864	5.184			864	172,8	172,8	172,8	172,8	172,8		
2009	4	1.036[b]	6.220				1036,8	207,2	207,2	207,2	207,2	207,2	
2010	5	1.244	4.464[c]					1244,0 +0,8 / 1244,8	248,8	248,8	248,8	248,8	
2011	6	893	4.757						892,8 +0,8 / 893,6	178,6	178,6	178,6	
2012	7	952	4.989							951,4 +0,6 / 952,0	190,4	190,4	
2013	8	997	5.122								997,8	199,4	
2014	9	1.025	5.111									1024,4 +0,8 / 1025,2	

[a] Unmittelbar nach Beschaffung der neuen Maschinen
[b] Wegen Ganzzahligkeitsbedingung werden 2009 nur 1.036 Maschinen beschafft. Übertragung des nichtganzzahligen Anteils auf die Folgejahre
[c] 4.464 = 6.220 + 1.244 – 3.000

Übersicht 5.3 – Altersstaffelung der Maschinen unmittelbar nach Beschaffung der neuen Maschinen

Jahr	t	Maschinenbestand zu Beginn des Jahres [Stück]	Alter der Maschinen zu Beginn des Jahres [Jahre]				
			0	1	2	3	4
2005	0	3.000	3.000				
2006	1	3.600	600	3.000			
2007	2	4.320	720	600	3.000		
2008	3	5.184	864	720	600	3.000	
2009	4	6.220	1.036	864	720	600	3.000
2010	5	4.464	1.244	1.036	864	720	600
2011	6	4.757	893	1.244	1.036	864	720
2012	7	4.989	952	893	1.244	1.036	864
2013	8	5.122	997	952	893	1.244	1.036
2014	9	5.111	1.025	997	952	893	1.244
2015	10	4.889	1.022	1.025	997	952	893
2016	11	4.974	978	1.022	1.025	997	952
2017	12	5.017	995	978	1.022	1.025	997
2018	13	5.023	1.003	995	978	1.022	1.025
2019	14	5.003	1.005	1.003	995	978	1.022
2020	15	4.981	1.000	1.005	1.003	995	978
2021	16	4.999	996	1.000	1.005	1.003	995
2022	17	5.004	1.000	996	1.000	1.005	1.003
2023	18	5.002	1.001	1.000	996	1.000	1.005
2024	19	4.997	1.000	1.001	1.000	996	1.000
2025	20	4.997	1.000	1.000	1.001	1.000	996
2026	21	5.000	999	1.000	1.000	1.001	1.000
2027	22	5.000	1.000	999	1.000	1.000	1.001
2028	23	4.999	1.000	1.000	999	1.000	1.000
2029	24	4.999	1.000	1.000	1.000	999	1.000
2030	25	4.999	1.000	1.000	1.000	1.000	999
2031	26	5.000	1.000	1.000	1.000	1.000	1.000
2032	27	5.000	1.000	1.000	1.000	1.000	1.000

Aufgabe 7: Entwicklung von Maschinenbeständen und Restbuchwerten

a) Die Maschinen haben bei Neueinsatz eine Gesamtkapazität von 10.000 NE, die gleichmäßig über 5 Jahre abgebaut wird. Der Maschinenpark weist für die kommenden Jahre immer dieselbe Altersstruktur und die gleiche Zusammensetzung auf, d.h. es wird immer gelten

200 Maschinen sind 4 Jahre alt mit   400.000 NE =   2.000 · 200
200 Maschinen sind 3 Jahre alt mit   800.000 NE =   4.000 · 200
200 Maschinen sind 2 Jahre alt mit 1.200.000 NE =   6.000 · 200
200 Maschinen sind 1 Jahr alt mit   1.600.000 NE =   8.000 · 200
200 Maschinen sind neu mit   2.000.000 NE = 10.000 · 200.

Die Summe der am Jahresanfang 2007, 2009 und 2014 zur Verfügung stehenden Totalkapazitäten sind

$$2.000.000 + 1.600.000 + 1.200.000 + 800.000 + 400.000$$
$$= 6.000.000 \text{ Nutzungseinheiten.}$$

Der Kapazitätserweiterungseffekt tritt nicht ein, da die gleichmäßige Altersstaffelung und der gleichmäßige Entwertungsverlauf miteinander korrespondieren.

b) Da sich die Totalkapazität der neu gekauften Maschinen nicht ändert, ist die Jahreskapazität bei gleichbleibender Struktur für die Jahre 2008, 2009 und 2010 gleich. Jedes Jahr werden 1/5 der Totalkapazität einer Maschine verbraucht, also 2.000 NE. Der Maschinenpark besteht immer aus 1.000 Maschinen. Die Jahreskapazität beträgt:

$$1.000 \cdot 2.000 \text{ NE} = 2.000.000 \text{ NE}.$$

c) Jedes Jahr werden wegen der Altersstruktur 200 Maschinen neu gekauft. Die Investitionen sind abhängig von den Wiederbeschaffungswerten der Maschinen, somit gilt:

- Jahresanfang 2008:   200 · 50.000 GE = 10.000.000 GE
- Jahresanfang 2009:   200 · 52.000 GE = 10.400.000 GE
- Jahresanfang 2010:   200 · 54.000 GE = 10.800.000 GE

d) Für die Berechnung der Jahresendbilanzen bestehen zwei Möglichkeiten. Zum einen kann man von den Anschaffungswerten der Maschinen ausgehen und bestimmt den Restwert abhängig von der Restlaufzeit der Maschine. Zum anderen kann man den Restbuchwert aus dem Restbuchwert der Vorperiode sowie der

Restnutzungszeit der Maschine berechnen. Die allgemeine Formel für den zweiten Weg lautet:

$$RBW_t = RBW_{t-1} \cdot \frac{n}{n+1}$$

mit RBW : Restbuchwert
t : Periode
n : Restnutzungszeiten zu Ende der Periode t.

Mit Anwendung dieser Formel ergibt sich bei einem Restbuchwert nach Ablauf der Nutzungszeit von 1 GE (Erinnerungswert in der Bilanz) pro Maschine folgende Aufstellung:

- Jahresendbilanz 2005:

  200 Maschinen, 4 Jahre alt, RBW =   200 = 200 · 1
  200 Maschinen, 3 Jahre alt, RBW =   1.600.000 = 3.200.000 · 1/2
  200 Maschinen, 2 Jahre alt, RBW =   3.600.000 = 5.400.000 · 2/3
  200 Maschinen, 1 Jahr alt, RBW   =   6.000.000 = 200 · 40.000 · 3/4
  Summe der Restbuchwerte   = 11.200.200

- Jahresendbilanz 2006:

  200 Maschinen, 4 Jahre alt, RBW =   200 = 200 · 1
  200 Maschinen, 3 Jahre alt, RBW =   1.800.000 = 3.600.000 · 1/2
  200 Maschinen, 2 Jahre alt, RBW =   4.000.000 = 6.000.000 · 2/3
  200 Maschinen, 1 Jahr alt, RBW   =   6.300.000 = 200 · 42.000 · 3/4
  Summe der Restbuchwerte   = 12.100.200

- Jahresendbilanz 2007:

  200 Maschinen, 4 Jahre alt, RBW =   200 = 200 · 1
  200 Maschinen, 3 Jahre alt, RBW =   2.000.000 = 4.000.000 · 1/2
  200 Maschinen, 2 Jahre alt, RBW =   4.200.000 = 6.300.000 · 2/3
  200 Maschinen, 1 Jahr alt, RBW   =   6.600.000 = 200 · 44.000 · 3/4
  Summe der Restbuchwerte   = 12.800.200.

Aufgabe 8: Kalkulatorische Wagnisse

Zweckaufwand   = 90.000 GE
Restbuchwert   = 20.000 GE

a.o. Aufwand = 30.000 GE (bei Eintritt eines Schadensfalles)
kalk. Kosten = 1.500 GE (da mit der Wahrscheinlichkeit von 1/20 der Schadensfall in Höhe von 30.000 GE eintreten könnte)
Gewinnaufschlag = 10% auf die Gesamtkosten

a) Betriebsergebnis der Planperiode:

Gesamtkosten = 90.000 + kalk. Wagnisse =	91.500,00 GE
Selbstkostenpreis pro Stück = 91.500 / 5.000 =	18,30 GE/Stück
+ Gewinnaufschlag 10 % =	1,83 GE/Stück
= Absatzpreis =	20,13 GE/Stück
Erlöse = Leistungen = 5.000 · 20,13 =	100.650,00 GE
− Kosten =	91.500,00 GE
= Betriebsergebnis =	9.150,00 GE

b) Differenz zwischen Erträgen und Aufwendungen, bei

b1) Nichteintritt des Schadensfalles:

Erträge	100.650 GE
− Aufwendungen	90.000 GE
= Unternehmenserfolg	10.650 GE

b2) Eintritt des Schadensfalles:

Erträge	100.650 GE
− Aufwendungen	120.000 GE = (90.000 + 30.000)
= Unternehmenserfolg	-19.350 GE

Aufgabe 9: Kalkulatorische Zinsen

Betriebsergebnis = Leistungen − Kosten = -107 Mio. DM
Unternehmenserfolg = Jahresüberschuß
= Erträge − Aufwendungen = 2,671 Mrd. DM

Die Leistungen waren mit den Erträgen identisch. Die Kosten müssen um 2,671 Mrd. DM + 0,107 Mrd. DM = 2,778 Mrd. DM höher als die Aufwendungen sein. Der Unterschied erklärt sich hauptsächlich durch die kalkulatorischen Zinsen auf das Eigenkapital. Eine Abschätzung ergibt:

Durchschnittliches EK in 1982: (31,4 + 34,1) / 2 = 32,75 Mrd. DM.

Die durchschnittliche Emissionsrendite für Anleihen der öffentlichen Hand dürfte nicht stark von dem durchschnittlichen effektiven Zinssatz des von der Deutschen Bundespost aufgenommenen langfristigen risikolosen Fremdkapitals abweichen.

32,75 Mrd. DM · 0,089 = 2,915 Mrd. DM.

In der Größenordnung ist damit die Differenz zwischen Betriebsergebnis und Jahresüberschuß erklärt.

Aufgabe 10: Kalkulatorischer Unternehmerlohn

Das Selbstkontrahierungsverbot betrifft bei einer GmbH nur die Geschäftsführer, das heißt, daß im vorliegenden Fall für diese kein Personalaufwand gebucht wurde. Da für die Geschäftsführer Personalkosten in Höhe von 300.000 GE entstehen, sinkt das Betriebsergebnis gegenüber dem Gewinn auf 150.000 GE (ceteris paribus).

Aufgabe 11: Buchungen zu kalkulatorischen Wagnissen

Allgemein gilt: Konten der Kontenklasse 2 (Abgrenzungskonten) werden über das Konto Neutrales Ergebnis abgeschlossen, Konten der Kontenklasse 4 (Kostenartenkonten) über das Konto Betriebsergebnis. Die Konten Neutrales Ergebnis und Betriebsergebnis werden über die Gewinn- und Verlustrechnung abgeschlossen.

Das Betriebsergebnis wird unabhängig davon, ob ein Schadensfall eintritt oder nicht, mit 2.000 GE belastet. Der Unternehmenserfolg wird im Schadensfall mit 10.000 GE, im Nichtschadensfall mit 0 GE belastet. Unabhängig davon, ob ein Schadensfall eintritt oder nicht, wird mit dem Betrag von 2.000 GE gebucht:

482 - Kalk.Wagnisse   an   282 - Verr. kalk. Wagnisse.

Und als Abschlußbuchungen:

282 - Verr. kalk. Wagnisse   an   987 - Neutrales Ergebnis
980 - Betriebsergebnis   an   482 - Kalk. Wagnisse.

Buchungssätze im Schadensfall:

| 1 | Eingetretene Wagnisse | an | Maschinen | 10.000 |
| 2 | Kalk. Wagnisse | an | Verr. kalk. Wagnisse | 2.000 |

3	Neutrales Ergebnis	an	Eingetretene Wagnisse	10.000
4	Verr. kalk. Wagnisse	an	Neutrales Ergebnis	2.000
5	Betriebsergebnis	an	Kalk. Wagnisse	2.000
6	Unternehmenserfolg (GuV)	an	Neutrales Ergebnis	8.000
7	Unternehmenserfolg (GuV)	an	Betriebsergebnis	2.000.

Erfassungs- und Abschlußbuchungen auf den Konten im Schadensfall:

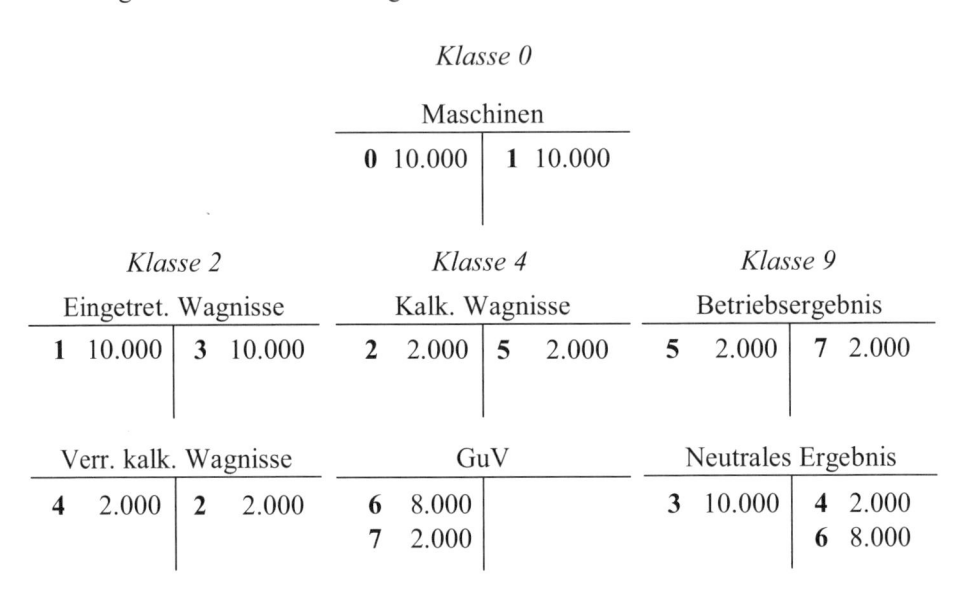

Klasse 0

Maschinen

0	10.000	1	10.000

Klasse 2		*Klasse 4*		*Klasse 9*	
Eingetret. Wagnisse		Kalk. Wagnisse		Betriebsergebnis	
1 10.000	3 10.000	2 2.000	5 2.000	5 2.000	7 2.000
Verr. kalk. Wagnisse		GuV		Neutrales Ergebnis	
4 2.000	2 2.000	6 8.000		3 10.000	4 2.000
		7 2.000			6 8.000

Aufgabe 12: Buchungen zum kalkulatorischen Unternehmerlohn

Die Erfassungsbuchung für den kalkulatorischen Unternehmerlohn lautet:

1   Kalk. Unternehmerlohn   an   Verr. kalk. Unternehmerlohn 96.000.

Die Gegenbuchung zu den Zusatzkosten kalk. Unternehmerlohn erfolgt auf dem Abgrenzungskonto verr. kalk. Unternehmerlohn.

Allgemein gilt: Konten der Kontenklasse 2 (Abgrenzungskonten) werden über das Konto Neutrales Ergebnis abgeschlossen, während die Konten der Kontenklasse 4 (Kostenartenkonten) über das Konto Betriebsergebnis abzuschließen sind. Die Konten Neutrales Ergebnis und Betriebsergebnis werden über die Gewinn- und Verlustrechnung abgeschlossen.

5 Lösungshinweise

Die Abschlußbuchungen lauten:

2	Verr. kalk. Unternehmerlohn	an	Neutrales Ergebnis	96.000
3	Betriebsergebnis	an	Kalk. Unternehmerlohn	96.000
4	Neutrales Ergebnis	an	Unternehmenserfolg (GuV)	96.000
5	Unternehmenserfolg (GuV)	an	Betriebsergebnis	96.000.

Die Buchung auf den Konten:

```
     Klasse 2                  Klasse 4                 Klasse 9
 Verr. kalk. U-Lohn          Kalk. U-Lohn            Betriebsergebnis
 2  96.000 | 1  96.000    1  96.000 | 3  96.000    3  96.000 | 5  96.000


 Neutrales Ergebnis              GuV
 4  96.000 | 2  96.000    5  96.000 | 4  96.000
```

Aufgabe 13: Buchungen zu bilanziellen und kalkulatorischen Abschreibungen

Die Spende an das Rote Kreuz ist als betriebsfremder Aufwand anzusehen. Die Erfassungsbuchungen lauten:

1	Betriebsfremder Aufwand	an	Bank	10.000
2	Kalk. Abschreibungen	an	Verr. kalk. Abschr.	25.000
3	Bilanz. Abschreibungen	an	Maschinen	20.000.

Die Abschlußbuchungen lauten:

4	Neutrales Ergebnis	an	Betriebsfremder Aufwand	10.000
5	Neutrales Ergebnis	an	Bilanz. Abschr.	20.000
6	Verr. kalk. Abschr.	an	Neutrales Ergebnis	25.000
7	Betriebsergebnis	an	Kalk. Abschreibungen	25.000
8	Unternehmenserfolg (GuV)	an	Betriebsergebnis	25.000
9	Unternehmenserfolg (GuV)	an	Neutrales Ergebnis	5.000.

Die Buchung auf den Konten:

Klasse 0	
Maschinen	
100.000	3 20.000

Klasse 1	
Bank	
30.000	1 10.000

Klasse 2	
Betriebsfr. Aufwand	
1 10.000	4 10.000

Klasse 4	
Kalk. Abschreibungen	
2 25.000	7 25.000

Klasse 9	
Betriebsergebnis	
7 25.000	8 25.000

Bilanz. Abschreib.	
3 20.000	5 20.000

Neutrales Ergebnis	
4 10.000	6 25.000
5 20.000	9 5.000

Verr. kalk. Abschreib.	
6 25.000	2 25.000

GuV	
8 25.000	
9 5.000	

Aufgabe 14: Extremwertbestimmungen zu Grenzkosten, variablen und totalen Stückkosten sowie zum Betriebsergebnis

Die Grenzkostenfunktion läßt sich aus der ersten Ableitung der Kostenfunktion bestimmen.

$$K' = 12.600 - 192x + 1{,}2x^2$$

Notwendige Bedingung für das gesuchte Minimum ist, daß die erste Ableitung der Grenzkostenfunktion gleich Null ist.

$$K''(x) = 0$$

Es gilt also:

$$K''(x) = -192 + 2{,}4x_g = 0 \quad \Leftrightarrow \quad x_g = 80$$

Eine hinreichende Bedingung für das Minimum ist, daß die zweite Ableitung der Grenzkostenfunktion an der Stelle x_g größer als Null ist.

$$K'''(x) = 2{,}4 > 0$$

Die Grenzkosten sind für $x_g = 80$ minimal. (Vgl. Punkt M der Übersicht 5.4. Zugleich liegt bei $x_g = 80$ der Wendepunkt W der Kostenfunktion.) Die variablen Stückkosten errechnen sich aus $k_v(x) = K_v / x$.

$$k_v(x) = 12.600 - 96x + 0{,}4x^2$$

Notwendige Bedingung für das Minimum ist, daß die erste Ableitung der variablen Stückkostenfunktion gleich Null ist.

$$k_v'(x) = -96 + 0{,}8x_v = 0 \quad \Leftrightarrow \quad x_v = 120$$

Eine hinreichende Bedingung lautet:

$$k_v''(x) > 0$$
$$k_v''(x) = 0{,}8 > 0$$

Das Minimum der variablen Stückkosten liegt bei $x_v = 120$. (Vgl. Punkt N der Übersicht 5.4.) Die totalen Stückkosten errechnen sich aus $k(x) = K / x$.

$$k(x) = 62.500 / x + 12.600 - 96x + 0{,}4x^2$$

Die notwendige Bedingung für das Minimum der totalen Stückkostenfunktion lautet:

$$k'(x) = 0$$
$$k'(x) = -62.500 / x^2 - 96 + 0{,}8x = 0$$
$$-62.500 - 96x^2 + 0{,}8x^3 = 0$$

Es muß also eine Nullstelle des Polynoms dritten Grades gesucht werden. Da Lösungsprozeduren für Gleichungen dritten Grades (z.B. Formeln von Cardano) nicht zum mathematischen Standardrepertoire für Wirtschaftswissenschaftler gehören, soll hier nur die Lösung $x_k = 125$ überprüft werden.

$$k'(x_k) = k'(125) = 0$$

Die hinreichende Bedingung, daß die zweite Ableitung größer Null ist, ist ebenfalls erfüllt. Das Minimum der totalen Stückkosten liegt bei $x_k = 125$. (Vgl. Punkt O der Übersicht 5.4.)

k(125) = 7.350

Die langfristige Preisuntergrenze, d.h. der Produktpreis, bei dem die Unternehmung zwischen langfristiger Aufrechterhaltung der Produktion eines Gutes und Aufgabe der Produktion indifferent ist, ergibt sich bei dem Minimum der totalen Stückkosten. Die langfristige Preisuntergrenze fällt mit dem bei vollkommener Konkurrenz sich einstellenden Preis zusammen. Im vorliegenden Fall sind bei $p = k_{min} = 7.350$ GE/Stück die variablen sowie die fixen Kosten gedeckt. Keine Unternehmung mit gleichem Kostenverlauf kann auf Dauer diesen Preis unterbieten. Eine Überbietung des Preises verhindert die Konkurrenz. Das Betriebsergebnis ergibt sich aus:

$$E_B = \text{Leistung} - \text{Kosten} = E(x) - K(x)$$
$$E_B = 7.920x - 62.500 - 12.600x + 96x^2 - 0{,}4x^3$$

Das Maximum des Betriebsergebnisses ergibt sich aus der ersten Ableitung der Betriebsergebnisfunktion. Es gilt damit als notwendige Bedingung:

$$E_B' = 0; \text{ (d.h. Grenzleistung} = p = \text{Grenzkosten)}$$
$$= -4.680 + 192x - 1{,}2x^2 = 0$$
$$x^2 - 160x + 3.900 = 0$$
$$(x - 80)^2 = 2.500$$
$$x_{1/2} = 80 +/- 50$$

Als hinreichende Bedingung gilt für ein Maximum, daß die zweite Ableitung kleiner Null ist, $E_B'' < 0$.

$$E_B'' = 192 - 2{,}4x$$
$$E_B''(30) > 0 \Rightarrow \text{Minimum.}$$
$$E_B''(130) < 0 \Rightarrow \text{Maximum.}$$

Das maximale Betriebsergebnis liegt bei $x(E_B) = 130$.

*Übersicht 5.4 – Skizzierte Kurvenverläufe zur nichtlinearen Kostenfunktion
$K = 0{,}4x^3 - 96x^2 + 12.600x + 62.500$*

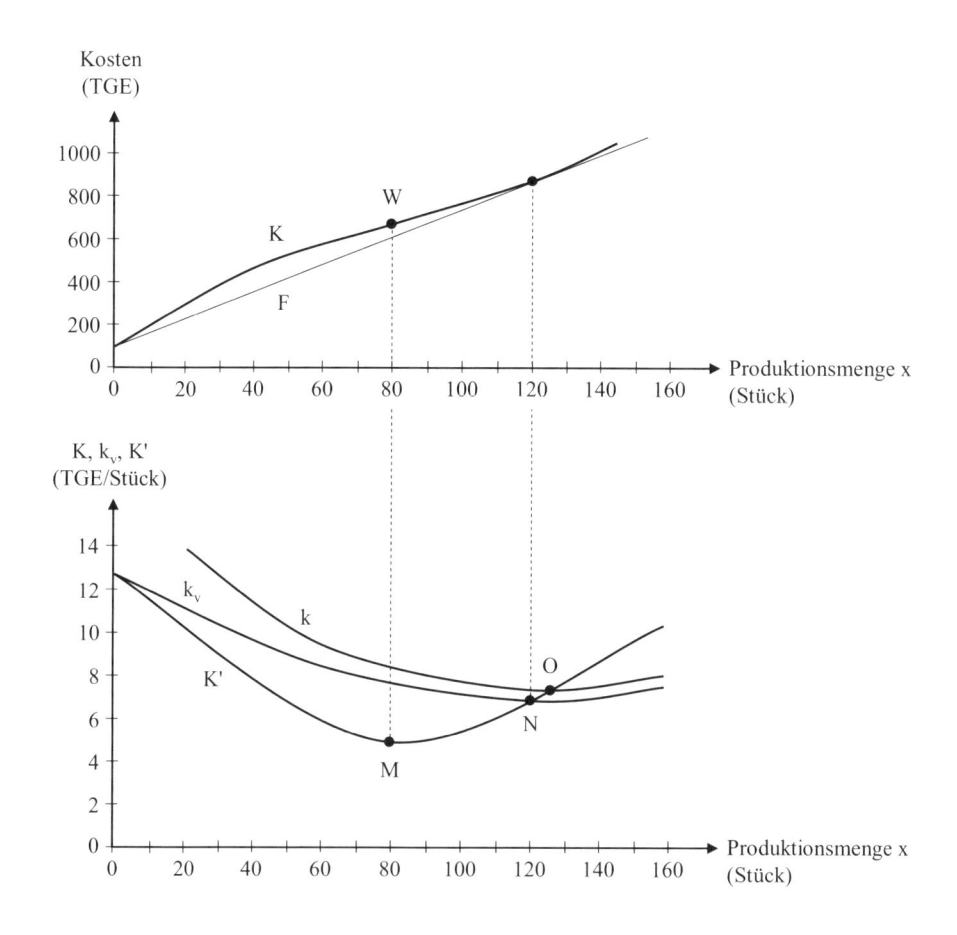

K = Kosten
F = Fahrstrahl zur graphischen Ermittlung des Minimums der variablen Stückkosten
W = Wendepunkt der Kostenfunktion (80; 660.900)
k = totale Stückkosten
k_v = variable Stückkosten
K' = Grenzkosten
M = Minimum der Grenzkosten (80; 4.920)
N = Minimum der variablen Stückkosten (120; 6.840)
O = Minimum der totalen Stückkosten (125; 7.350)

Übersicht 5.5 – Skizzierte Kurvenverläufe zur linearen Erlösfunktion E = 7.920x und nichtlinearen Kostenfunktion K = 0,4x³ − 96x² + 12.600x + 62.500

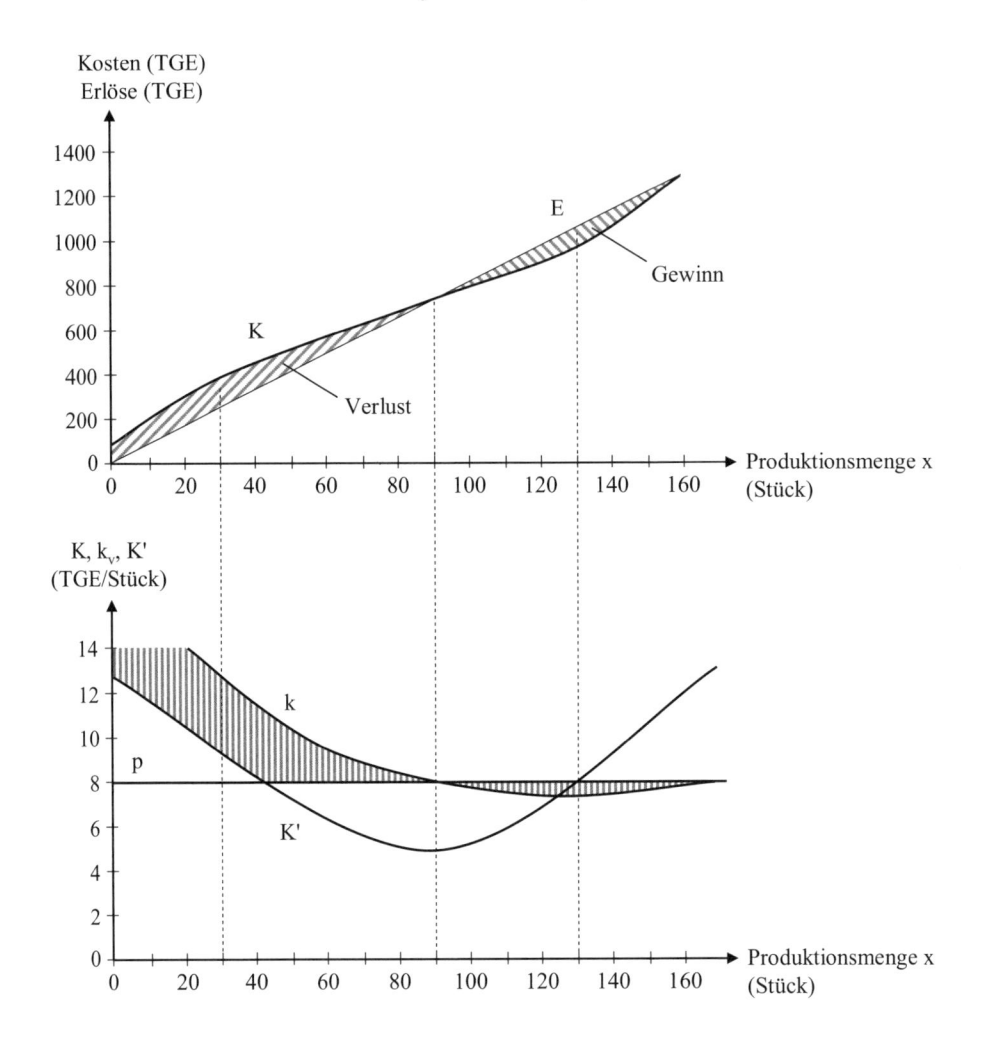

E = Erlöse (Leistung)
K = Kosten
p = Grenzerlös (gleich Preis)
K' = Grenzkosten
k = totale Stückkosten

Aufgabe 15: Identität von variablen Stückkosten und Grenzkosten bei linearen Kostenfunktionen

I. Beweisrichtung:

Es soll bewiesen werden:
Ist f(x) eine lineare Funktion, dann stimmen k_v und K' für alle x überein.

Durch Ableiten erhält man:

$f(x) = K = k_v \cdot x + K_f$
$f'(x) = K' = k_v$ q.e.d.

II. Beweisrichtung:

Es soll bewiesen werden:
Stimmen k_v und K' für alle x überein, dann ist f(x) eine lineare Funktion und $K_v = K - K_f$ ist proportional zu x.

Aus $k_v = K'$ folgt $K_v' = k_v = K_v / x$
$\Leftrightarrow K_v' / K_v = 1 / x$

Integrieren: $\ln K_v = \ln x + C$.

Exponentieren: $e^{\ln K_v} = e^{\ln x} \cdot e^c$
$K_v = x \cdot e^c$
$K_v = x \cdot a$, mit $a = e^c$ q.e.d.

Aufgabe 16: Entscheidungsrechnung in Einproduktbetrieben, Gesamt- und Umsatzkostenverfahren

Es gelten folgende Daten: p = 2,00 GE ; k_v = 1,80 GE ; K_f = 1.000 GE.

a) a1) Die Produktionsmenge beträgt x = 4.000 Stück. Für die Berechnung der totalen Stückkosten gilt folgende Formel:

$k = (K_f + k_v \cdot x) / x = K_f / x + k_v$.

Somit ergeben sich die Stückkosten:

k = 1.000 / 4.000 + 1,80 = 2,05 GE/Stück.

a2) Es wird vorausgesetzt, daß die Annahme oder die Ablehnung des zusätzlichen Auftrages die Verhaltensweisen der bisherigen Nachfrager in der gleichen Periode nicht verändert. Für die zukünftigen Perioden soll die Entscheidung über Ablehnung oder Annahme keinen Einfluß auf die Nachfrage haben.

Die totalen Stückkosten betragen bei Annahme des Auftrages:

$$k = \frac{1000 + 4.500 \cdot 1,80}{4.500} = 2,0\bar{2} \text{ GE}.$$

Obwohl die totalen Stückkosten über dem Preis liegen, lohnt sich die Annahme des Auftrages. Das Beispiel zeigt somit die Bedeutung der Analyse der Kosten bezüglich der Reagibilität auf Ausbringungsmengenänderungen. Für die Annahme des Auftrages werden im folgenden zwei Begründungen gegeben. Die erste Begründung ist stärker auf den speziellen Fall zugeschnitten, die zweite Begründung eignet sich besser für Verallgemeinerungen.

1. Begründung:

Berechnung der jeweiligen Betriebsergebnisse bei Annahme oder Ablehnung des Auftrages.

a) Annahme des Auftrages:

$$\begin{aligned} \text{Betriebsergebnis} &= \text{Leistungen} - \text{Kosten} \\ &= 2 \cdot 4.500 - 1.000 - 4.500 \cdot 1,8 \\ &= -100 \text{ GE} \end{aligned}$$

b) Ablehnung des Auftrages:

$$\begin{aligned} \text{Betriebsergebnis} &= 2 \cdot 4.000 - 1.000 - 4.000 \cdot 1,8 \\ &= -200 \text{ GE} \end{aligned}$$

Ein kleiner Betriebsverlust wird einem größeren Betriebsverlust vorgezogen.

2. Begründung:

$$\begin{aligned} \text{Leistungen} &= px \\ \text{Kosten} &= K_f + k_v x \\ \text{Betriebsergebnis} &= px - K_f - k_v x = (p - k_v)x - K_f \end{aligned}$$

Die Differenz $p - k_v$ heißt Deckungsbeitragssatz und wird durch den Buchstaben d symbolisiert. Also gilt:

$$E_B = dx - K_f$$

Falls d positiv ist, wächst das Betriebsergebnis mit zunehmender Ausbringungsmenge. Im vorliegenden Fall ist d = 2 − 1,80 = 0,20 positiv. Es lohnt sich, die Ausbringungsmenge bis zur Kapazitätsgrenze zu steigern. Folglich wird der zusätzliche Auftrag angenommen.

a3) Der Break-Even-Punkt liegt bei der Menge x_B, bei der die Kosten gleich den Erlösen sind. Es gilt somit:

$$E(x_B) = K(x_B), \text{ bzw.}$$
$$p \cdot x_B = K_f + k_v \cdot x_B \quad \Leftrightarrow \quad dx_B = K_f$$

Für die Aufgabe im speziellen gilt:

$$2 \cdot x_B = 1.000 + 1{,}8 x_B \quad \Leftrightarrow \quad 0{,}20 x_B = 1.000$$
$$x_B = 5.000, \text{ bzw. allgemein: } x_B = K_f / d$$

Die Break-Even-Ausbringungsmenge liegt bei x_B = 5.000 Stück.

b) Es werden 5.400 Stück produziert und abgesetzt.

- Kosten für Herstellung und Vertrieb von 5.400 Stück

  $$K = 1.000 + 5.400 \cdot 1{,}8 = 10.720$$

- Umsatzerlöse = Leistungen

  $$U = 5.400 \cdot 2{,}0 = 10.800$$

Das Betriebsergebniskonto zeigt mit $E_B = U - K = 80$ folgendes Bild:

Betriebsergebniskonto			
Kosten für Herstellung und Vertrieb von 5.400 Stück	10.720 GE	Umsatzerlöse	10.800 GE
Betriebsergebnis	80 GE		
	10.800 GE		10.800 GE

c) Es gelten folgende Wertzuweisungen:

$$x_P = 6.000; \ x_A = 5.400; \ K_P = 800 + 1{,}6 x_P = 10.400 \text{ GE};$$
$$K_A = 200 + 0{,}2 x_A = 1.280 \text{ GE}$$

c1) Die Bestandserhöhungen sollen zu variablen Kosten (1,60 GE/Stück) bewertet werden.

c11) Beim Gesamtkostenverfahren werden die Produktionskosten aller produzierten Stücke im Betriebsergebniskonto auf der Sollseite ausgewiesen. Daher ist zur Korrektur auf der Habenseite die Bestandserhöhung aufzuführen.

Betriebsergebniskonto (Gesamtkostenverfahren)

Kosten für Herstellung von 6.000 Stück $800 + 6.000 \cdot 1{,}6 =$ 10.400 GE	Umsatzerlöse $5.400 \cdot 2{,}0 =$ 10.800 GE
Kosten für den Vertrieb von 5.400 Stück $200 + 5.400 \cdot 0{,}2 =$ 1.280 GE	Bestandserhöhung (600 Stück) $600 \cdot 1{,}6 =$ 960 GE
Betriebsergebnis 80 GE	
11.760 GE	11.760 GE

c12) Beim Umsatzkostenverfahren werden nur die Produktionskosten der abgesetzten Stücke im Betriebsergebniskonto auf der Sollseite ausgewiesen. Eine Korrektur auf der Habenseite ist deshalb nicht erforderlich.

Betriebsergebniskonto (Umsatzkostenverfahren)

Kosten für Herstellung von 5.400 Stück $800 + 5.400 \cdot 1{,}6 =$ 9.440 GE	Umsatzerlöse $5.400 \cdot 2{,}0 =$ 10.800 GE
Kosten für den Vertrieb von 5.400 Stück $200 + 5.400 \cdot 0{,}2 =$ 1.280 GE	
Betriebsergebnis 80 GE	
10.800 GE	10.800 GE

c2) Die Bestandserhöhungen sollen zu vollen Produktionskosten, d.h. mit Proportionalisierung der Fixkosten, erfolgen. Die Proportionalisierung der Fixkosten bedeutet, daß die Fixkosten gleichmäßig auf die Produktionsmenge umgelegt werden. Somit ergibt sich bei einer Produktion von 6.000 Stück eine Bewertung für das einzelne Stück in Höhe von

$$k = \frac{800 + 6.000 \cdot 1{,}6}{6.000} = \frac{10.400}{6.000} = 1{,}7\overline{3}.$$

Die Bewertung der Bestandserhöhung von 600 Stück kann bei Proportionalisierung der Fixkosten auch durch folgende Überlegung gewonnen werden:

- Produktionskosten für die Herstellung von 6.000 Stück:

  $800 + 6.000 \cdot 1,6 = 10.400$ GE

- Produktionskosten für die Herstellung von 600 Stück:

  $80 + 600 \cdot 1,6 = 1.040$ GE

c21) Betriebsergebniskonto nach dem Gesamtkostenverfahren:

Betriebsergebniskonto

Kosten für Herstellung von 6.000 Stück $800 + 6.000 \cdot 1,6 =$ 10.400 GE	Umsatzerlöse $5.400 \cdot 2,0 =$ 10.800 GE
Kosten für den Vertrieb von 5.400 Stück $200 + 5.400 \cdot 0,2 =$ 1.280 GE	Bestandserhöhung (600 Stück) $600 \cdot 1,7\overline{3} =$ 1.040 GE
Betriebsergebnis 160 GE	
11.840 GE	11.840 GE

c22) Betriebsergebniskonto nach dem Umsatzkostenverfahren

Betriebsergebniskonto

Kosten für Herstellung von 5.400 Stück $5.400 \cdot 1,7\overline{3} =$ 9.360 GE	Umsatzerlöse $5.400 \cdot 2,0 =$ 10.800 GE
Kosten für den Vertrieb von 5.400 Stück $200 + 5.400 \cdot 0,2 =$ 1.280 GE	
Betriebsergebnis 160 GE	
10.800 GE	10.800 GE

d) Das gleiche Ergebnis bei b), c11) und c12) resultiert aus der Tatsache, daß sich bei b) die fixen Kosten betragsmäßig zusammensetzten aus den fixen Produktions- und Absatzkosten von c11) bzw. c12). Die variablen Kosten bei b) entsprechen der Summe aus den variablen Produktions- und Absatzkosten.

In Aufgabenstellung c11) wird die Bestandserhöhung von 600 Stück mit den Kosten bewertet, die durch die Herstellung von 600 Stück über die abgesetzte Menge hinaus entstanden sind.

Kosten für die Herstellung von 6.000 Stück: $800 + 1,6 \cdot 6.000$
Kosten für die Herstellung von 5.400 Stück: $800 + 1,6 \cdot 5.400$

Die Differenz beträgt 1,6 · 600, welches der Bewertung der Bestanderhöhung entspricht.

Mathematische Ableitung für die Identität der Betriebsergebnisse in den Aufgabenstellungen:

E_B = Leistungen – Kosten

Leistungen = Umsatzerlöse + Bestandserhöhungen
= $px_A + k_{vP}(x_P - x_A)$ mit k_{vP} = 1,60 GE/Stück

Kosten = $K_f + k_{vP} x_P + k_{vA} x_A$ mit K_f = 1.000 GE
k_{VA} = 0,20 GE/Stück

E_B = $px_A + k_{vP}(x_P - x_A) - [K_f + k_{vP} x_P + k_{vA} x_A]$
= $(p - k_{vP} - k_{vA}) x_A - K_f$

Bei Bewertung der Bestandserhöhung zu variablen Produktionskosten ist das Betriebsergebnis nur von x_A, aber nicht von x_P abhängig.

Aufgabe 17: Maximierung des Betriebsergebnisses bei gegebener Preis-Absatz-Funktion

Es soll das Betriebsergebnis maximiert werden in Abhängigkeit von der Ausbringungsmenge.

$E_B = E(x) - K(x)$.

Die Kostenfunktion ergibt sich aus $K = K_f + k_v \cdot x$, in diesem Fall:

$K = 1.000 + 1,8 \cdot x$

Die Erlösfunktion ergibt sich aus $E = p \cdot x$. Es gilt außerdem eine lineare Beziehung zwischen dem Preis und der Absatzmenge. Bei einem Preis von 2,50 GE sollen 4.000 Stück abgesetzt werden, bei einem Preis von 2,40 GE sollen 5.000 Stück abgesetzt werden. Der Preis kann einen Minimalwert von 2,30 GE annehmen, und es können maximal 6.000 Stück abgesetzt werden. Es gilt also, daß bei einer Preissenkung um 0,10 GE die Absatzmenge um 1.000 gesteigert werden kann. Die lineare Beziehung lautet (auch Preis-Absatz-Funktion genannt):

$p = 2,50 - 0,0001 \cdot (x - 4.000) = 2,90 - 0,0001 x = p(x)$.

Es ergibt sich als Betriebsergebnis:

$$E_B = (2{,}90 - 0{,}0001x) \cdot x - 1.000 - 1{,}80x.$$

Zur Auffindung des maximalen Betriebsergebnisses wird die erste Ableitung gebildet. Notwendige Bedingung für ein Maximum im Inneren des Variationsintervalls ist, daß die erste Ableitung des Betriebsergebnisses null ergibt. Nun kann nach x umgestellt werden.

$$E_B' = 2{,}90 - 0{,}0002x - 1{,}80 = 0 \quad \Leftrightarrow \quad x = 5.500$$

Die zweite Ableitung ist kleiner Null, somit liegt ein Maximum vor. Der Preis beträgt:

$$p = 2{,}90 - 0{,}0001 \cdot 5.500 = \underline{2{,}35 \text{ GE/Stück}}.$$

Das maximale Betriebsergebnis beträgt:

$$E_B = 2{,}35 \cdot 5.500 - 1.000 - 1{,}80 \cdot 5.500 = \underline{2.025 \text{ GE}}.$$

Aufgabe 18: Ermittlung variabler Stückkosten

a) Das geplante Betriebsergebnis E_{Bv} vor der Aufdeckung des Skandals errechnete sich aus

$$E_{Bv} = 25.000.000 \cdot (14 - k_v) - K_f$$

Das Betriebsergebnis E_{Bn} nach Aufdeckung des Skandals lautet:

$$E_{Bn} = 21.000.000 \cdot (14 - k_v) - K_f$$

Die Differenz zwischen den beiden Betriebsergebnissen beträgt 30.000.000 GE. Subtrahiert man E_{Bn} von E_{Bv}, ergibt sich:

$$\begin{aligned} 30.000.000 &= 4.000.000 \cdot (14 - k_v) \\ 14 - k_v &= 7{,}5 \\ k_v &= \underline{6{,}5} \end{aligned}$$

b) Das revidierte Betriebsergebnis des Inlandsgeschäfts soll negativ sein. Es gilt also:

$$\begin{aligned} 0 &> E_{Bn} = 21.000.000 \cdot (14 - 6{,}5) - K_f \\ K_f &> 21.000.000 \cdot 7{,}5 = \underline{157.500.000} \end{aligned}$$

c) Es ergeben sich keine kostenrechnerischen Auswirkungen. (Außerordentlicher Aufwand, vgl. Übersicht 1.4).

Aufgabe 19: Kombination der leistungsbezogenen Abschreibung mit einem Verfahren der Zeitabschreibung

a) Bei der Kombination der leistungsbezogenen Abschreibung mit einem Verfahren der Zeitabschreibung wird ein Teil des Anschaffungswertes über einen bestimmten Zeitraum abgeschrieben, der andere Teil nach der jeweiligen Leistung.[4] In dieser Aufgabe werden 40% zeitbezogen und 60% leistungsbezogen abgeschrieben, d.h. vom Anschaffungswert von 80.000 GE werden

- 32.000 GE zeitbezogen,
- 48.000 GE leistungsbezogen abgeschrieben.

Die 32.000 GE werden gleichmäßig auf 5 Jahre verteilt, d.h. jedes Jahr werden 6.400 GE abgeschrieben. Die 48.000 GE werden anteilsmäßig von ihrer jeweiligen Jahresleistung abgeschrieben. Es gilt allgemein folgende Formel:

$$A_t = (L_t / L_g) \cdot AW_1,$$

mit A_t : Abschreibungsbetrag in Periode t
L_t : Leistung in Periode t
L_g : Gesamtleistung
AW_1 : Teil des Anschaffungswertes, der leistungsbezogen abgeschrieben wird.

Insgesamt soll die Maschine eine Leistung von 400.000 km erbringen, so daß im ersten Jahr die Maschine den Bruchteil 86.400 / 400.000 der Gesamtleistung erbringt. Der Abschreibungsbetrag beträgt danach

$$A = 86.400 / 400.000 \cdot 48.000 \text{ GE} = 10.368.$$

Die Abschreibungsbeträge gehen aus folgender Tabelle hervor:

---

[4] Der Begriff „Leistung" wird hier nicht wie in der Kosten- und Leistungsrechnung als Gegenbegriff zu den Kosten verwendet, sondern bedeutet in diesem Zusammenhang eine Mengengröße wie „gefahrene Kilometer" oder „Maschinenstunden".

	Gefahrene Kilometer	Abschreibungsbeträge (GE)		
		Mengenanteil	Zeitanteil	insgesamt
1. Periode	86.400	10.368	6.400	16.768
2. Periode	77.700	9.324	6.400	15.724
3. Periode	91.100	10.932	6.400	17.332
4. Periode	88.800	10.656	6.400	17.056
5. Periode	56.000	6.720	6.400	13.120
Summe	400.000	48.000 ($= 0{,}6 \cdot 80.000$)	32.000 ($= 0{,}4 \cdot 80.000$)	80.000

b) Treten nutzungsbedingte und zeitbedingte Minderungen bei Anlagen gleichzeitig auf, wird diesem Umstand in der Praxis mit einer „gespaltenen Abschreibung" Rechnung getragen. Problematisch hierbei ist jedoch, daß die verschiedenen Abschreibungsursachen auf sehr komplexe Weise zusammenwirken. Dies hat zur Folge, daß sich die jeweiligen Abnutzungen nicht einfach addieren lassen. Deshalb ist diese Methode nur begrenzt praktikabel und dient lediglich als Hilfslösung.

c) Kosteneinflußgröße   : gefahrene Kilometer
   Verschleiß   : teils variabel, teils fix
   Technischer Fortschritt   : fix
   Wirtschaftliche Überholung : fix.

Aufgabe 20: Beschäftigungsvariable, echte Kostenträgergemeinkosten

Ein Mühlenbetrieb erzeugt aus dem Einsatzgut Getreide das Hauptprodukt (den Hauptkostenträger) Feinmehl. Dieses Produkt Feinmehl kann nicht hergestellt werden, ohne daß gleichzeitig das Nebenprodukt Kleie entsteht. Der bewertete Verbrauch von Getreide ist abhängig von der Ausbringungsmenge Feinmehl. Damit handelt es sich um beschäftigungsvariable Kosten. Diese Kosten können aber nicht nachweisbar eindeutig dem erzeugten Produkt Feinmehl zugerechnet werden, da gleichzeitig mit der Produktion des Feinmehls auch das Produkt Kleie erzeugt wird. Folglich liegen bei dem bewerteten Verbrauch von Getreide beschäftigungsvariable Kosten vor, die echte Kostenträgergemeinkosten darstellen. Vgl. auch Abschnitt 2.3.1.5.

Aufgabe 21: Beispiele für Kostenarten

a) Sondereinzelkosten der Fertigung:

- Konstruktionsmodelle, z.B. Modell eines Flugzeugs für Windkanalversuche,
- auftragsspezifische Werkzeuge,
- Lizenzen.

Sondereinzelkosten des Vertriebs:

- Verpackung,
- Fracht,
- Transportversicherung.

b) Kalkulatorische Abschreibungen in der Periode 2 für eine maschinelle Anlage, die in der ersten Periode bar gekauft wurde. Häufig sind solche „auszahlungslosen" Kosten Kostenträgergemeinkosten. Es gibt aber auch Kostenträgereinzelkosten, die nicht mit Einzahlungen in der gleichen Periode verbunden sind, z.B. bewerteter Materialverbrauch von Materialien, die bereits in der Vorperiode beschafft und bezahlt wurden.

c) Beispiel: Materialkosten, wenn der Verbrauch und die Beschaffung bei Barzahlung in der gleichen Periode erfolgen. „out of pocket costs" sind nicht immer Kostenträgereinzelkosten, was man an einem Gehalt eines Tischlermeisters erkennen kann, der die Kostenstelle Tischlerei leitet.

Aufgabe 22: Durchschnittspreisverfahren

a) Einkaufspreis (Rechnungspreis − Nachlässe)
   + Transportkosten
   + Zölle
   + Verpackungskosten
   ─────────────────────
   = Einstandspreis

b) Bei der Bestimmung des Kostenwertes pro Mengeneinheit sollen gleitende Durchschnittspreise angenommen werden. Diese werden aus dem Kostenwert aller Mengen dividiert durch die Gesamtmenge errechnet. Vor jeder Entnahme wird ein gleitender Durchschnittspreis festgestellt. Es ergibt sich als

Kostenwert pro ME am 04.02. = 8.150 / 1.000 = $\underline{8,15}$.

Entnahmen am 04.02. und am 09.02. werden zu dem gleitenden Durchschnittswert bewertet. Es ergibt sich:

Kostenwert am 04.02. = 400 · 8,15 = 3.260
Kostenwert am 09.02. = 400 · 8,15 = 3.260

Die Zwischensumme am 03.03. setzt sich zusammen aus:

Menge am 03.03. = 1.000 − 400 − 400 + 300 = 500
Kostenwert am 03.03. = 8.150 − 3.260 − 3.260 + 2.670 = 4.300
Kostenwert pro ME = 4.300 / 500 = 8,60

Die Entnahme am 03.03. wird wieder mit dem am 03.03. errechneten gleitenden Durchschnittswert bewertet:

Kostenwert der Entnahme = 200 · 8,60 = 1.720

Aufgabe 23: Verbrauchsfolgeverfahren

In der Aufgabe 22 werden die Zugänge mit steigenden Preisen bewertet. Deshalb ergibt sich bei folgenden Verbrauchsreihenfolgen:

- LIFO: Der letzte Materialzugang wird zuerst verbraucht (hoher Aufwand, niedriger Gewinn).

- FIFO: Der älteste Materialzugang wird zuerst verbraucht (niedriger Aufwand, hoher Gewinn).

- HIFO: Der teuerste Materialzugang wird zuerst verbraucht. Dies entspricht bei steigenden Preisen der Methode LIFO (hoher Aufwand, niedriger Gewinn).

- LOFO: Der billigste Materialzugang wird zuerst verbraucht. Dies entspricht bei steigenden Preisen der Methode FIFO (niedriger Aufwand, hoher Gewinn).

Aufgabe 24: Verrechnungspreisverfahren

Ziel der Verwendung des Preisdifferenzkontos durch Einführung von geplanten Verrechnungspreisen ist die Ausschaltung von Preisschwankungen auf den Beschaffungsmärkten, um Störungen der Kostenkontrolle zu vermeiden.

Die Bestände und alle Materialbewegungen des Materialbestandskontos werden mit dem Planpreis bewertet, der im Beispiel 8,50 GE/ME beträgt. Die den Lieferantenrechnungen entsprechenden Zugänge zu Istpreisen werden der Sollseite des Preisdifferenzkontos belastet. Auf der Habenseite des Preisdifferenzkontos werden die auf den Planpreis neubewerteten Zugänge verbucht; die Gegenbuchung erfolgt im Soll des Materialbestandskontos. Die zum Planpreis bewerteten Abgänge werden dem Materialbestandskonto gutgeschrieben und dem Materialkostenkonto belastet.

Preisdifferenzprozentsatz des Zugangs:

$$= \frac{\text{Saldo des Preisdifferenzkontos} \cdot 100}{\text{Anfangsbestand} + \text{Zugänge des Materialbestandskontos zu Planpreisen}}$$

$$= \frac{-230}{11.050} \cdot 100 = -0,0208 \cdot 100 = -2,08$$

Preisdifferenzkosten:

$$= \frac{\text{Preisdifferenzprozentsatz}}{100} \cdot \text{Materialverbrauch zu Planpreisen}$$

$$= \frac{-2,08}{100} \cdot 8.500 = -176,92.$$

Somit kann die Preisabweichung p von 230 GE in eine bestands- (p_{bb} = 53,08 GE) und eine verbrauchsbezogene Differenz (p_{vb} = 176,92 GE) aufgespalten werden, wobei aber nur die letzte erfolgswirksam auf dem Betriebsergebniskonto zur Verrechnung kommt.

Materialbestandskonto					Finanzkonto			
Zugänge zu Planpreisen		Abgänge zu Planpreisen					Zugänge zu Istpreisen	
AB	4.250	7 04.02.	3.400	EB	6.720	1		3.200
4 12.01.	3.400	8 09.02.	3.400			2		850
5 14.01.	850	9 03.03.	1.700			3		2.670
6 17.02.	2.550	10 p_{bb}	53,08					
		EB	2.496,92					
	11.050		11.050		6.720			6.720

Materialkostenkonto			
Abgänge zu Planpreisen			
7 04.02.	3.400	11	8.500
8 09.02.	3.400		
9 03.03.	1.700		
	8.500		8.500

Preisdifferenzkonto					Betriebsergebniskonto			
Zugänge zu Istpreisen		Zugänge zu Planpreisen						
1 12.01.	3.200	B	150	11	8.500	10 p_{vb}		176,92
2 14.01.	850	4 12.01.	3.400					
3 17.02.	2.670	5 14.01.	850					
10 p	230	6 17.02.	2.550					
	6.950		6.950					

Aufgabe 25: Lenkung von Geschäftsbereichen

Die Bereichsgemeinkosten werden im Verhältnis 3 : 1 den Geschäftsbereichen I und II zugeordnet. Somit wird GB I mit 300.000 GE, GB II mit 100.000 GE belastet. Die Problematik liegt in der Findung von konsensfähigen und möglichst verursachungsgerechten Maßgrößen zur Zuordnung der Gemeinkosten. Die Betriebsergebnisse betragen:

GB I   : 150.000
GB II :   25.000.

Die Kapitalrentabilitäten betragen:

GB I : r_I = 150.000 / 1.000.000 = 15%

GB II : r_{II} = 25.000 / 750.000 = $3,\bar{3}$%

und für das Gesamtunternehmen:

GB: r_G = 175.000 / 1.750.000 = 10%.

Der Geschäftsbereichsleiter des Geschäftsbereiches I hat in der abgeschlossenen Periode eine sich in seinem Bereich bietende Investitionsmöglichkeit in Höhe von 200.000 GE, die das Betriebsergebnis um 25.000 GE hätte steigen lassen, nicht wahrgenommen. Er hat sie nicht wahrgenommen, weil sie die Kapitalrentabilität des GB I vermindert hätte auf

GB I: $r_{I\,neu}$ = (150.000 + 25.000) / (1.000.000 + 200.000) = 14,58%.

Für das Gesamtunternehmen hätte sich die Investition bezogen auf die Kapitalrentabilität jedoch positiv ausgewirkt, denn das Investitionsprojekt hat eine Rentabilität von r_p = 25.000 / 200.000 = 12,5%, welche über der des Gesamtunternehmens liegt. Für das Gesamtunternehmen hätte sich dann ergeben

GB: $r_{G\,neu}$ (175.000 + 25.000) / (1.750.000 + 200.000) = 10,26%.

Der Geschäftsbereichsleiter des Geschäftsbereiches I handelte nicht im Interesse des gesamten Betriebes.

Aufgabe 26: Verteilung der Kosten von Vorkostenstellen auf Endkostenstellen mittels Verrechnungspreisen (einseitige Leistungsbeziehung zwischen den Vorkostenstellen)

Die Belastung der Kostenstellen mit den Abschreibungen erfolgt ausgehend von den Anteilen der Kostenstellen am Buchwert des Gesamtanlagevermögens. Hierbei wird jedoch z.B. nicht die unterschiedliche Nutzungsdauer der Anlagen in den Kostenstellen berücksichtigt. Es ergeben sich nach der Methode der Anteile am Buchwert (s. Aufgabenstellung) die Abschreibungen und die Summe der primären Kosten wie folgt:

5 Lösungshinweise

Kostenarten \ Kostenstellen	Vorkostenstellen		Endkostenstellen				Summe
	Tr	Ev	Ma	Fe	Vw	Vt	
Personalkosten	50	290	120	200	150	200	1.010
Materialkosten	100	700	770	110	20	350	2.050
Abschreibungen	100	400	50	400	10	40	1.000
Sonstige primäre Kosten	200	400	100	200	110	130	1.140
Summe der primären Kosten	450	1.790	1.040	910	290	720	5.200

a) Die Ermittlung der innerbetrieblichen Verrechnungspreise p_{Tr} und p_{Ev} der Vorkostenstellen erfolgt durch Berücksichtigung der primären Kosten und einen Vergleich der abgegebenen mit den empfangenen Leistungen dieser Kostenstellen (Gleichungsverfahren). Der Ansatz lautet:

$$3.580\, p_{Ev} = 1.790 \quad \Rightarrow \quad p_{Ev} = \underline{0{,}50 \text{ GE/kWh}}$$

$$2.600\, p_{Tr} = 450 + 140\, p_{Ev} = 450 + 70 = 520 \quad \Rightarrow \quad p_{Tr} = \underline{0{,}20 \text{ GE/tkm.}}$$

b) Die Belastung der Endkostenstellen mit den Kosten der beiden Vorkostenstellen wird errechnet aus den von den Vorkostenstellen erhaltenen Leistungen mit den unter a) ermittelten Verrechnungspreisen. Es ergibt sich folgende Tabelle:

Primäre und/oder sekundäre Kosten	Endkostenstellen				Summe
	Ma	Fe	Vw	Vt	
Summe der primären Kosten	1.040	910	290	720	2.960
Empf. Leistungen [tkm] Sekundäre Kosten von Tr (0,20 GE/tkm)	[300] 60	[450] 90	[50] 10	[1.800] 360	[2.600] 520
Empf. Leistungen [kWh] Sekundäre Kosten von Ev (0,50 GE/kWh)	[200] 100	[2.800] 1.400	[400] 200	[40] 20	[3.440] 1.720
Summe der primären und sekundären Kosten	1.200	2.400	500	1.100	5.200

Aufgabe 27: Verteilung der Kosten von Vorkostenstellen auf Endkostenstellen mittels Verrechnungspreisen (zweiseitige Leistungsbeziehung zwischen den Vorkostenstellen)

a) Die Ermittlung der innerbetrieblichen Verrechnungspreise p_{Tr} und p_{Ev} der Vorkostenstellen erfolgt durch Berücksichtigung der primären Kosten und einen Vergleich der abgegebenen mit den empfangenen Leistungen dieser Kostenstellen. Der Ansatz lautet:

$$3.000 \, p_{Tr} = 450 + 300 \, p_{Ev} \Leftrightarrow p_{Tr} = 0{,}15 + 0{,}1 \, p_{Ev} \quad (1)$$
$$3.740 \, p_{Ev} = 1.790 + 400 \, p_{Tr} \quad (2)$$

(1) in (2) eingesetzt:

$$\Leftrightarrow 3.740 \, p_{Ev} = 1.790 + 400 \cdot (0{,}15 + 0{,}1 \, p_{Ev})$$
$$\Leftrightarrow p_{Ev} = \underline{0{,}50 \text{ GE/kWh}} \quad (3)$$

(3) in (1) eingesetzt:

$$\Leftrightarrow p_{Tr} = 0{,}15 + 0{,}1 \cdot 0{,}5 = \underline{0{,}20 \text{ GE/tkm}}$$

b) Die Belastung der Endkostenstellen mit den Kosten der beiden Vorkostenstellen wird errechnet aus den erhaltenen Leistungen von den Vorkostenstellen mit den unter a) ermittelten Verrechnungspreisen. Es ergibt sich folgende Tabelle:

Primäre und/oder sekundäre Kosten	Endkostenstellen				Summe
	Ma	Fe	Vw	Vt	
Summe der primären Kosten	1.040	910	290	720	2.960
Empf. Leistungen [tkm] Sekundäre Kosten von Tr (0,20 GE/tkm)	[300] 60	[450] 90	[50] 10	[1.800] 360	[2.600] 520
Empf. Leistungen [kWh] Sekundäre Kosten von Ev (0,50 GE/kWh)	[200] 100	[2.800] 1.400	[400] 200	[40] 20	[3.440] 1.720
Summe der primären und sekundären Kosten	1.200	2.400	500	1.100	5.200

c) Die Stückkosten für ein verkauftes Stück errechnen sich mit der folgenden Formel für die Divisionskalkulation:

$$k = \frac{K_H + K_{VwP}}{x_p} + \frac{K_{Vt} + K_{VwA}}{x_A}$$

x_P = Produktionsmenge der Periode = 80 Stück
x_A = Absatzmenge der Periode = 60 Stück
K_H = gesamte Herstellkosten der Periode = 1.200 + 2.400 GE = 3.600 GE
K_{Vt} = gesamte Vertriebskosten der Periode = 1.100 GE
K_{Vw} = gesamte Verwaltungskosten der Periode = $K_{VwP} + K_{VwA}$ = 500 GE
K_{VwP} = Verwaltungskosten der Periode, die dem Produktionsbereich zuzurechnen sind = 0,8 · 500 GE = 400 GE
K_{VwA} = Verwaltungskosten der Periode, die dem Absatzbereich zuzurechnen sind = 0,2 · 500 GE = 100 GE

$$k = \frac{4.000}{80} + \frac{1.200}{60} = 50 + 20 = \underline{70}$$

Die Stückkosten betragen 70 GE/Stück.

d) Die Bewertung der nicht verkauften Stücke nach § 255 HGB muß derart vorgenommen werden, daß die Zusatzkosten und die Vertriebskosten nicht berücksichtigt werden. Beide gehören zu den sogenannten Verbotskosten nach § 255 HGB. Die Bewertungsuntergrenze berücksichtigt nur die Pflichtkosten, die Einzelkosten. Die Einzelkosten sind nicht dem Zahlenmaterial zu entnehmen. Die Bewertungsobergrenze ist die Summe aus Pflicht- und Wahlkosten, zu denen u.a. angemessene Teile der Gemeinkosten und die Verwaltungskosten zählen (zur genaueren Darstellung vgl. Übersicht 2.5). Da Zusatzkosten in der Bewertung nach § 255 HGB bei beiden Grenzen nicht berücksichtigt werden, ist die Bewertung niedriger. Die Bewertungsobergrenze kann errechnet werden.

$$k_O = \frac{K_H + K_{VwP} - \text{Zusatzkosten}}{x_p}$$

mit Zusatzkosten = 160 (s. Abschreibungsbetrag der Kostenstelle „Fertigung")

$$k_O = \frac{3.600 + 400 - 160}{80} = \underline{48 \text{ GE/Stück}}$$

Aufgabe 28: Zweistufige Divisionskalkulation

a) Es gilt für die Berechnung der Stückkosten verkaufter Einheiten:

x_P = Produktionsmenge der Periode = 20.000 Stück
x_A = Absatzmenge der Periode = 15.000 Stück
K_H = gesamte Herstellkosten der Periode = 210.000 GE
K_{Vt} = gesamte Vertriebskosten der Periode = 80.000 GE
K_{Vw} = gesamte Verwaltungskosten der Periode = $K_{VwP} + K_{VwA}$ = 40.000 GE
K_{VwP} = Verwaltungskosten der Periode, die dem Produktionsbereich zuzurechnen sind = 30.000 GE
K_{VwA} = Verwaltungskosten der Periode, die dem Absatzbereich zuzurechnen sind = 10.000 GE.

$$k = \frac{K_H + K_{VwP}}{x_p} + \frac{K_{Vt} + K_{VwA}}{x_A}$$

$$k = \frac{240.000}{20.000} + \frac{90.000}{15.000} = 12 + 6 = \underline{18 \text{ GE/Stück}}$$

b) Nein, aus den angegebenen Zahlen kann man nicht auf die Aufwendungen schließen (evtl. enthalten sie Zusatzkosten). Stimmen Kosten und Aufwendungen überein, ist der Ansatz von 5.000 Stück · 12 GE/Stück = 60.000 GE als Obergrenze für die Bewertung des Lagerzugangs möglich.

Aufgabe 29: Mehrstufige Divisionskalkulation

a) In der Brechanlage werden insgesamt 15.000 t Splittmischung hergestellt. Die Stellenkosten für den Steinbruch und die Brechanlage betragen 120.000 GE. Somit sind die Herstellkosten für 1 t Splittmischung k = 120.000 / 15.000 = 8 GE/t. Der Lagerzugang von 1.500 t wird mit 8,00 GE/t bewertet.

$\Rightarrow$ Wert des Lagerzugangs = 1.500 · 8 = 12.000 GE.

b) Zur Berechung der Selbstkosten müssen Lagerveränderungen erfaßt werden. 13.500 t Splittmischung werden in der Sortieranlage verarbeitet. Die Splittmischung hat einen Wert von

K = 13.500 · 8 = 108.000

Da keine weiteren Lagerveränderungen stattfinden, können die Stellenkosten der anderen Anlagen zu K addiert werden und ergeben die Selbstkosten K_s für 10.000 t Verkaufs-Splitt.

K_s = 108.000 + 24.000 + 18.000 + 28.000 = 178.000 GE

Die Selbstkosten pro t Verkaufssplitt betragen dann:

k_s = 178.000 / 10.000 = 17,80 GE/t.

Aufgabe 30: Mehrstufige Divisionskalkulation

a) Die einstufige Divisionskalkulation ist im vorliegenden Fall nicht zweckmäßig, weil
- sich bei vier Zwischenprodukten (Röstgut, Lauge I, Neutrallauge und Kathodenzink) Zwischenlager bilden,
- die abgesetzte Menge Elektrolytzink nicht mit der produzierten übereinstimmt.

b) Die Kosten je Tonne der Zwischenprodukte errechnen sich wie folgt:

$k_{Röstgut}$ = (1.800 · 2 + 750) / 1.450 = 3 TGE/t
$k_{Lauge\ I}$ = (1.400 · 3 + 600) / 1.200 = 4 TGE/t
$k_{Lauge\ II}$ = (1.100 · 4 + 100) / 1.000 = 4,5 TGE/t
$k_{Neutrallauge}$ = (1.000 · 4,5 + 180) / 900 = 5,2 TGE/t
$k_{Kathodenzink}$ = (800 · 5,2 + 130) / 780 = 5,5 TGE/t

Zwischenprodukt	mengenmäßiger Endbestand (t)	Kosten pro t (TGE)	Lagerwert (TGE)
Röstgut	50	3,00	150
Lauge I	100	4,00	400
Neutrallauge	100	5,20	520
Kathodenzink	180	5,50	990

c) $k_{Elektrolytzink}$ = (600 · 5,5 + 100) / 500 = 6,8

Die Selbstkosten pro t des ausgelieferten Elektrolytzinks betragen demnach:

6.800 GE/t + (90.000 GE / 450 t) = 7.000 GE/t

d) Zusätzliche Kosten pro t der Neutrallauge
⇒ (2,340 TGE/t · 100 t) / 900 t = 0,26 TGE/t

Zusätzliche Kosten pro t Kathodenzink
$\Rightarrow (0{,}26 \text{ TGE/t} \cdot 800 \text{ t}) / 780 \text{ t} = 0{,}2\overline{6} \text{ TGE/t}$

Zusätzliche Kosten pro t des Elektrolytzinks
$\Rightarrow (0{,}2\overline{6} \text{ TGE/t} \cdot 600 \text{ t}) / 500 \text{ t} = 0{,}32 \text{ TGE/t}$

Selbstkosten pro t des ausgelieferten Elektrolytzinks
$\Rightarrow \underline{7.320 \text{ GE}}$

e) Kalkulatorisches Ergebnis = Erlöse − Kosten
$\Rightarrow 450 \cdot 7.820 - 450 \cdot 7.320 = \underline{225.000 \text{ GE}}$

Aufgabe 31: Äquivalenzziffernrechnung

a) Die Leistungsarten Gold- sowie Sortenan- und -verkauf werden mit Hilfe von Äquivalenzziffern gleichnamig gemacht. Die (geschätzten) Bearbeitungszeiten dienen dann zur Bildung der Äquivalenzziffern. Folgendes Berechnungsschema ist üblich:

Leistungsarten	Stück (I)	Äquivalenz-ziffern (II)	Rechenein-heiten [RE] (III) = (I)·(II)	Anteilige Kosten [GE] (IV) = (V)·(I)	Kosten je LE [GE] (V) = (II)·(K_r)
Goldankauf	80	10	800	384	4,80
Goldverkauf	200	6	1.200	576	2,88
Sortenankauf	14.000	7	98.000	47.040	3,36
Sortenverkauf	30.000	5	150.000	72.000	2,40
			250.000	120.000	

Kosten pro Recheneinheit = K_r = 120.000 / 250.000 = 0,48 GE/RE. Die Kosten für einen Sortenverkauf betragen $\underline{2{,}40 \text{ GE}}$.

b) Die Kostenart Personalkosten dominiert bei der Kostenstelle Gold- und Sortengeschäft.

Aufgabe 32: Äquivalenzziffernrechnung

Übersichtliche Darstellung des Rechengangs:

Leistungsarten Draht mit Ø	Stück (I)	Äquivalenz- ziffern (II)	Rechenein- heiten [RE] (III) = (I) · (II)	Anteilige Kosten [GE] (IV) = (V) · (I)	Kosten je LE [GE] (V) = (II) · (K_f)
1 mm	50.000	1,8	90.000	90.000	1,80
2 mm	100.000	1,3	130.000	130.000	1,30
3 mm	140.000	1,0	140.000	140.000	1,00
			360.000	360.000	

Kosten pro RE = $K_f = \dfrac{360.000 \text{ GE}}{360.000 \text{ RE}} = 1$ GE/RE

$\Rightarrow$ Kosten je m Draht mit Ø 1 mm = <u>1,80 GE</u>

Aufgabe 33: Differenzierende Zuschlagskalkulation

Die differenzierende Zuschlagskalkulation bildet Zuschlagssätze z zur Berechnung der Gemeinkosten aus der Kostenstellenrechnung des Abrechnungszeitraumes.

a) Folgende Tabelle zur Auftragskalkulation wird berechnet:

	Auftrag	Zuschlagssätze	Summen Abrechnungszeitraum
Fertigungsmaterial	1.200 GE		120.000
Materialgemeinkosten	240 GE	z_M = 24.000 / 120.000 = 20%	
Materialkosten	1.440 GE		144.000
Fertigungslöhne	1.024 GE		100.000
Fertigungsgemeinkosten	1.536 GE	z_F = 150.000 / 100.000 = 150%	
Fertigungskosten	2.560 GE		250.000
Herstellkosten	4.000 GE		394.000
Verwaltungsgemeinkosten	400 GE	z_{Vw} = 39.400 / 394.000 = 10%	
Vertriebsgemeinkosten	200 GE	z_{Vt} = 19.700 / 394.000 = 5%	
Selbstkosten	4.600 GE		453.100

Die Selbstkosten des Auftrages betragen 4.600 GE.

b) Die Stromkosten werden nach dem tatsächlichen Verbrauch (Einzelzähler) auf die Kostenstellen umgelegt. Die Kostenstellen Material, Fertigung, Verwaltung und Vertrieb werden im Verhältnis 4 : 13 : 1 : 2 mit Stromkosten belastet. Es ändern sich die Stromkosten der Stelle und die Summe der Kostenträgergemeinkosten. An den Einzelkosten ändert sich nichts. Die Stromkosten der Abrechnungsperiode betragen 20.000 GE.

	Stromkosten	Summe der Kostenträgergemeinkosten
Material	4.000	27.000
Fertigung	13.000	147.000
Verwaltung	1.000	39.400
Vertrieb	2.000	19.700

Die Kostenträgergemeinkosten der Kostenstelle Material betragen 27.000 GE.

	Auftrag (gerundete Werte)	Zuschlagssätze	Summen Abrechnungszeitraum
Fertigungsmaterial	1.200 GE		120.000
Materialgemeinkosten	270 GE	$z_M = 27.000 / 120.000 = 22,5\%$	
Materialkosten	1.470 GE		147.000
Fertigungslöhne	1.024 GE		100.000
Fertigungsgemeinkosten	1.505 GE	$z_F = 147.000 / 100.000 = 147\%$	
Fertigungskosten	2.529 GE		247.000
Herstellkosten	3.999 GE		394.000
Verwaltungsgemeinkosten	400 GE	$z_{Vw} = 39.400 / 394.000 = 10\%$	
Vertriebsgemeinkosten	200 GE	$z_{Vt} = 19.700 / 394.000 = 5\%$	
Selbstkosten	4.599 GE		453.100

Die Herstellkosten des Auftrages betragen 3.999 GE.
Die Selbstkosten betragen 4.599 GE (genau 4.599,17 GE).

c) Die richtigen Aussagen sind angekreuzt:

In a) sind die Stromkosten (unechte) Kostenstellengemeinkosten.	[x]
In b) sind die Stromkosten (echte) Kostenstellengemeinkosten.	[ ]
In a) sind die Stromkosten Kostenträgergemeinkosten.	[x]
In b) sind die Stromkosten Kostenstelleneinzelkosten.	[x]
In b) sind die Stromkosten Kostenträgereinzelkosten.	[ ]
Die in der Aufgabe genannten Kosten des Fertigungsmaterials in Höhe von 1.200 GE sind beschäftigungsvariable Kosten.	[x]

Aufgabe 34: Betriebsabrechnungsbogen und differenzierende Zuschlagskalkulation

a) Verteilung der Kosten der Vorkostenstellen auf die Endkostenstellen:

Kostenarten \ Kostenstellen	Vorkostenstellen			Endkostenstellen			
	Fu	Re	Ev	Ma	Fe	Vw	Vt
Personalkosten	40	20	40	50	100	60	170
Materialkosten	30	10	20	10	150	10	40
kalk. Abschreibungen	50	20	60	190	340	112	53
Summe der primären Kosten	120	50	120	250	590	182	263
Sekundäre Kosten von Fu				40	40	-	40
Sekundäre Kosten von Re				-	40	10	-
Sekundäre Kosten von Ev				30	40	30	30
Summe der primären und sekundären Kosten				320	700	222	333

b) b1) Zuschlagssatz für Materialgemeinkosten $= 40$ v.H. $= z_M = \dfrac{320}{800}$

b2) Zuschlagssatz für Fertigungsgemeinkosten $= 175$ v.H. $= z_F = \dfrac{700}{400}$

b3) Zuschlagssatz für Verwaltungsgemeinkosten $= 10$ v.H. $= z_{Vw} = \dfrac{222}{2.220}$

b4) Zuschlagssatz für Vertriebsgemeinkosten $= 15$ v.H. $= z_{Vt} = \dfrac{333}{2.220}$

c) c1) Herstellkosten des Auftrages = 2.700 GE = 1.000 + 200 + 600 + 900

c2) Selbstkosten des Auftrages = 3.105 GE = 2.700 + 270 + 135

Aufgabe 35: Innerbetriebliche Leistungsverrechnung und differenzierende Zuschlagskalkulation

a) Die Ermittlung der innerbetrieblichen Verrechnungspreise p_{Fu} und p_{Re} der Vorkostenstellen erfolgt durch einen Vergleich der abgegebenen mit den empfangenen Leistungen und der Summe der primären Kosten der Vorkostenstellen. Der Ansatz lautet:

$$100.000 p_{Fu} = 70.000 + 400 \, p_{Re}$$
$$\Rightarrow \quad p_{Fu} = 0{,}7 + 0{,}004 \, p_{Re} \qquad (1)$$

$$4.000 p_{Re} = 96.000 + 5.000 \, p_{Fu} \qquad (2)$$

(1) in (2) eingesetzt:

$$\Rightarrow 4.000 p_{Re} = 96.000 + 5.000 \cdot (0{,}7 + 0{,}004 \, p_{Re})$$
$$\Rightarrow \quad p_{Re} = \underline{25{,}00 \text{ GE/h}} \qquad (3)$$

(3) in (1) eingesetzt:

$$\Rightarrow \quad p_{Fu} = 0{,}7 + 0{,}004 \cdot 25{,}00 = \underline{0{,}80 \text{ GE/km}}$$

b) Die Belastung der Endkostenstellen mit den Kosten der beiden Vorkostenstellen wird errechnet aus den erhaltenen Leistungen von den Vorkostenstellen mit den unter a) ermittelten Verrechnungspreisen. Es ergibt sich folgende Tabelle:

Primäre und/oder sekundäre Gemeinkosten	Endkostenstellen			
	Ma	Fe	Vw	Vt
Summe der primären Kosten	20.000	338.000	70.400	25.600
Empf. Leistungen [km]	[5.000]	[0]	[80.000]	[10.000]
Sekundäre Kosten von Fu (0,80 GE/km)	4.000	0	64.000	8.000
Empf. Leistungen [h]	[0]	[3.600]	[0]	[0]
Sekundäre Kosten von Re (25,00 GE/h)	0	90.000	0	0
Summe der primären und sekundären Gemeinkosten	24.000	428.000	134.400	33.600

c) Die Selbstkosten des Auftrages sollen mit der differenzierenden Zuschlagskalkulation berechnet werden:

	(gerundete Werte)	Zuschlagssätze / Summen
Fertigungsmaterial	1.200 GE	120.000
Materialgemeinkosten	240 GE	$z_M = 24.000 / 120.000 = 20\%$
Materialkosten	1.440 GE	144.000
Fertigungslöhne	2.000 GE	100.000
Fertigungsgemeinkosten	8.560 GE	$z_F = 428.000 / 100.000 = 428\%$
Fertigungskosten	10.560 GE	528.000
Herstellkosten	12.000 GE	672.000
Verwaltungsgemeinkosten	600 GE	$z_{Vw} = 33.600 / 672.000 = 5\%$
Vertriebsgemeinkosten	2.400 GE	$z_{Vt} = 134.400 / 672.000 = 20\%$
Selbstkosten	15.000 GE	840.000

Die Selbstkosten des Auftrages betragen 15.000 GE.

Aufgabe 36: Differenzierende Zuschlagskalkulation im Zweiproduktbetrieb

a) Die Zahlenwerte A bis T errechnen sich wie folgt:

$$
\begin{aligned}
A &= 4.000 \cdot 140 / 2.800 &&= 200 \\
B &= 1.200 \cdot 140 / 2.800 &&= 60 \\
C &= 4.000 + 200 &&= 4.200 \\
D &= 2.800 + 140 &&= 2.940 \\
E &= 1.200 + 60 &&= 1.260 \\
F &= 960 + 1.440 &&= 2.400 \\
G &= 960 \cdot 6.000 / 2.400 &&= 2.400 \\
H &= 1.440 \cdot 6.000 / 2.400 &&= 3.600 \\
I &= 2.400 + 6.000 &&= 8.400 \\
J &= 960 + 2.400 &&= 3.360 \\
K &= 1.440 + 3.600 &&= 5.040 \\
L &= 2.940 + 3.360 &&= 6.300 \\
M &= 1.260 + 5.040 &&= 6.300 \\
N &= 1.260 + 0 &&= 1.260 \\
O &= 12.600 - 1.260 &&= 11.340 \\
P &= 6.300 - 1.260 &&= 5.040 \\
Q &= 11.340 - 5.040 &&= 6.300 \\
R &= 5.040 \cdot 2.268 / 11.340 &&= 1.008 \\
S &= 6.300 \cdot 2.268 / 11.340 &&= 1.260 \\
T &= 5.040 + 1.008 &&= 6.048
\end{aligned}
$$

b) Die Kostenauflösung der Herstellkosten der Erzeugung K_{He} in fixe und variable Kosten hat ergeben,

$$K_{He} = 8 x_1 + 10 x_2 + 5.600,$$

während für die Koeffizienten der Einzelkosten gilt:

x_1: $(2.800 + 960) / 500 = 7,52 < 8$
x_2: $(1.200 + 1.440) / 300 = 8,80 < 10$.

Aus der Gleichung für K_{He} erkennt man, daß die variablen Herstellkosten 8 GE/Stück für Produkt 1 bzw. 10 GE/Stück für Produkt 2 betragen. Ferner läßt sich aus derselben Gleichung entnehmen, daß sich die fixen Herstellkosten auf 5.600 GE belaufen. Demgegenüber zeigt die Übersicht, daß die Stückeinzelkosten 7,52 GE/Stück für Produkt 1 bzw. 8,80 GE/Stück für Produkt 2 betragen. Die Gemeinkosten belaufen sich auf 6.200 GE.

In Übersicht 1.6 wurde veranschaulicht, daß die Kostenträgereinzelkosten immer kleiner oder gleich den beschäftigungsvariablen Kosten sind. Die positive Differenz zwischen variablen Kosten und Einzelkosten kann z.B. auf den unechten Stückgemeinkosten beruhen. Das sind die Kosten, die sich einem einzelnen Stück zurechnen ließen, bei denen aber aus praktischen Gründen eine Erfassung bei dem einzelnen Stück nicht erfolgt. Ein Standardbeispiel ist der bewertete Verbrauch von Leim bei der Möbelproduktion.

Aus Übersicht 1.6 geht weiterhin hervor, daß es darüber hinaus beschäftigungsvariable Kosten gibt, die weder Kostenträgereinzelkosten noch unechte Kostenträgergemeinkosten sind. Neben dem wichtigen Fall der Kuppelproduktion ist hier der bewertete Verbrauch von Schmiermitteln für Maschinen zu nennen.

c) 1 Mögliche Bewertungen von Lagerbeständen nach Handelsrecht

    1.1   Voll„kosten"

    1.2   Teil„kosten"

    1.3   Sonstige (vgl. z.B. Niederstwertprinzip für Umlaufvermögen)

  2 Bewertung im vorliegenden Fall

    2.1   nach Vollkosten: Es ist zu beachten, daß die Fertigungskosten 1.200 GE Zusatzkosten enthalten. Diese sind für Zwecke der handelsrechtlichen Bewertung zu eliminieren, so daß der Herstellaufwand 11.400 GE beträgt. Da in der Aufgabenstellung Verwaltungs- und Vertriebskosten nur als Summe aufgeführt sind, kann man angemessene Verwaltungskosten nicht angeben. Die in den kalkulatorischen Abschreibungen enthaltenen Zusatzkosten von

1.200 GE lassen sich nicht verursachungsgemäß den Produkten zuordnen. Nach dem Kalkulationsschema der differenzierenden Zuschlagskalkulation entfallen 480 GE auf Produkt 1 und 720 GE auf Produkt 2, weil die Fertigungsgemeinkosten im Verhältnis 2 : 3 aufgeteilt werden.

Es ergibt sich somit für den Wert der Lagerbestandserhöhung nach Vollkosten:

$$\frac{(6.300-480)}{500} \cdot 100 = \underline{1.164 \text{ GE}}$$

(Eventuell könnten zu diesem Wert noch angemessene Verwaltungskosten addiert werden, s.o.).

2.2 Für die Untergrenze der Herstellungskosten nach Teilkosten gemäß § 255 II HGB sind die Einzelkosten entscheidend, die keine Zusatzkosten enthalten. Es ergibt sich als Wert der Lagerbestandserhöhung:

$$7{,}52 \cdot 100 = \underline{752 \text{ GE}}$$

Aufgabe 37: Maschinenstundensatzkalkulation

a) Beispiele für Kostenarten, die als maschinenabhängige Kosten in Frage kommen, sind
   1. (kalkulatorische) Abschreibungen
   2. kalkulatorische Zinsen auf Maschinen
   3. Instandhaltungskosten
   4. Energiekosten
   5. Werkzeugkosten (Fräser, Bohrer etc.).

b) Die Selbstkosten pro Stück für die Produkte A und B sollen mit Hilfe der differenzierenden Zuschlagskalkulation errechnet werden!

Position	Kosten pro Stück für Produkt A	Kosten pro Stück für Produkt B
Fertigungsmaterial	5,6 = 2.800 / 500	4,0 = 1.200 / 300
Materialgemeinkosten	0,28 = 5,6 · 200 / 4.000	0,2 = 4,0 · 200 / 4.000
Materialkosten	5,88 = 5,6 + 0,28	4,2 = 4,0 + 0,2
Fertigungslöhne	1,92 = 960 / 500	4,8 = 1.440 / 300
Fertigungsgemeinkosten	4,8 = 1,92 · 6.000 / 2.400	12 = 4,8 · 6.000 / 2.400
Fertigungskosten	6,72 = 1,92 + 4,8	16,8 = 4,8 + 12
Herstellkosten	12,6 = 5,88 + 6,72	21 = 4,2 + 16,8
Verwaltungs- und Vertriebsgemeinkosten	2,52 = 12,6 · 2.520 / 12.600	4,2 = 21 · 2.520 / 12.600
Selbstkosten	15,12 = 12,6 + 2,52	25,2 = 21 + 4,2

c) Die Selbstkosten pro Stück für die Produkte A und B sollen mit Hilfe der Maschinenstundensatzkalkulation errechnet werden!

c1)
$$\text{Fertigungsstundensatz} = \frac{\text{Lohnabhängige Gemeinkosten} + \text{Fertigungslöhne}}{\text{Fertigungsstunden}}$$

$$= \frac{\text{Lohnabhänige Kosten}}{\text{Fertigungsstunden}}$$

$$= \frac{2.400 + 2.400}{200} = \underline{24{,}00 \text{ GE/Std}}$$

$$\text{Maschinenstundensatz} = \frac{\text{Maschinenabhängige Kosten}}{\text{Maschinenstunden}}$$

$$= \frac{3.600}{120} = \underline{30{,}00 \text{ GE/Std}}$$

c2) Die Selbstkosten mit der Maschinenstundensatzkalkulation errechnen sich wie folgt:

Position	Kosten pro Stück für Produkt A	Kosten pro Stück für Produkt B
Fertigungsmaterial	5,6 = 2.800 / 500	4,0 = 1.200 / 300
Materialgemeinkosten	0,28 = 5,6 · 200 / 4.000	0,2 = 4 · 200 / 4.000
Materialkosten	5,88 = 5,6 + 0,28	4,2 = 4,0 + 0,2
lohnabhängige Fe-Kosten	3,84 = 24 · 80 / 500	9,6 = 24 · 120 / 300
maschinenabhängige Fertigungskosten	4,8 = 30 · 80 / 500	4,0 = 30 · 40 / 300
Fertigungskosten	8,64 = 3,84 + 4,8	13,6 = 9,6 + 4,0
Herstellkosten	14,52 = 5,88 + 8,64	17,8 = 4,2 + 13,6
Verwaltungs- und Vertriebsgemeinkosten	2,90 = 14,52 · 2.520 / 12.600	3,56 = 17,8 · 2.520 / 12.600
Selbstkosten	17,42 = 14,52 + 2,90	21,36 = 17,8 + 3,56

d) Bei der differenzierenden Zuschlagskalkulation dienen als Bemessungsgrundlage für die Verrechnung der Fertigungsgemeinkosten ausschließlich die Fertigungslöhne. Da sich die Fertigungslöhne auf die Produkte A und B im Verhältnis 2 : 3 aufteilen, werden die Fertigungsgemeinkosten zu 40% dem Produkt A und zu 60% dem Produkt B zugerechnet.

Bei der Maschinenstundensatzkalkulation werden für die Verrechnung der Fertigungsgemeinkosten die beiden Bezugsgrundlagen Fertigungsstunden und Maschinenstunden gewählt. Bei der Verrechnung der Fertigungsgemeinkosten wirkt sich bei Aufgabenstellung c) aus, daß die Produktion des Produktes A eine größere Maschinenlaufzeit erfordert als die des Produktes B. Die Fertigungseinzelkosten des Produktes A sind somit höher bei Aufgabenstellung c) als bei Aufgabenstellung b). Weil die Fertigungsgemeinkosten und die Materialkosten des Produktes A in beiden Aufgabenstellungen gleich sind, gilt die Aussage auch für die Herstellkosten. Gemessen an der absoluten Differenz der Selbstkosten verstärkt sich der Effekt noch durch den proportionalen Aufschlag der Verwaltungs- und Vertriebsgemeinkosten auf die Herstellkosten.

Man kann auch vom Produkt B her argumentieren:

Bei Aufgabenstellung b) wurden die Fertigungsgemeinkosten unter Zugrundelegung eines Zuschlagssatzes von 250% auf die Produkte A und B verteilt. Es wurde dabei nicht berücksichtigt, daß Produkt B viel lohnintensiver gefertigt wird als Produkt A, was sich darin zeigt, daß für B 120 Fertigungsstunden für nur 300 Stück anfallen, während es für A nur 80 Fertigungsstunden für 500 produzierte Stücke sind. Da die differenzierende Zuschlagskalkulation die Fertigungsgemeinkosten nur nach den Fertigungseinzelkosten verteilt, werden dem Produkt B im Vergleich zur hier „genaueren" Maschinenstundensatzkalkulation zu hohe Fertigungsgemeinkosten angelastet.

Aufgabe 38: Maschinenstundensatzkalkulation, differenzierende Zuschlagskalkulation und Bedienungsverhältnis

a) a1) Gesamtkosten = K = 150.000 GE
Einzelkosten = EK = 50.000 GE
Gemeinkosten = GK = K − EK = 100.000 GE

$$\Rightarrow \text{Zuschlagssatz} = \frac{GK}{EK} = \frac{100.000}{50.000} = 2 = 200\%$$

Für Auftrag A fielen 375 DM Fertigungseinzelkosten (FeEK$_A$) an. Die Fertigungsgemeinkosten (FeGK$_A$) belaufen sich auf:

FeGK$_A$ = FeEK$_A$ · Zuschlagssatz = 375 GE · 2 = 750 GE

$\Rightarrow$ Fertigungskosten Auftrag A = FeEK$_A$ + FeGK$_A$
= 375 + 750 = <u>1.125 GE</u>

Für Auftrag B gilt analog:

$\Rightarrow$ Fertigungskosten Auftrag B = FeEK$_B$ + FeGK$_B$
= 375 + (375 · 2) = <u>1.125 GE</u>

a2) Die Fertigungskosten für beide Aufträge fielen in gleicher Höhe an. Da für alle Aufträge einheitlich mit einem Zuschlagssatz von 200% auf die FeEK zur Verrechnung der FeGK gearbeitet wird und für beide Aufträge jeweils 30 Fertigungsstunden angefallen sind (also die FeEK der Aufträge übereinstimmen), müssen auch die Fertigungskosten übereinstimmen.

Unberücksichtigt bleibt bei dieser Verrechnungsart die Abhängigkeit der FeGK von der Maschinenlaufzeit. Da die FeGK anhand der FeEK, welche primär Lohnkosten enthalten, verteilt werden, wird im angewendeten Aufschlagssatz auch lediglich die Lohnabhängigkeit der FeGK berücksichtigt.

b1)

$$\text{Maschinenstundensatz} = \frac{\text{maschinenabh. Gemeinkosten}}{\text{Maschinenlaufzeit}} = \frac{100.000\,\text{GE} \cdot 0{,}6}{2.000\,\text{Std.}}$$

$$= \frac{60.000\,\text{GE}}{2.000\,\text{Std.}} = \underline{30{,}00\,\text{GE/Std}}$$

$$\text{Fertigungsstundensatz} = \frac{\text{EK} + \text{lohnabh. GK}}{\text{geleistete Arbeitsstunden}}$$

$$= \frac{50.000\,\text{GE} + 100.000\,\text{GE} \cdot 0{,}4}{4.000\,\text{Std.}}$$

$$= \frac{90.000\,\text{GE}}{4.000\,\text{Std.}} = \underline{22{,}50\,\text{GE/Std}}$$

b2) Fertigungskosten Auftrag A = 30 · 22,50 + 15 · 30 = $\underline{1.125\,\text{GE}}$

Fertigungskosten Auftrag B = 30 · 22,50 + 40 · 30 = $\underline{1.875\,\text{GE}}$

c) c1)

$$\text{Bedienungsverhältnis} = \frac{\text{Fertigungsstunden}}{\text{Maschinenstunden}}$$

für Auftrag A   = 30 / 15 = $\underline{2{,}00}$

für Auftrag B   = 30 / 40 = $\underline{0{,}75}$

c2)

c21) Zuschlags- und Maschinenstundensatzkalkulation liefern bei Auftrag A identische Fertigungskosten, da das Bedienungsverhältnis (BV) des Auftrages dem der Gesamtperiode entspricht. Somit wurden die maschinenabhängigen Fertigungsgemeinkosten bei der Zuschlagskalkulation zutreffend verrechnet.

c22) Die Zuschlagskalkulation liefert für Auftrag B niedrigere Fertigungskosten als die Maschinenstundensatzkalkulation, da das Bedienungsverhältnis des Auftrages niedriger ist als das der Gesamtperiode. Somit wurden bei der Zuschlagskalkulation zu wenig Maschinenstunden berücksichtigt.

Aufgabe 39: Maschinenstundensatzkalkulation, differenzierende Zuschlagskalkulation und Bedienungsverhältnis

a) Die Ermittlung der innerbetrieblichen Verrechnungspreise p_{Fu} und p_{Re} der Vorkostenstellen erfolgt durch einen Vergleich der abgegebenen mit den empfangenen Leistungen und der Summe der primären Kosten der Vorkostenstellen. Der Ansatz lautet:

$$20.000\, p_{Fu} = 14.800 + 30\, p_{Re}$$
$$\Rightarrow \quad p_{Fu} = 0{,}74 + 0{,}0015\, p_{Re} \qquad (1)$$

$$150\, p_{Re} = 5.600 + 500\, p_{Fu} \qquad (2)$$

(1) in (2) eingesetzt:

$$\Rightarrow 150\, p_{Re} = 5.600 + 500 \cdot (0{,}74 + 0{,}0015\, p_{Re})$$
$$\Rightarrow \quad p_{Re} = \underline{40{,}00\ \text{GE/h}}. \qquad (3)$$

(3) in (1) eingesetzt:

$$\Rightarrow \quad p_{Fu} = 0{,}74 + 0{,}0015 \cdot 40{,}00 = \underline{0{,}80\ \text{GE/km}}$$

b) Die Belastung der Endkostenstellen mit den Kosten der beiden Vorkostenstellen wird errechnet aus den erhaltenen Leistungen von den Vorkostenstellen mit den unter a) ermittelten Verrechnungspreisen. Es ergibt sich folgende Tabelle:

Primäre und/oder sekundäre Gemeinkosten	Endkostenstellen			
	Ma	Fe	Vw	Vt
Summe der primären Kosten	3.200	115.200	9.200	20.800
Empf. Leistungen [km]	[1.000]	[0]	[2.500]	[16.000]
Sekundäre Kosten von Fu (0,80 GE/km)	800	0	2.000	12.800
Empf. Leistungen [h]	[0]	[120]	[0]	[0]
Sekundäre Kosten von Re (25,00 GE/h)	0	4.800	0	0
Summe der primären und sekundären Gemeinkosten	<u>4.000</u>	<u>120.000</u>	<u>11.200</u>	<u>33.600</u>

c) Ermittlung des Fertigungs- und Maschinenstundensatzes:

c1)

$$\text{Fertigungsstundensatz} = \frac{\text{Lohnabhängige Gemeinkosten} + \text{Fertigungslöhne}}{\text{Fertigungsstunden}}$$

$$= \frac{\text{Lohnabhängige Kosten}}{\text{Fertigungsstunden}}$$

$$= \frac{48.000 + 60.000}{4.000} = \underline{27{,}00\ \text{GE/Std}}$$

c1)

$$\text{Maschinenstundensatz} = \frac{\text{Maschinenabhängige Kosten}}{\text{Maschinenstunden}}$$

$$= \frac{67.200 + 4.800}{1.200} = \underline{60,00 \text{ GE/Std}}$$

d) Die Selbstkosten mit der Maschinenstundensatzkalkulation errechnen sich wie folgt:

		Zuschlagssätze / Stundenkalkulation
Fertigungsmaterial	6.000 GE	40.000
Materialgemeinkosten	600 GE	z_M = 4.000 / 40.000 = 10%
Materialkosten	6.600 GE	44.000
Lohnabhängige Fertigungskosten	5.400 GE	200 · 27
Maschinenabhängige Fe-Kosten	6.000 GE	100 · 60
Fertigungskosten	11.400 GE	180.000
Herstellkosten	18.000 GE	224.000
Verwaltungsgemeinkosten	900 GE	z_{Vw} = 11.200 / 224.000 = 5%
Vertriebsgemeinkosten	2.700 GE	z_{Vt} = 33.600 / 224.000 = 15%
Selbstkosten	21.600 GE	268.800

Die Selbstkosten des Auftrages betragen 21.600 GE.

e) Die Selbstkosten mit der differenzierenden Zuschlagskalkulation errechnen sich wie folgt:

		Zuschlagssätze / Stundenkalkulation
Fertigungsmaterial	6.000 GE	40.000
Materialgemeinkosten	600 GE	z_M = 4.000 / 40.000 = 10%
Materialkosten	6.600 GE	44.000
Fertigungslöhne	3.000 GE	60.000
Fertigungsgemeinkosten	6.000 GE	z_F = 120.000 / 60.000 = 200%
Fertigungskosten	9.000 GE	180.000
Herstellkosten	15.600 GE	224.000
Verwaltungsgemeinkosten	780 GE	z_{Vw} = 11.200 / 224.000 = 5%
Vertriebsgemeinkosten	2.340 GE	z_{Vt} = 33.600 / 224.000 = 15%
Selbstkosten	18.720 GE	268.800

Die Selbstkosten des Auftrages betragen 18.720 GE.

f) f1) Definition Bedienungsverhältnis[5]

$$\text{Bedienungsverhältnis} = \text{BV} = \frac{\text{Fertigungsstunden}}{\text{Maschinenstunden}}$$

$$\text{BV des Abrechnungszeitraumes} = \frac{4.000}{1.200} = 3,\overline{3}$$

$$\text{BV des Auftrages} = \frac{200}{100} = 2$$

Die ungleichen Ergebnisse sind auf die unterschiedliche Verteilung der Fertigungsgemeinkosten zur Ermittlung der Herstellkosten zurückzuführen. Der ausgeführte Auftrag ist stärker maschinenorientiert als der Durchschnitt der Aufträge des Abrechnungszeitraumes. Das Bedienungsverhältnis ist kleiner. Bei der differenzierenden Zuschlagskalkulation in Aufgabe e) werden die Fertigungsgemeinkosten proportional zu den Fertigungseinzelkosten angesetzt. Wegen des niedrigeren Bedienungsverhältnisses des Auftrages im Vergleich zum Abrechnungszeitraum werden dem Auftrag zu geringe Fertigungsgemeinkosten zugerechnet. Die Differenz zur Aufgabenstellung d) wird bei den Selbstkosten durch die niedrigeren Herstellkosten noch größer, da ein geringerer Verwaltungs- und Vertriebskostenanteil zugeschlagen wird.

Quantitativ läßt sich der Effekt folgendermaßen beschreiben:

Bei der Maschinenstundensatzkalkulation ergeben sich Fertigungsgemeinkosten des Auftrages (Fertigungskosten − Fertigungslöhne) nach der Formel:

$$\begin{array}{l} \text{Lohnabhängige GK} \\ \text{des Abrechnungszeitraumes} \end{array} \cdot \frac{\text{Fertigungsstd. des Auftrages}}{\text{Fertigungsstd. des Abr.-Zeitr.}}$$

$$+ \begin{array}{l} \text{Maschinenabh. Kosten} \\ \text{des Abrechnungszeitraumes} \end{array} \cdot \frac{\text{Maschinenstd. des Auftrages}}{\text{Maschinenstd. des Abr.-Zeitr.}}$$

Bei der differenzierenden Zuschlagskalkulation ergeben sich die Fertigungsgemeinkosten nach folgender Gleichung:

$$\left[\begin{array}{l} \text{Lohnabh.} \\ \text{Gemeink.} \end{array} + \begin{array}{l} \text{Maschinenabh.} \\ \text{Kosten} \end{array}\right] \cdot \frac{\text{Fertigungsstd. des Auftrages}}{\text{Fertigungsstd. des Abr.-Zeitr.}}$$

---

[5] *L. Haberstock*, Kostenrechnung II. (Grenz-) Plankostenrechnung mit Fragen, Aufgaben und Lösungen. 10. Aufl., Berlin 2008, S. 60.

Für die Differenz der Fertigungskosten folgt daraus:

$$\begin{aligned}&\text{Fertigungskosten bei} &&\text{Fertigungskosten bei}\\ &\text{Maschinenstundensatzkalk.} &- &\text{differenzierender Zuschlagskalk.}\end{aligned}$$

$$= \begin{array}{c}\text{Maschinenabh. Kosten}\\ \text{des Abrechungszeitr.}\end{array} \cdot \left[\frac{\text{Maschinenstunden des Auftrages}}{\text{Maschinenstunden des Abr.-Zeitr.}} - \frac{\text{Fertigungsstunden des Auftrages}}{\text{Fertigungsstunden des Abr.-Zeitr.}}\right]$$

$= 72.000 \, (1/12 - 1/20) = \underline{2.400}$.

Das Vorzeichen in der Klammer kann offensichtlich durch die Bedienungsverhältnisse beschrieben werden.

f2) Im Fertigungsbereich sind verursachungsgerechte Beziehungen zwischen Gemeinkosten und Bezugsgrößen relativ gut darstellbar. In lohnintensiven (handarbeitsintensiven) Bereichen kann man die Fertigungslöhne wählen, während in mechanisierten und automatisierten Bereichen mit verhältnismäßig geringem Lohnkostenanteil an den Gesamtkosten die Maschinenstundensatzkalkulation Verwendung findet.

Ein Industriebetrieb sollte möglichst dann die Maschinenstundensatzkalkulation der differenzierenden Zuschlagskalkulation vorziehen, wenn die Aufträge sehr heterogene Bedienungsverhältnisse aufweisen. Dabei wird die Problematik um so gewichtiger, je maschinenintensiver gefertigt wird. Darüber hinaus besagt eine Faustregel der Praxis, daß bei Fertigungsgemeinkostenzuschlägen über 300% ein Übergang zur Maschinenstundensatzkalkulation in Frage kommt.

f3) Für die Registrierung von Maschinenlaufzeiten, Störungen etc. sind Betriebsdatenerfassungsgeräte erforderlich. Dadurch würden u. U. Arbeitnehmer stärker kontrolliert. Es gibt Beispiele, in denen Arbeitnehmervertreter sich dagegen wehren, insbesondere in Großbetrieben. So wird bei VW trotz Zuschlagssätzen über 1.000% auch für die Motorenstraße die differenzierende Zuschlagskalkulation angewendet.

Aufgabe 40: Prozeßkostenrechnung vs. differenzierende Zuschlagskalkulation

a)

	Produkt A	Produkt B	Summe
Ma-Ek	300.000 GE	200.000 GE	500.000 GE
Gmk-Angebot	660.000 GE	440.000 GE	1.100.000 GE
Gmk-Bestellung	132.000 GE	88.000 GE	220.000 GE
Gmk-Qualität	486.000 GE	324.000 GE	810.000 GE
Materialkosten	1.578.000 GE	1.052.000 GE	2.630.000 GE

b)

b1) Leistungsmengenneutrale Kosten entstehen prozeßmengenunabhängig. Sie werden deshalb als „fix" angesehen (z.B. Mitarbeiter beurteilen, Abteilung leiten). Diese Kosten werden über prozentuale Zuschlagssätze auf die Produkte verrechnet. Leistungsmengeninduzierte Kosten sind prozeßmengenabhängig (z.B. Angebote bearbeiten, Material prüfen) und werden mit entsprechenden Prozeßkostensätzen verrechnet.

A. G. Coenenberg, T. M. Fischer u. T. Günther, Kostenrechnung und Kostenanalyse. 7. Aufl., Stuttgart 2009, S. 159.

b2) Prozeßgröße: Anzahl der durchgeführten Bestellungen.

b3) Prozeßmenge: 200 Stück (Bestellungen)
Prozeßkosten: 2.000.000 GE
Prozeßkostensatz = Prozeßkosten : Prozeßmenge = 10.000 GE.

b4) Umlagesatz = $\dfrac{\text{lmn Kosten}}{\text{lmi Kosten}} = \dfrac{130.000}{2.000.000} = 0{,}065 = 6{,}5\%$.

	Produkt A	Produkt B	Summe
Materialeinzelkosten	300.000 GE	200.000 GE	500.000 GE
lmi	500.000 GE	1.500.000 GE	2.000.000 GE
lmn	32.500 GE	97.500 GE	130.000 GE
Materialkosten	832.500 GE	1.797.500 GE	2.630.000 GE

c) Bei der differenzierenden Zuschlagskalkulation erfolgt die Zurechnung der Gemeinkosten auf Basis der Einzelkosten, also proportional. Die Prozeßkostenrechnung ermöglicht eine verursachungsgerechtere Gemeinkostenzurechnung, da man die Inanspruchnahme der Kostenstellen durch die verschiedenen Produkte berücksichtigt. Konkret wird in der Aufgabenstellung b), also durch die

Prozeßkostenrechnung, eine etwas bessere Verteilung der Gemeinkosten vorgenommen und spiegelt somit eher die tatsächlich anfallenden Kosten wider.

A. G. Coenenberg, T. M. Fischer u. T. Günther, Kostenrechnung und Kostenanalyse. 7. Aufl., Stuttgart 2009, 4. Kapitel.

Aufgabe 41: Prozeßkostenrechnung vs. differenzierende Zuschlagskalkulation

a)

	Produkt A	Produkt B	Produkt C	Summe
Materialeinzelkosten	30	270	90	390
Materialgemeinkosten	108	972	324	1.404
Materialkosten	138	1.242	414	1.794
Fertigungseinzelkosten	50	70	60	180
Fertigungsgemeinkosten	1.100	1.540	1.320	3.960
Fertigungskosten	1.150	1.610	1.380	4.140
Herstellkosten	1.288	2.852	1.794	5.934
Verwaltungs/Vertriebs-Gemeinkosten	644	1.426	897	2.967
Selbstkosten	1.932	4.278	2.691	8.901

b) Material:

    Prozeßgröße: Anzahl Bestellungen
    Prozeßmenge   = 180
    Prozeßkosten   = 1.170 TGE
    Prozeßkostensatz = 1.170 TGE / 180 = 6,50 TGE
    Umlagesatz   = lmn / lmi = 234 TGE / 1.170 TGE = 0,2 = 20%.

Fertigung:

i) Prozeßgröße: Maschinenlaufstunden
   Prozeßmenge   = 60
   Prozeßkosten   = 2.700 TGE
   Prozeßkostensatz = 2.700 TGE / 60 = 45 TGE.

ii) Prozeßgröße: Lose
    Prozeßmenge   = 9
    Prozeßkosten   = 900 TGE
    Prozeßkostensatz = 900 TGE / 9 = 100 TGE.
    Umlagesatz   = 360 TGE / 3.600 TGE = 0,1 = 10%.

Verwaltung/Vertrieb:

Prozeßgröße: Umfang der Produktpalette
Prozeßmenge   = 3
Prozeßkosten   = 1.773 TGE
Prozeßkostensatz = 1.773 TGE / 3 = 591 TGE
Umlagesatz   = 1.194 TGE / 5.934 TGE = 0,2012.

	Produkt A	Produkt B	Produkt C	Summe
Ma-Ek	30	270	90	390
Ma-lmi	65	650	455	1.170
Ma-lmn	13	130	91	234
Ma-Kosten	*108*	*1.050*	*636*	*1.794*
Fe-Ek	50	70	60	180
Fe-lmi (i)	1.800	450	450	2.700
Fe-lmi (ii)	500	200	200	900
Fe-lmn	230	65	65	360
Fe-Kosten	*2.580*	*785*	*775*	*4.140*
Herstellkosten	*2.688*	*1.835*	*1.411*	*5.934*
Vw/Vt-lmi	591	591	591	1.773
Vw/Vt-lmn	540,86	369,23	283,91	1.194
Vw/Vt-Kosten	*1.131,86*	*960,23*	*874,91*	*2.967*
Selbstkosten	*3.819,86*	*2.795,23*	*2.285,91*	*8.901*

c) Vgl. Aufgabe 40 b1) und c)

A. G. Coenenberg, T. M. Fischer u. T. Günther, Kostenrechnung und Kostenanalyse. 7. Aufl., Stuttgart 2009.

Aufgabe 42: Kalkulation von Kuppelprodukten

a) Berechnung der Verwertungsüberschüsse bei den Nebenprodukten Koks, Teer, Benzol und Ammoniumsulfat:

$$
\begin{aligned}
VÜ &= (235 - 10) \cdot 2.200 & &\text{Koks} \\
&+ (170 - 20) \cdot 91 & &\text{Teer} \\
&+ (500 - 100) \cdot 30 & &\text{Benzol} \\
&+ (200 - 150) \cdot 27 & &\text{Ammoniumsulfat} \\
&= \underline{522.000 \text{ GE}}.
\end{aligned}
$$

Die Restkosten betragen dann:

RK = 531.160 − 522.000 = 9.160 GE.

b) Berechnung der Verwertungsüberschüsse bei den Nebenprodukten Gas, Teer, Benzol und Ammoniumsulfat.

VÜ = (0,05 − 0,03) · 1.000.000 Gas
   + (170 − 20) · 91   Teer
   + (500 − 100) · 30   Benzol
   + (200 − 150) · 27   Ammoniumsulfat
   = 47.000 GE.

Die Restkosten betragen dann:

RK = 531.160 − 47.000 = 484.160 GE.

c) In dieser Aufgabe sollen die Verwertungsüberschüsse pro Mengeneinheit als Gewichtungsfaktoren dienen.

Produktart	ME	Erzeugte Menge (ME) (I)	Verwertungsüberschuß pro ME (GE/ME) (II)	Recheneinheiten (RE) (III) = (I) · (II)	Anteilige Kosten (GE) (IV) = (K) · (III)	Kosten je ME (GE/ME) (V) = (K) · (II)
Gas	m³	1.000.000	0,02	20.000	19.600	0,0196
Koks	t	2.200	225,00	495.000	485.100	220,50
Teer	t	91	150,00	13.650	13.377	147,00
Benzol	t	30	400,00	12.000	11.760	392,00
Amm.-sulf.	t	27	50,00	1.350	1.323	49,00
			Summe =	542.000	531.160	

Die Gesamtkosten K pro Recheneinheit (RE) ergeben sich als:

K = 531.160 / (20.000 + 495.000 + 13.650 + 12.000 + 1.350)
  = 0,98 GE/RE.

d) Die verschiedenen Ergebnisse weisen darauf hin, daß die dargestellten Verfahren für die Kuppelproduktion mit verursachungsgerechter Kalkulation nichts gemeinsam haben. Während die Restwertmethode primär vom Durchschnittspreis ausgeht, orientiert sich die andere Methode ausschließlich am Tragfähigkeitsprinzip. Betrachtet man die Aufgaben der Kostenrechnung, so zeigt sich, daß die Kuppelproduktion überflüssig wäre, benötigte man nicht die Herstellkosten der Kuppelprodukte für die bilanzielle Bestandsbewertung. Für dispositive (insbesondere preis- und absatzpolitische) Zwecke sind die Ergebnisse der dargestellten Verfahren für die Kuppelproduktion nicht geeignet. Man wird hier den gesamten Kuppelproduktionsprozeß so steuern, daß die Summe der Deckungsbeiträge aller Kuppelprodukte (des sog. Kuppelpakets) ihr Maximum erreicht. Für die spezielle Aufgabenstellung gilt:

zu a) Es ist nicht sinnvoll, Gas als Hauptprodukt zu wählen. Nach der Lösung der Aufgabenstellung a) muß das Gas nur einen sehr geringen Anteil der Gesamtkosten tragen (nur 9.160 GE von 531.160 GE). Würde beispielsweise der Preis für Koks sinken, so müßte ceteris paribus der Gaspreis enorm steigen, um die Kostendeckung zu erreichen. Gas stellt zwar vom Volumen her das Hauptprodukt dar, der Fall b) ist jedoch vorzuziehen, da der Kostenanteil entscheidend sein sollte.

zu b) Hier wird in Vergleich zu a) ein sinnvollerer Weg mit Koks als Hauptprodukt dargestellt. Preisveränderungen beim Koks haben die stärksten Auswirkungen auf das Betriebsergebnis. Fällt beispielsweise der Gaspreis um 10%, so verschlechtert sich das Betriebsergbnis um 2.000 GE. Fällt hingegen der Kokspreis um 10%, so verringert sich das Betriebsergebnis um 39.600 GE. Der Betrieb ist also vorrangig von den Kokspreisen abhängig. Bei der Entscheidung Hauptprodukt/Nebenprodukt sind Wertkategorien entscheidender als Mengengrößen wie z.B. Volumina.

zu c) Im Vergleich zu den Restwertrechnungen in a) und b) ist in c) ein besserer Bezug zu den Marktpreisen gegeben. Hier erhält das Produkt mit dem höheren Marktpreis auch höhere Kosten zugeschlüsselt. Ein Vergleich der Lösungen unter a) und b) mit c) ist aufschlußreich und bestätigt die zu a) und b) entwickelten Lösungen:

Selbstkosten Gas pro m^3: a) 0,00916 GE c) 0,0196 GE
Selbstkosten Koks pro t : b) 220,07 GE c) 220,50 GE.

Vergleich von b) und c):

Die Ergebnisse für Koks weichen bei b) und c) um weniger als 0,2% voneinander ab. Dieses Ergebnis bestätigt, daß bei der Restwertrechnung Koks als Hauptprodukt gewählt werden sollte, da sein Verwertungsüberschuß dominiert.

Aufgabe 43: Kostenträgerzeitrechnung und Umsatzkostenverfahren

a) Die primären Gemeinkosten der Vorkostenstelle sollen nach der Anzahl der gefahrenen Kilometer der Endkostenstellen verteilt werden. Die Umlage errechnet sich aus

$$K = \frac{\text{gefahrene Kilometer der Endkostenstelle}}{\text{Summe der gefahrenen Kilometer aller Endkostenstellen}} \cdot 10.000$$

Kostenstellen Kostenarten	Vorkostenstelle Fuhrpark	Endkostenstellen			
		Material	Fertigung	Verwaltung	Vertrieb
Summe primäre Gemeinkosten	10.000	22.300	199.000	20.000	56.700
Umlage der Fuhrparkkosten	−10.000	1.700	1.000	1.000	6.300
Endkosten	0	24.000	200.000	21.000	63.000

b) Die Untergrenze der Herstellungskosten des Endbestandes nach § 255 HGB wird gebildet aus der Summe der Materialkosten (im Sinne von Materialeinzelkosten), Einzelkosten der Fertigung und den Sonderkosten der Fertigung (im Sinne von Sondereinzelkosten). In diesem Falle gilt für die Bewertung der 60 Stück:

	80.000	Materialeinzelkosten
+	50.000	Fertigungseinzelkosten
+	14.000	Sondereinzelkosten der Fertigung
=	144.000	Herstellungskosten für 300 Stück

Der Anteil von 60 Stück am o.g. Wert beträgt dann ein Fünftel, also 28.800 GE.

c) Im Kostenträgerzeitblatt werden einzelnen Produkten und Produktgruppen die entsprechenden Kosten und Erlöse zugerechnet, so daß sich durch Differenzbildung kalkulatorische Erfolge für Produkte und Produktgruppen ergeben. Zudem werden Lagerbestandsveränderungen berücksichtigt.

Position	Insgesamt (GE)	für Produkt A (GE)	für Produkt B (GE)
Fertigungsmaterial	120.000	40.000	80.000
Materialgemeinkosten	24.000 $z_M = 24 / 120$	8.000 = 0,2 · 40.000	16.000 = 0,2 · 80.000
Fertigungslöhne	100.000	50.000	50.000
Fertigungsgemeinkosten	200.000 $z_F = 1 / 2$	100.000 = 2 · 50.000	100.000 = 2 · 50.000
Sondereinzelkosten der Fertigung	14.000	0	14.000
Herstellkosten in der Periode erzeugter Produkte	458.000	198.000	260.000
− Bestandsmehrungen	52.000	0	52.000 = 0,2 · 260.000
+ Bestandsminderungen	14.000	14.000	0
Herstellkosten in der Periode abgesetzter Produkte	420.000	212.000	208.000
Verwaltungsgemeinkosten	21.000 $z_{Vw} = 21 / 420$	10.600 = 0,05 · 212.000	10.400 = 0,05 · 208.000
Vertriebsgemeinkosten	63.000 $z_{Vt} = 63 / 420$	31.800 = 0,15 · 212.000	31.200 = 0,15 · 208.000
Selbstkosten des Umsatzes	504.000	254.400	249.600
Verkaufserlöse	510.000	270.000 = 500 · 540	240.000 = 1.000 · 240
Kalkulatorischer Betriebserfolg	6.000	15.600	-9.600

d) Das Umsatzkostenverfahren berücksichtigt bei der Bildung des Betriebsergebnisses nur die Herstellkosten der abgesetzten Erzeugnisse. Das Betriebsergebniskonto nach dem Umsatzkostenverfahren lautet:

Soll	Betriebsergebniskonto		Haben
Herstellkosten der abgesetzten Erzeugnisse A	212.000	Verkaufserlöse der Erzeugnisse A	270.000
Herstellkosten der abgesetzten Erzeugnisse B	208.000	Verkaufserlöse der Erzeugnisse B	240.000
Verwaltungsgemeinkosten	21.000		
Vertriebsgemeinkosten	63.000		
Betriebsgewinn	6.000		
	510.000		510.000

Aufgabe 44: Kostenträgerzeitrechnung und Gesamtkostenverfahren

a) Das Kostenträgerzeitblatt hat bei Anwendung der Maschinenstundensatzkalkulation im Rahmen der Vollkostenrechnung folgendes Aussehen:

Position	Insgesamt (GE)	für Produkt A (GE)	für Produkt B (GE)
Fertigungsmaterial	4.000	2.800	1.200
Materialgemeinkosten	200	140	60
Materialkosten	4.200	2.940	1.260
Lohnabhängige Kosten	4.800	1.920	2.880
Maschinenabhängige Kosten	3.600	2.400	1.200
Fertigungskosten	8.400	4.320	4.080
Herstellkosten der in der Periode erzeugten Produkte	12.600	7.260	5.340
– Bestandsmehrungen	534	0	534
+ Bestandsminderungen	3.780	3.780	0
Herstellkosten der in der Periode abgesetzten Produkte	15.846	11.040	4.806
Verwaltungsgemeinkosten	630	438,92	191,08
Vertriebsgemeinkosten	1.890	1.316,77	573,23
Selbstkosten des Umsatzes	18.366	12.795,69	5.570,31
Verkaufserlöse	20.880	14.400	6.480
kalkulatorisches Ergebnis	2.514	1.604,31	909,69

b) b1) Das Kostenträgerzeitblatt hat bei der Anwendung der differenzierenden Zuschlagskalkulation im Rahmen der Vollkostenrechnung folgendes Aussehen:

Position	Insgesamt (GE)	für Produkt A (GE)	für Produkt B (GE)
Fertigungsmaterial	4.000	2.800	1.200
Materialgemeinkosten	200	140	60
Materialkosten	4.200	2.940	1.260
Fertigungslöhne	2.400	960	1.440
Fertigungsgemeinkosten	6.000	2.400	3.600
Fertigungskosten	8.400	3.360	5.040
Herstellkosten der in der Periode erzeugten Produkte	12.600	6.300	6.300
− Bestandsmehrungen	630	0	630
+ Bestandsminderungen	3.780	3.780	0
Herstellkosten der in der Periode abgesetzten Produkte	15.750	10.080	5.670
Verwaltungsgemeinkosten	630	403,20	226,80
Vertriebsgemeinkosten	1.890	1.209,60	680,40
Selbstkosten des Umsatzes	18.270	11.692,80	6.577,20
Verkaufserlöse	20.880	14.400	6.480
kalkulatorisches Ergebnis	2.610	2.707,20	-97,20

b2) Das nach dem Gesamtkostenverfahren aufgestellte Betriebsergebniskonto hat folgendes Aussehen:

Soll		Betriebsergebniskonto	Haben
Fertigungsmaterial	4.000	Verkaufserlöse A	14.400
Fertigungslöhne	2.400	Verkaufserlöse B	6.480
Materialgemeinkosten	200		
Fertigungsgemeinkosten	6.000		
Verwaltungsgemeinkosten	630		
Vertriebsgemeinkosten	1.890		
Bestandsveränderung der fertigen Erzeugnisse	3.150[a]		
Betriebsergebnis	2.610		
	20.880		20.880

[a] Saldogröße aus Bestandsminderung A von 3.780 GE und Bestandsmehrung B von 630 GE.

Aufgabe 45: Lagerbestandsbewertungen auf der Grundlage von Voll- und Teilkosten

a) Es gelte $x_P = 20.000$ und $x_A = 15.000$. Die Divisionskalkulation soll angewendet werden.

a1) Die totalen Stückkosten verkaufter Einheiten errechnen sich wie folgt:

K = Herstellkosten
   + Vertriebskosten
   + Verwaltungskosten des Produktionsbereiches
   + Verwaltungskosten des Vertriebsbereiches

$K_H + K_{VwP} = 50.000 + 8 \cdot 20.000 + 25.000 + 0,25 \cdot 20.000 = 240.000$ GE
$K_{Vt} + V_{VwA} = 50.000 + 2 \cdot 15.000 + 8.500 + 0,10 \cdot 15.000 = 90.000$ GE

$$k = \frac{240.000}{20.000} + \frac{90.000}{15.000} = 12 + 6 = 18 \text{ GE/Stück.}$$

a2) Bei der Bewertung der Lagerbestandserhöhung zu Vollkosten gehen in die Lagerbewertung auch Fixkosten ein. Die Produktionskosten $K_P = K_H + K_{VwP}$ betragen nach Aufgabe a1) bei $x_P = 20.000$ Stück 240.000 GE.

Die Bewertung der Lagerbestandserhöhung erfolgt nun nach folgender Dreisatzrechnung (Proportionalisierung der Fixkosten): Für die Herstellung von 20.000 Stück betragen die Produktionskosten 240.000 GE. Für die Herstellung von 5.000 Stück betragen die Produktionskosten 60.000 GE. Wert der Lagerbestandserhöhung von 5.000 Stück bei Vollkostenansatz: 60.000 GE.

a3) $(8 + 0,25) \cdot 5.000 = \underline{41.250 \text{ GE}}$.

a4) $G = (p - k) \cdot x_A = (20 - 18) \cdot 15.000 = 30.000$ GE
    = Umsatzerlöse − Kosten + Wert der Lagerbestandserhöhung
    = $15.000 \cdot 20 - 240.000 - 90.000 + 60.000 = \underline{30.000 \text{ GE}}$.

a5) $G = 300.000 - 240.000 - 90.000 + 41.250 = \underline{11.250 \text{ GE}}$.

b) Das Betriebsergebnis G ist nur abhängig von x_A (und nicht von x_P!), weil die Lagerbestandserhöhungen zu variablen Kosten bewertet werden sollen. In die Lagerbestandsbewertung gehen dann nämlich gerade die Mehrkosten ein, die aus der Lagerproduktion im Falle $x_P > x_A$ resultieren.

Für $x_A = 15.000$ wurde unter der Fragestellung a3) bereits das Betriebsergebnis G mit 11.250 GE bestimmt.

Für $x_A = 20.000$ ergibt sich:

$$E_B = 20 \cdot 20.000 - (133.500 + 10,35 \cdot 20.000) = \underline{59.500 \text{ GE}}.$$

c) Für die handelsrechtliche Bewertung sind die Zusatzkosten in Höhe von 10.000 GE zu eliminieren. Im Bereich der Abschreibungen sind die Aufwendungen um 6.000 GE höher als die Kosten.

c1) Vollaufwandskonzeption:

Voller Aufwand der Produktion A_P = 240.000 − 10.000 + 6.000 = 236.000 GE für die Produktion von 20.000 Stück.

Bewertung von 5.000 Stück nach Dreisatz: $\dfrac{236.000}{4} = \underline{59.000 \text{ GE}}$.

c2) Teilaufwandskonzeption:

Variabler Produktionsaufwand = Variable Produktionskosten
= 8,25 · 5.000 = 41.250 GE

Die Bewertung der Lagerbestandserhöhung kann noch niedriger sein, wenn z.B. der Börsenpreis am Abschlußstichtag unter 41.250 GE liegt (strenges Niederstwertprinzip für das Umlaufvermögen).

Aufgabe 46: Deckungsbeitragsrechnung im Vierproduktbetrieb

a) Es ist das betriebsergebnismaximale Produktionsprogramm zu bestimmen. Die Deckungsbeitragssätze d pro Stück und pro Fertigungsminute betragen nach Übersicht A der Aufgabenstellung:

Produkt / Deckungsbeitrag	A	B	C	D
pro Stück	3	2	2	1
pro Fertigungsminute	0,15	0,25	0,20	0,50
Priorität	IV	II	III	I

Durch das Pflichtprogramm (Mindestliefermengen) gebundene Kapazität

= 5.000 · (20 + 8 + 10 + 2)   = 200.000 Minuten.
   Disponierbare Kapazität   = 800.000 Minuten.

Zunächst wird das Produkt mit dem höchsten Deckungsbeitrag pro Minute produziert, hier Produkt D. Kapazitätsverbrauch für 65.000 (= 70.000 − 5.000) Stück D:

65.000 · 2 = 130.000 Minuten.

Disponierbare Restkapazität nach Produktion der Höchstabnahmemenge von D:

= 670.000 Minuten.

Nun wird das Produkt mit dem zweithöchsten Deckungsbeitrag pro Minute produziert, hier Produkt B. Kapazitätsverbrauch für 45.000 (= 50.000 − 5.000) Stück B:

45.000 · 8 = 360.000 Minuten.

Disponierbare Restkapazität nach Produktion der Höchstabnahmemenge von D und B:

= 310.000 Minuten.

Das Produkt mit dem dritthöchsten Deckungsbeitrag pro Minute ist Produkt C. Mit der Restkapazität von 310.000 Minuten lassen sich noch 31.000 Stück des Produktes C fertigen (310.000 / 10 = 31.000).

Im Planjahr führt also folgendes Produktionsprogramm zum maximalen Betriebsergebnis:

Produktart	A	B	C	D
Im Planjahr zu produzierende Menge	5.000 = 5.000	50.000 = 5.000 + 45.000	36.000 = 5.000 + 31.000	70.000 = 5.000 + 65.000

b) Das maximale Betriebsergebnis für das Planjahr beträgt:

5.000 · 3 + 50.000 · 2 + 36.000 · 2 + 70.000 · 1 − 160.000 = <u>97.000 GE</u>.

c) Nein, die Werbemaßnahmen lohnen sich nicht. Zwar steigt der Deckungsbeitrag D_D um 10.000 GE. Zur Produktion der zusätzlichen 10.000 Stück werden 20.000

Minuten benötigt. Dadurch können von Produkt C 2.000 Stück weniger produziert werden. D_C sinkt in der Folge um 4.000 GE. Folgende Beträge stehen sich gegenüber:

D_D = + 10.000 GE
D_C = − 4.000 GE
Werbemaßnahmen = − 7.000 GE
= − 1.000 GE.

Bei Realisierung der Werbemaßnahmen würde das Betriebsergebnis um 1.000 GE auf 96.000 GE sinken.

d) Der Kauf von B lohnt sich. Ein Fremdbezug zahlt sich immer dann aus, wenn der Einstandspreis niedriger als die variablen Stückkosten ist. Durch den Kauf von B werden 50.000 · 8 = 400.000 Fertigungsminuten für die Produktion von zusätzlich 24.000 Stück des Produktes C und 8.000 Stück des Produktes A frei. Auch der Kauf von 1.000 Stück des Produktes C lohnt sich. Durch den Kauf des Produktes C entsteht zwar ein geringerer Gewinn in Höhe von 1.000 · (7 − 6) = 1.000 GE. Es werden aber 10.000 Fertigungsminuten für die Produktion von zusätzlich 500 Stück A frei, die einen zusätzlichen Deckungsbeitrag von 500 · 3 = 1.500 GE erbringen. Danach führt folgendes Produktionsprogramm zu einem maximalen Betriebsergebnis:

Produktart	A	B	C	D
Im Planjahr zu produzierende Menge	13.500	0	59.000	70.000
Im Planjahr zu kaufende Menge	0	50.000	1.000	0

Aufgabe 47: Deckungsbeitragsrechnung im Vierproduktbetrieb

a) Es ist das betriebsergebnismaximale Produktionsprogramm zu bestimmen. Die Deckungsbeitragssätze d pro Stück und pro Fertigungsminute betragen nach Übersicht A der Aufgabenstellung:

Produkt Deckungsbeitrag	A	B	C	D
pro Stück	3	2	3	3
pro Fertigungsminute	0,15	0,25	0,30	0,75
Priorität	IV	III	II	I

Durch das Pflichtprogramm (Mindestliefermengen) gebundene Kapazität

= 5.000 · (20 + 8 + 10 + 4) = 210.000 Minuten.
Disponierbare Kapazität = 790.000 Minuten.

Zunächst wird das Produkt mit dem höchsten Deckungsbeitrag pro Minute produziert, hier Produkt D. Kapazitätsverbrauch für 65.000 (= 70.000 − 5.000) Stück D:

65.000 · 4 = 260.000 Minuten.

Disponierbare Restkapazität nach Produktion der Höchstabnahmemenge von D:

= 530.000 Minuten.

Nun wird das Produkt mit dem zweithöchsten Deckungsbeitrag pro Minute produziert, hier Produkt C. Kapazitätsverbrauch für 50.000 = 55.000 − 5.000 Stück C:

50.000 · 10 = 500.000 Minuten.

Disponierbare Restkapazität nach Produktion der Höchstabnahmemenge von D und C:

= 30.000 Minuten.

Das Produkt mit dem dritthöchsten Deckungsbeitrag pro Minute ist Produkt B. Mit der Restkapazität von 30.000 Minuten lassen sich noch 3.750 Stück des Produktes B fertigen (30.000 / 8 = 3.750). Im Planjahr führt also folgendes Produktionsprogramm zum maximalen Betriebsergebnis:

Produktart	A	B	C	D
Im Planjahr zu produzierende Menge	5.000 = 5.000	8.750 = 5.000 + 3.750	55.000 = 5.000 + 50.000	70.000 = 5.000 + 65.000

b) Das maximale Betriebsergebnis für das Planjahr beträgt:

5.000 · 3 + 8.750 · 2 + 55.000 · 3 + 70.000 · 3 − 360.000 = <u>47.500 GE</u>.

c) Die Werbemaßnahmen für Produkt D lohnen sich. Der Deckungsbeitrag D_D steigt um 30.000 GE. Zur Produktion der zusätzlichen 10.000 Stück werden 40.000 Minuten benötigt. Dadurch müssen von Produkt B 3.750 Stück weniger produziert werden (Mindestabnahmemenge muß berücksichtigt werden). Die Minderproduktion führt zu einer Kapazitätsfreisetzung von 30.000 Fertigungsminuten. D_B sinkt folglich um 7.500 GE. Die fehlenden 10.000 Nutzungseinheiten werden durch die Nichtproduktion von 1.000 Stück der Produktart C gewonnen. Dadurch sinkt D_C um 3.000 GE. Somit stehen sich folgende Beträge gegenüber:

D_D	=	+ 30.000 GE
D_B	=	− 7.500 GE
D_C	=	− 3.000 GE
Werbemaßnahmen	=	− 18.000 GE
	=	+ 1.500 GE

Bei Realisierung der Werbemaßnahmen würde das Betriebsergebnis um 1.500 GE auf 49.000 GE steigen.

d) Der Kauf von B lohnt sich. Ein Fremdbezug lohnt sich immer, wenn der Einstandspreis niedriger als die variablen Stückkosten ist. Durch den Kauf von B werden 8.750 · 8 = 70.000 Fertigungsminuten für die Produktion von zusätzlich 3.500 Stück des Produktes A frei. Auch der Kauf von 1.000 Stück des Produktes C lohnt sich. Dadurch entsteht zwar ein niedrigerer Gewinn von 1.000 · (6 − 5) = 1.000 GE. Es werden aber 10.000 Fertigungsminuten für die Produktion von zusätzlich 500 Stück A frei, die einen zusätzlichen Deckungsbeitrag von 500 · 3 = 1.500 GE erbringen. Danach führt folgendes Produktionsprogramm zu einem maximalen Betriebsergebnis:

Produktart	A	B	C	D
Im Planjahr zu produzierende Menge	9.000	0	54.000	70.000
Im Planjahr zu kaufende Menge	0	50.000	1.000	0

5 Lösungshinweise

Aufgabe 48: Lineares Programmierungsproblem mit drei Entscheidungsvariablen und zwei ≤ - Bedingungen

In algebraischer Formulierung lautet das Problem nach Umrechnung der Stunden in Minuten:

$$
\begin{aligned}
0{,}75 x_A + 1{,}20 x_B + 1{,}35 x_C &= \text{Maximum!} \\
1{,}5 x_A + 3 x_B + 3 x_C &\leq 15.000 \\
3 x_A + 3 x_B + 4 x_C &\leq 24.000 \\
x_A &\geq 0 \\
x_B &\geq 0 \\
x_C &\geq 0
\end{aligned}
$$

Es handelt sich um ein Standardoptimierungsproblem (vgl. nachfolgenden Abschnitt) mit 3 Entscheidungsvariablen und 2 linearen ≤ -Bedingungen. Die graphische Lösungsmethode ist daher bei 2-dimensionaler Darstellung für das duale Problem möglich.

Das duale Programm lautet:

$$
\begin{aligned}
15.000 u_F + 24.000 u_M &= \text{Minimum!} \\
1{,}5 u_F + 3 u_M &\geq d_A = 0{,}75 \\
3 u_F + 3 u_M &\geq d_B = 1{,}20 \\
3 u_F + 4 u_M &\geq d_C = 1{,}35 \\
u_F &\geq 0 \\
u_M &\geq 0
\end{aligned}
$$

Die graphische Darstellung der Übersicht 3.7 ist um die Gerade mit den Achsenabschnitten $0{,}45 = 1{,}35 / 3$ für u_F und $0{,}3375 = 1{,}35 / 4$ für u_M zu ergänzen.

a) Der Optimalpunkt liegt bei $(u_F; u_M) = (0{,}35; 0{,}075)$. Der Extremwert $0{,}35 \cdot 15.000 + 0{,}075 \cdot 24.000 = 7.050$ ist gleich dem maximale Deckungsbeitrag.

b) Wird der Deckungsbeitragssatz d_A beispielsweise um 0,15 Einheiten erhöht, steigt der maximale Deckungsbeitrag auf 7.650. Daraus ergibt sich: $x_A = 600 / 0{,}15 = 4.000$. Entsprechend erhält man $x_C = 3.000$. Das deckungsbeitragsmaximale Programm lautet:

$x_A = 4.000$ Stück; $x_B = 0$ Stück; $x_C = 3.000$ Stück

c) Der zulässige Bereich der Übersicht 3.7 bleibt unverändert. Die Isozielgerade hat nun die Steigung $(-19.200) / 24.000 = -4/5$. Der Optimalpunkt liegt nun bei $(u_F; u_M) = (0{,}25; 0{,}15)$, der maximale Deckungsbeitrag beläuft sich auf $0{,}25 \cdot 19.200 +$

0,15 · 24.000 = 8.400 GE. Durch Variation der Deckungsbeitragssätze erkennt man, daß sich das deckungsbeitragsmaximale Produktionsprogramm bei $x_A = 0$ Stück; $x_B = 1.600$ Stück und $x_C = 4.800$ Stück ergibt.

Aufgabe 49: Graphische Lösung zu einem Problem der linearen Programmierung

a) Die Restriktionen (Nebenbedingungen), die den zulässigen Bereich angeben, ergeben sich aus der Aufgabenstellung wie folgt:

$$
\begin{array}{rll}
x_S + 2x_W \leq 140 & \text{I} & \text{Holzbearbeitung} \\
x_S + 3x_W \leq 150 & \text{II} & \text{Montage und Lackierung} \\
4x_W \leq 160 & \text{III} & \text{Polsterei} \\
x_S \leq 60 & \text{IV} & \text{Absatzbeschränkung für Schlafzimmer} \\
x_W \leq 60 & \text{V} & \text{Absatzbeschränkung für Wohnzimmer}
\end{array}
$$

und die Nichtnegativitätsbedingungen: $x_S, x_W \geq 0$. (Außerdem müssen x_S und x_W ganzzahlig sein.)

Übersicht A – Zulässiger Bereich für x_s und x_w

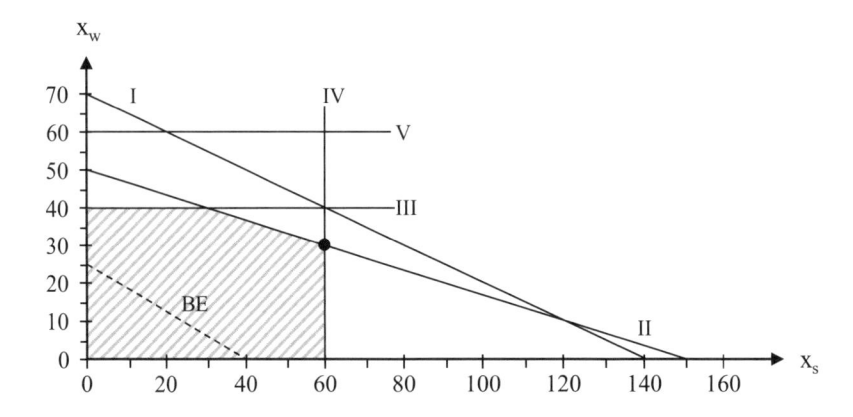

b) Die Zielfunktion lautet bei Betriebsergebnismaximierung allgemein: BE = E − K, in diesem Falle lautet sie:

$$
\begin{aligned}
\text{BE} &= 2.000x_S + 4.000x_W - 50.000 - 1.500x_S - 3.200x_W \\
&= 500x_S + 800x_W - 50.000
\end{aligned}
$$

Aus dieser Gleichung folgt eine BE-Gerade mit der Steigung von -5/8 (gestrichelte Linie in Übersicht A). Je weiter eine „nordöstliche" Parallelverschiebung dieser Geraden im zulässigen Bereich möglich ist, desto größer wird das Betriebsergebnis. Das Betriebsergebnis ist dort optimal, wo die BE-Gerade den zulässigen Bereich gerade noch tangiert (hier im Punkt $x_S = 60$ Stück; $x_W = 30$ Stück).

c) Ceteris paribus steigt der Absatzpreis für Wohnzimmer auf 5.000 GE/Stück. Dies bedeutet eine Veränderung der Zielfunktion. Sie lautet:

$$BE = 500x_S + 1.800x_W - 50.000$$

Es ergibt sich somit als optimale Produktionsmenge: $x_S = 30$ Stück; $x_W = 40$ Stück.

d) Die Abteilungen M und P sind voll ausgelastet. Dies ist aus den o.g. Restriktionen zu ersehen, kann aber auch aus einer Graphik abgelesen werden. Die Abteilung H ist nicht ausgelastet, da $30 + 2 \cdot 40 = 110 < 140$ gilt. Somit könnte die Kapazität der Abteilung H ausgeweitet werden, ohne daß sich die Struktur der Optimallösung ändert. (Der Schattenpreis, das ist der zusätzliche Gewinn, der sich beim Ausweiten der Kapazität um eine Einheit ergibt, ist in diesem Fall gleich Null.) Eine Ausweitung der anderen Kapazitäten würde das Betriebsergebnis erhöhen. (Hier haben die Schattenpreise positive Werte.)

Aufgabe 50: Graphische Lösung zu einem Problem der linearen Programmierung

a) Die Restriktionen (Nebenbedingungen), die den zulässigen Bereich angeben, ergeben sich aus der Aufgabenstellung wie folgt:

$x_S + 2x_W \leq 140$	I	Holzbearbeitung
$x_S + 1x_W \leq 110$	II	Montage und Lackierung
$3x_W \leq 120$	III	Polsterei
$x_S \leq 90$	IV	Absatzbeschränkung für Schlafzimmer
$x_W \leq 90$	V	Absatzbeschränkung für Wohnzimmer

und die Nichtnegativitätsbedingungen: $x_S, x_W \geq 0$. (Außerdem müssen x_S und x_W ganzzahlig sein.)

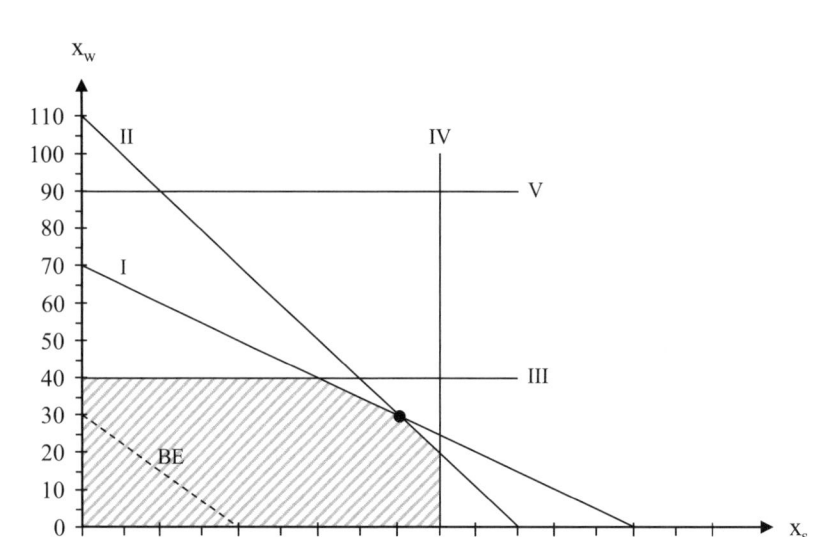

Übersicht A – Zulässiger Bereich für x_s und x_w

b) Die Zielfunktion lautet bei Betriebsergebnismaximierung allgemein: BE = E − K, in diesem Falle lautet sie:

$$BE = 2.000x_S + 4.000x_W - 60.000 - 1.400x_S - 3.200x_W$$
$$= 600x_S + 800x_W - 60.000$$

Aus der graphischen Darstellung können die optimalen Werten abgelesen werden: x_S = 80 Stück; x_W = 30 Stück

c) Durch Werbemaßnahmen für Schlafzimmer des Möbelfabrikanten, die 1.000 GE kosten, wäre es möglich, ceteris paribus die Höchstabnahmemenge für Schlafzimmer auf 100 Stück zu steigern. Die ausgelasteten Restriktionen sind in diesem Falle die Kapazitätsbeschränkungen der Holzbearbeitungs- und Montageabteilung. Die anderen Beschränkungen (die Kapazitätsbeschränkung in der Polsterei, die Höchstabnahmemengen der Schlaf- und Wohnzimmer) sind nicht ausgelastet. (Die Schattenpreise sind für diese Beschränkungen gleich Null.) Eine Ausweitung der Höchstabnahmemenge der Schlafzimmer auf 100 Stück lohnt sich also nicht.

Aufgabe 51: Lenkungsrechnung mit Mengenzuweisungen

a) a1) Die Restriktionen (Nebenbedingungen), die den zulässigen Bereich angeben, ergeben sich aus der Aufgabenstellung für den Leistungsbereich I wie folgt:

$X_A + X_B \leq 6.500$ I   Begrenzung durch zugewiesene Zeit für die Qualitätsprüfung

$1,5X_A + 3X_B \leq 15.000$ II   Begrenzung der Fertigungszeit

$3X_A + 3X_B \leq 24.000$ III   Begrenzung der Maschinenlaufzeit

und die Nichtnegativitätsbedingungen: $X_A, X_B \geq 0$.

a2)

Übersicht A – Zulässiger Bereich für X_A und X_B

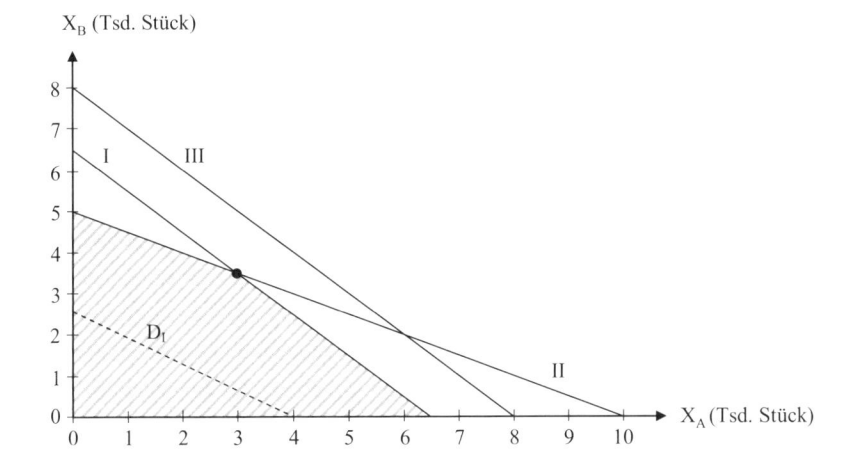

a3) Die Zielfunktion für den Leistungsbereich I lautet:

$$D_I = 0{,}75 X_A + 1{,}2 X_B$$

$$X_B = -\frac{5}{8} X_A + \frac{5}{6} D_I$$

Entlang der Linie durch den Punkt $(X_A | X_B) = (4.000 | 0)$ ist D_I konstant.

a4) Für folgende Werte ist D_I maximal: *$X_A = 3.000$ Stück; $X_B = 3.500$ Stück*

a5) Maximum von D_I: $D_I = 0{,}75 \cdot 3.000 + 1{,}2 \cdot 3.500 = 6.450$

b) b1) Die Restriktionen (Nebenbedingungen), die den zulässigen Bereich angeben, ergeben sich aus der Aufgabenstellung für den Leistungsbereich II wie folgt:

$X_C + X_D \leq 5.500$ I Begrenzung durch zugewiesene Zeit für die Qualitätsprüfung
$1,5X_C + 3X_D \leq 16.500$ II Begrenzung der Fertigungszeit
$3X_C + 3X_D \leq 24.000$ III Begrenzung der Maschinenlaufzeit

und die Nichtnegativitätsbedingungen: $X_C, X_D \geq 0$.

b2)

Übersicht B – Zulässiger Bereich für X_C und X_D

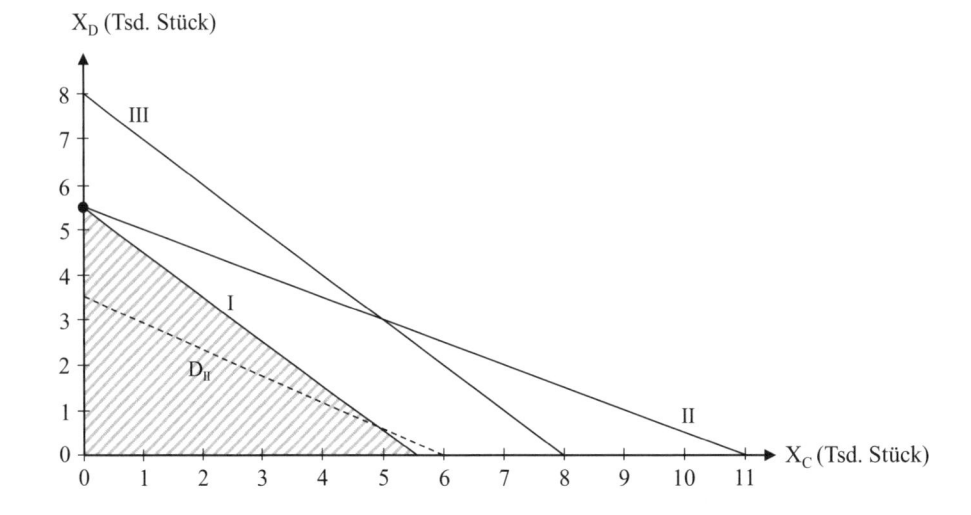

b3) Die Zielfuktion für den Leistungsbereich II lautet:

$$D_{II} = 0,7X_C + 1,2X_D$$

$$X_D = -\frac{7}{12}X_C + \frac{5}{6}D_{II}$$

Entlang der Linie durch den Punkt $(X_C | X_D) = (6.000 | 0)$ ist D_{II} konstant.

b4) Für folgende Werte ist D_{II} maximal: *$X_C = 0$ Stück; $X_D = 5.500$ Stück*

b5) Maximum von $D_{II} = 1,2 \cdot 5.500 = 6.600$

c) $D_{alt} = D_I + D_{II} = 6.450 + 6.600 = 13.050$

Begrenzung durch die zugewiesene Zeit für die Qualitätsprüfung: $X_A + X_B \leq 6.000$

Neue Optimallösung bei:

$X_A = 2.000$; $X_C = 1.000$
$X_B = 4.000$; $X_D = 5.000$

Der neue Gesamtdeckungsbeitrag errechnet sich wie folgt:

$D_{neu} = D_I + D_{II} = 0{,}75 \cdot 2.000 + 1{,}2 \cdot 4.000 + 0{,}7 \cdot 1.000 + 1{,}2 \cdot 5.000 = 13.000$

Die geänderte Zuweisung der Qualitätsprüfungsminuten führt zu einer Verringerung des Gesamtdeckungsbeitrags.

d) Im Ausgangsfall ergibt sich die Optimalkombination $X_A = 3.000$ Stück und $X_B = 3.500$ Stück mit einem Teilbetriebsergebnis von 6.450 GE. Könnte nun die ausgelastete Kapazität der Qualitätsprüfung um 1.500 Minuten auf 8.000 Minuten erhöht werden, dann läge die neue Optimalkombination bei $X_A = 6.000$ Stück und $X_B = 2.000$ Stück mit dem Teilbetriebsergebnis 6.900 GE, was einer Erhöhung des Teilbetriebsergebnisses um 450 GE entspricht.

Die Erhöhung des Teilbetriebsergebnisses pro Qualitätsprüfungsminute beträgt:

$$\mu_Q = \frac{\Delta D_I}{\Delta t} = \frac{450 \text{ GE}}{1.500 \text{ Min}} = \underline{0{,}30} \text{ GE/Qualitätsprüfungsminute}$$

Bei einer Kapazitätserhöhung von mehr als 1.500 Minuten wirkt die Begrenzung der Maschinenlaufzeit limitierend.

Aufgabe 52: Lenkungsrechnung mit einem Verrechnungspreis

a) Bestimmung der optimalen Werte für X_C und X_D (Leistungsbereich II):

$1{,}5X_C + 3X_D \leq 16.500$ I   Begrenzung Fertigungszeit
$3X_C + 3X_D \leq 24.000$ II   Begrenzung Maschinenlaufzeit

und die Nichtnegativitätsbedingung: $X_C, X_D \geq 0$.

Die Zielfunktion des Leistungsbereichs II lautet bei Betriebsergebnismaximierung wie folgt:

$BE_{II} = (p - k_v - p_Q)X_C + (p - k_v - p_Q)X_D - 3.500$
$\phantom{BE_{II}} = (1{,}6 - 0{,}8 - 0{,}4)X_C + (2{,}5 - 1{,}2 - 0{,}4)X_D - 3.500$
$\phantom{BE_{II}} = 0{,}4X_C + 0{,}9X_D - 3.500$

Übersicht A – Zulässiger Bereich für X_C und X_D

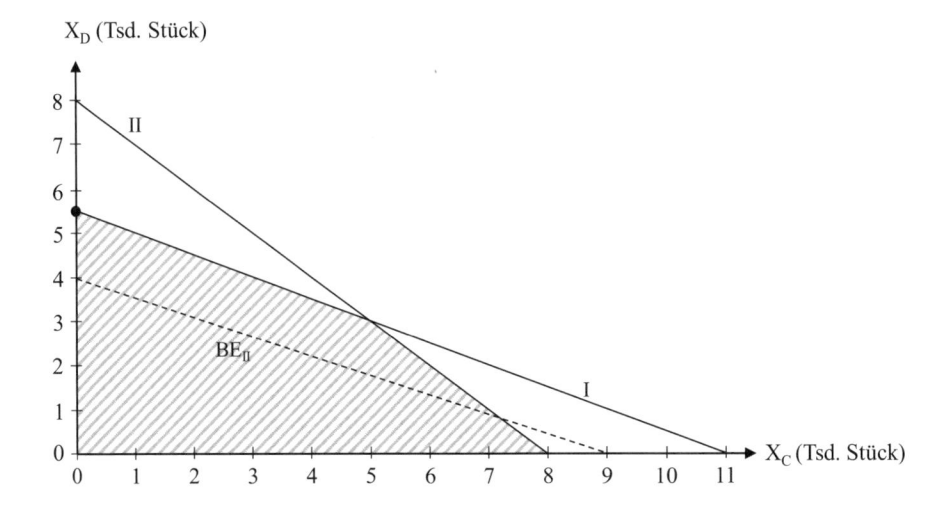

Das Bereichsergebnis wird bei $X_C = 0$ Stück und $X_D = 5.500$ Stück maximal und beträgt $BE_{II} = 1.450$ GE.

b) Bestimmung der optimalen Werte für X_A und X_B (Leistungsbereich I und Q):

$$1,5 X_A + 3 X_B \leq 15.000 \quad \text{I Begrenzung Fertigungszeit}$$
$$3 \; X_A + 3 X_B \leq 24.000 \quad \text{II Begrenzung Maschinenlaufzeit}$$
$$X_A + X_B \leq 12.000 - X_C - X_D \quad \text{III Begrenzung Qualitätsprüfung}$$

und die Nichtnegativitätsbedingung: $X_A, X_B \geq 0$.

Die Zielfunktion der zusammengefaßten Leistungsbereiche I und Q berechnet sich wie folgt:

$$\begin{aligned}BE_I &= (p - k_v - p_Q) X_A + (p - k_v - p_Q) X_B - 3.200 \\ &= (1,6 - 0,75 - 0,4) X_A + (2,5 - 1,2 - 0,4) X_B - 3.200 \\ &= 0,45 X_A + 0,9 X_B - 3.200\end{aligned}$$

$$\begin{aligned}BE_Q &= (p_Q - 0,1) X_A + (p_Q - 0,1) X_B + (p_Q - 0,1) X_C + (p_Q - 0,1) X_D - 1.800 \\ &= 0,3 X_A + 0,3 X_B + 0,3 X_C + 0,3 X_D - 1.800\end{aligned}$$

$$BE_I + BE_Q = 0,75 X_A + 1,2 X_B - 3.350$$

Übersicht B – Zulässiger Bereich für X_A und X_B

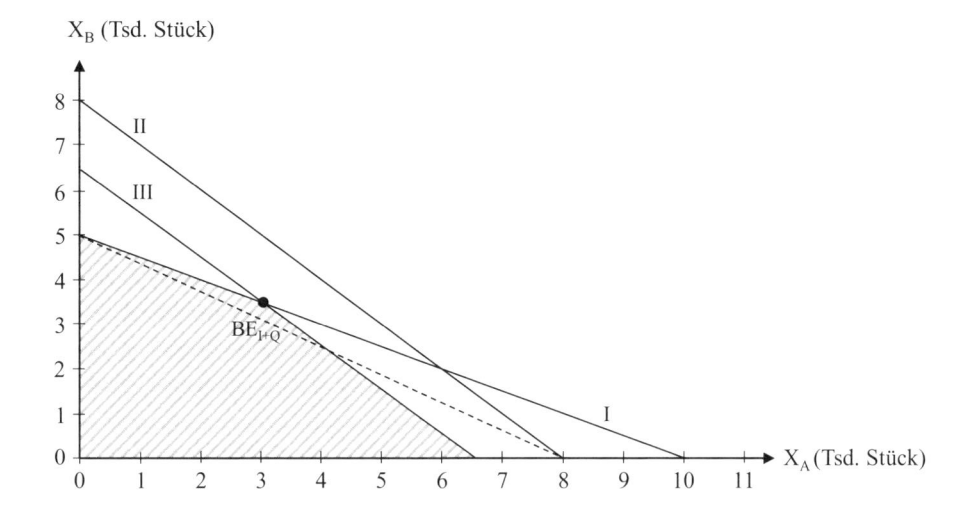

Das Ergebnis der zusammengefaßten Bereiche I und Q wird bei X_A = 3.000 Stück und X_B = 3.500 Stück maximal und beträgt 3.100 GE.

c) Das Gesamtergebnis des Vierproduktbetriebs beträgt:

$BE = BE_{II} + BE_{I+Q}$ oder
$BE = 1,6X_A + 2,5X_B + 1,6X_C + 2,5X_D - K_I - K_{II} - K_Q$
    $= 4.550$ GE

d) Der innerbetriebliche Verrechnungspreis beim Vollkostenansatz beträgt:

$$p_Q = \frac{0,1 \cdot 12.000 + 1.800}{12.000} = 0,25 \text{ GE/Qualitätsprüfungsminute.}$$

Mit dem neuen Preis für eine Qualitätsprüfungsminute werden die Teilergebnisse der Leistungsbereiche und das Gesamtergebnis ermittelt und dem alten Ergebnis gegenübergestellt.

Leistungsbereich II ($p_Q = 0,25$):

$BE_{II} = 0,55X_C + 1,05X_D - 3.500$

$X_C = 5.000$; $X_D = 3.000$; $BE_{II} = 2.400$ GE

Leistungsbereiche I und Q ($p_Q = 0{,}25$):

$BE_I = 0{,}6 X_A + 1{,}05 X_B - 3.200$
$BE_Q = 0{,}15 X_A + 0{,}15 X_B + 0{,}15 X_C + 0{,}15 X_D - 1.800$
$BE_I + BE_Q = 0{,}75 X_A + 1{,}2 X_B - 3.800$

$X_B = 4.000; \quad X_A = 0; \quad BE_{I+Q} = 1.000$ GE

$BE_{neu} = BE_{II} + BE_{I+Q} = 3.400$ GE

Das Betriebsergebnis des Vierproduktbetriebs sinkt beim Ansatz des innerbetrieblichen Verrechnungspreises auf Basis der Vollkostenrechnung um 1.150 GE. Damit lenkt dieser Verrechnungspreis den Einsatz der innerbetrieblichen Ressourcen nicht optimal.

e) Mit Hilfe der pretialen Lenkung soll ein gesteuertes Zusammenwirken der einzelnen Leistungsbereiche zur Optimierung des Gesamtergebnisses des Unternehmens erreicht werden. Zu diesem Zweck werden Lenkungs- bzw. Verrechnungspreise eingesetzt, die eine „gerechte" Bewertung unternehmensintern erbrachter Leistungen vornehmen sollen, um die Ergebnisoptimierung in den jeweiligen Leistungsbereichen zur gewährleisten. Im vorliegenden Beispiel soll der Verrechnungspreis eine ergebnisoptimierende Verteilung der Fertigungs- und Maschinenlaufminuten auf die Leistungsbereiche I und II sicherstellen.

H. Müller-Merbach, Einführung in die Betriebswirtschaftslehre für Erstsemester. 2. Aufl., München 1976, S. 20ff.

E. Schmalenbach, Pretiale Wirtschaftslenkung. Band 1: Die optimale Geltungszahl, Bremen - Horn 1947 und Band 2: Pretiale Lenkung des Betriebes. Bremen - Horn 1948.

A. G. Coenenberg, T. M. Fischer u. T. Günther, Kostenrechnung und Kostenanalyse. 7. Aufl., 2009, S.689ff.

Aufgabe 53: Mehrstufige Fixkostendeckungsrechnung

Fall a: Das Ergebnis der Fixkostendeckungsrechnung könnte die Unternehmensleitung dazu veranlassen, die Produktion der Produktarten B1 und C2 einzustellen. Durch die Elimination dieser beiden Produktarten würde das Betriebsergebnis um 150 auf 560 steigen, wenn die fixen Kosten kurzfristig wegfallen.

Fall b: Die Einstellung der Produktion der Produktart C2 und der gesamten Produktgruppe B führt zu einer Steigerung des Betriebsergebnisses um 180 auf 510.

Diskussion der Probleme:

- Fristigkeit: Wie schnell können die Fixkosten abgebaut werden? Fallen die fixen Kosten wirklich kurzfristig weg? Es entstehen eventuell Kosten für den Verkauf von Maschinen, für Lagerung oder Wartung, Aufwendungen für Sozialpläne.

- Nachfrageverbund: Wird beispielsweise von Kunden die Produktgruppe A in Verbindung mit der Produktgruppe B gekauft, können sich Umsatzrückgänge bei der Produktgruppe A ergeben, wenn die Produktion der Produktgruppe B eingestellt wird.

Aufgabe 54: Plankostenrechnung

Fertigungslöhne = Fertigungsstunden · Lohnsatz

p_{Ist} = 17 GE/h; m_{Ist} = 19.000 h
p_{Plan} = 16 GE/h; m_{Plan} = 20.000 h

Gesamtabweichung = $m_{Ist} \cdot p_{Ist} - m_{Plan} \cdot p_{Plan}$
= (19.000 · 17) − (20.000 · 16)
= 3.000 GE

Reine preisbedingte Abweichung	= 20.000 · 1	= 20.000 GE
Reine verbrauchsbed. Abweichung	= (-1.000) · 16	= -16.000 GE
Gemischte Abweichung	= (-1.000) · 1	= -1.000 GE
Gesamtabweichung		= 3.000 GE

Glossar

Dieses Glossar soll im Text vorkommende Begriffe definieren oder durch Angabe von wesentlichen Merkmalen kurz beschreiben. Zu weiterführenden Erläuterungen empfiehlt sich das Nachschlagen des jeweiligen Begriffes im Stichwortverzeichnis.

Abweichungsanalyse (im Rahmen der Kostenrechnung): Untersuchung der Ursachen von Kostenabweichungen im Rahmen der Plankostenrechnung (z. B. Soll-Ist-Abweichungen). Die Abweichungsanalyse sollte aber auch eine Kontrolle der Planung selbst enthalten.

Äquivalenzziffernrechnung: Kalkulationsverfahren, bei dem die verschiedenen Leistungsarten mit Hilfe von Äquivalenzziffern (Verhältniszahlen) gleichnamig gemacht werden.

Aufwand: Werteverzehr, ermittelt nach handelsrechtlichen Grundsätzen. Abnahme des Reinvermögens, soweit die Abnahme nicht auf Entnahmen oder Ausschüttungen an die Eigenkapitalgeber zurückzuführen ist.

Ausgabe: Abnahme des Nettogeldvermögens.

Auszahlung: Abnahme der Zahlungsmittel.

Beschäftigung (in Einproduktbetrieben): Ausbringungsmenge.

Betriebsabrechnungsbogen (BAB): Tabelle mit Kopfzeile „Kostenstellen" und Vorspalte „Kostenarten". Der BAB erfaßt die Zurechnung primärer Kosten auf die Kostenstellen und die gegenseitige Verrechnung von sekundären Kosten.

Betriebsergebnis: Leistungen - Kosten.

Betriebsvergleich (im Rahmen der Kostenrechnung): Gegenüberstellung der Kosten einer Periode für verschiedene Betriebe.

Divisionskalkulation: Kalkulationsverfahren, bei dem die Gesamtkosten durch die Zahl der Leistungseinheiten dividiert werden.

Einnahme: Zunahme des Nettogeldvermögens.

Einzahlung: Zunahme der Zahlungsmittel.

Einzelkosten: Kosten, die einer Bezugsgröße nachweisbar eindeutig zugerechnet werden können. Im Falle der Bezugsgröße Stück heißen diese Kosten *Stückeinzelkosten*. Im Falle der Bezugsgröße Kostenstelle heißen diese Kosten *Stelleneinzelkosten*.

Endkostenstelle: Kostenstelle, deren Kosten auf Kostenträger verrechnet werden.

Ertrag: Wertentstehung, ermittelt nach handelsrechtlichen Grundsätzen. Zunahme des Reinvermögens, soweit diese Zunahme nicht aus Zuführungen (Einlagen) der Eigenkapitalgeber resultiert.

Fixkosten: Kosten, die sich bei Variation einer Kosteneinflußgröße nicht ändern. Im Falle der Kosteneinflußgröße Beschäftigung heißen diese Kosten *beschäftigungsfixe Kosten*.

Gemeinkosten: Kosten, die einer Bezugsgröße nicht nachweisbar eindeutig zugerechnet werden können. Im Falle der Bezugsgröße Stück heißen diese Kosten *Stückgemeinkosten*. Im Falle der Bezugsgröße Kostenstelle heißen diese Kosten *Stellengemeinkosten*.

Gesamtkostenverfahren: Die gesamten Leistungen einer Periode werden den gesamten Kosten dieser Periode gegenübergestellt.

Grundkosten: Teil der Kosten, der zugleich Aufwand ist. Grundkosten = Zweckaufwand.

Herstellkosten: Materialkosten + Fertigungskosten.

Herstellungskosten: Begriff der handels- oder steuerrechtlichen Bewertung sowie nach IFRS. Besser wäre die Bezeichnung „Herstellungsaufwand".

Istkosten: In einem Abrechnungszeitraum effektiv angefallene Kosten. Der Normalisierungsaspekt des wertmäßigen Kostenbegriffs ist zu beachten.

Kalkulatorischer Unternehmerlohn: Bei den Rechtsformen Einzelunternehmen und Personengesellschaften darf der bewertete Arbeitseinsatz der Eigentümer nicht als Aufwand verrechnet werden. Als Bestandteil der Kosten wird dieser bewertete Arbeitseinsatz kalkulatorischer Unternehmerlohn genannt.

Kapitaldienst: Abschreibungen + Zinsen.

Kosten (wertmäßiger Kostenbegriff): Normalisierter, bewerteter, leistungsbezogener Güterverbrauch.

Kostenstelle: Teilbereich eines Betriebes, dem Kosten zugerechnet werden. Für Zwecke der Kostenkontrolle sollte die Kostenstelle mit einem Verantwortungsbereich übereinstimmen.

Kostenträger: Absatzgüter oder innerbetriebliche Leistungen, denen Kosten zugerechnet werden.

Kuppelproduktion: Produktionsprozeß, bei dem technisch zwangsläufig mehrere Produkte entstehen.

Leistung: Normalisierte, betriebsbezogene Wertentstehung.

leistungsmengeninduzierte Kosten (lmi): Kosten, die in ihrer Höhe von der Prozeßmenge anhängen.

leistungsmengenneutrale Kosten (lmn): Kosten, die in ihrer Höhe unabhängig von der Prozeßmenge anfallen.

Lenkungsrechnung: Rechnung zu Zielvorgaben für Teilbereiche eines Betriebes, die vermeiden hilft, daß die Zielvorgaben für diese Teilbereiche ein Verhalten induzieren, das den Erfolg des Gesamtbetriebes schmälert.

Maschinenstundensatzkalkulation: Kalkulationsverfahren, bei dem die maschinenabhängigen Fertigungsgemeinkosten dem Kostenträger zugerechnet werden.

Nettogeldvermögen: Zahlungsmittel + Forderungen - Fremdkapital.

Neutraler Aufwand: Teil des Aufwands, der nicht zugleich Bestandteil der Kosten ist.

Neutrales Ergebnis: Unternehmensergebnis - Betriebsergebnis.

Plankostenrechnung: Systeme der Kostenrechnung, bei denen für einen zukünftigen Zeitraum Plankosten vorgegeben werden. Nach Ablauf dieses Abrechnungszeitraumes werden die Istkosten den vorgegebenen Plankosten gegenübergestellt.

Primäre Kosten: Bewerteter Verbrauch von Gütern, die der Betrieb von externen Beschaffungsmärkten bezieht.

Prozeßkostenrechnung: Kalkulationsverfahren, bei dem die Kosten auf prozeßorientierte Kostenstellen und -träger verteilt werden.

Reinvermögen: Nettogeldvermögen + Sachvermögen.

Reproduktive Substanzerhaltung: Sie ist darauf ausgerichtet, daß die im Laufe des Leistungserstellungsprozesses einer Periode verbrauchten Güter in gleicher Menge und gleicher Qualität aus den Umsatzerlösen wiederbeschafft werden können. Dies ist insbesondere bei auftretenden Preissteigerungen (Inflation) von Bedeutung.

Schattenpreise: Sie sind Nebenbedingungen zugeordnet und zeigen, in welcher Höhe sich die Zielgröße ändert, wenn die Nebenbedingung um eine Einheit ausgedehnt oder eingeschränkt wird.

Sekundäre Kosten: Bewerteter Verbrauch von Gütern, die innerhalb des Betriebes erzeugt werden.

Selbstkosten: Herstellkosten + Verwaltungskosten + Vertriebskosten.

Sollkosten: Geplante Kosten bei Istbeschäftigung.

Teilkostenrechnung: Systeme der Kostenrechnung, bei denen lediglich ein Teil der Gesamtkosten auf die Kostenträger verrechnet wird. In den Teilkostenrechnungen der Praxis sind die Teilkosten variable Kosten oder Einzelkosten.

Umsatzkostenverfahren: Der Teil der gesamten Leistung einer Periode, der Erlöse für abgesetzte Güter darstellt, wird den Selbstkosten der Absatzgüter gegenübergestellt.

Unternehmensergebnis: Erträge - Aufwendungen.

Variable Kosten: Kosten, die sich bei Variation einer Kosteneinflußgröße ändern. Im Falle der Kosteneinflußgröße Beschäftigung heißen diese Kosten *beschäftigungsvariable* Kosten.

Vollkostenrechnung: Systeme der Kostenrechnung, bei denen die gesamten Kosten den Kostenträgern zugerechnet werden.

Vorkostenstelle: Kostenstelle, deren Kosten auf andere (Vor- oder End-) Kostenstellen umgelegt werden.

Zahlungsmittel: Kassenbestand + täglich fällige Guthaben bei Kreditinstituten.

Zusatzkosten: Teil der Gesamtkosten, der nicht zugleich Aufwand darstellt.

Zuschlagskalkulation: Kalkulationsverfahren, bei dem die Gemeinkosten auf die Einzelkosten mit Hilfe von Zuschlagssätzen aufgeschlagen werden.

Zweckaufwand: Teil des Gesamtaufwandes, der zugleich Kosten ist. Zweckaufwand = Grundkosten.

Literaturverzeichnis

Baetge, Jörg; Kirsch, Hans-Jürgen u. Thiele, Stefan: Bilanzen. 11. Aufl. Düsseldorf 2011.

Buchholz, Rainer: Internationale Rechnungslegung. 8. Aufl., Berlin 2009.

Bundesverband der Deutschen Industrie (BDI): Empfehlungen zur Kosten- und Leistungsrechnung. Bd. 1: Kosten- und Leistungsrechnung als Istrechnung. 3. Aufl., Köln 1991.

Coenenberg, Adolf G.: Unternehmensrechnung. München 1976.

Coenenberg, Adolf G.; Fischer, Thomas M. u. Günther, Thomas: Kostenrechnung und Kostenanalyse. 7. Aufl., Stuttgart 2009.

Eberlein, Jana: Betriebliches Rechnungswesen und Controlling. 2. Aufl., München 2010.

Ebert, Günter: Kosten- und Leistungsrechnung. 10. Aufl., Nachdruck, Wiesbaden 2008.

Ellinger, Theodor; Beuermann, Günter u. Leisten, Rainer: Operations Research. 6. Aufl., Berlin u. a. 2003.

Fandel, Günter u.a.: Kostenrechnung. 3. Aufl., Berlin/Heidelberg 2009.

Fisher, Irving: The Theory of Interest: as determined by impatience to spend income and opportunity to invest it. New York 1930.

Freidank, Carl-Christian: Kostenrechnung. Grundlagen des innerbetrieblichen Rechnungswesens und Konzepte des Kostenmanagements. 8. Aufl., München/Wien 2008.

Gau, Eberhard: Praxis der Kosten- und Leistungsrechnung. Bd. 1: Aufbau der Betriebsabrechnung. 3. Aufl., Freiburg 1984.

Götze, Uwe: Kostenrechnung und Kostenmanagement. 4. Aufl., Berlin/Heidelberg 2007.

Götzinger, Manfred K. u. Michael, Horst: Kosten- und Leistungsrechnung. Eine Einführung. 6. Aufl., Heidelberg 1993.

Gutenberg, Erich: Grundlagen der Betriebswirtschaftslehre. Bd. 1: Die Produktion. 24. Aufl., Berlin-Heidelberg-New York 1983.

Haberstock, Lothar: Kostenrechnung II. (Grenz-)Plankostenrechnung mit Fragen. 10. Aufl., Berlin 2008.

Horngren, Charles T.; Foster, George u. Datar, Srikant M.: Kostenrechnung. Entscheidungsorientierte Perspektive. 9. Aufl., München 2001.

Hummel, Siegfried u. Männel, Wolfgang: Kostenrechnung 1. Grundlagen, Aufbau und Anwendung. 4. Aufl., Nachdruck, Wiesbaden 2004.

Jacob, Herbert: Preispolitik. 2. Auflage, Wiesbaden 1971.

Juhl, Paulgeorg: Die Berücksichtigung von Unternehmensrisiken in der Kostenrechnung. „Kostenrechnungspraxis", o. Jg. (1982), S. 177–185.

Klopfer, Dieter: Kosten- und Erlösrechnung im Sparkassenbetrieb. Eine programmierte Unterweisung. Grundlehrgang. München 1971.

Körnert, Jan u. Wolf, Cornelia: Systemtheorie, Shareholder Value-Konzept und Stakeholder-Konzept als theoretisch-konzeptionelle Bezugsrahmen der Balanced Scorecard. „Zeitschrift für Controlling & Management", Wiesbaden, Jg. 51 (2007), S. 130–140.

Körnert, Jan: Der Managementansatz Deppes als konzeptionelle Basis einer zielgerichteten Unternehmensführung in Kreditinstituten. In: Th. Burkhardt, J. Körnert u. U. Walther (Hrsg.), Banken, Finanzierung und Unternehmensführung. Festschrift für Karl Lohmann. Berlin 2004, S. 207–231.

Lohmann, Karl: Kapazitäts- und Finanzierungswirkungen von Investitionen in abnutzbare Anlagegegenstände. In: W. Lücke u. K. Schulz (Hrsg.), Standort Deutschland. Wiesbaden 1991, S. 171–226.

Lohmann, Karl: Zur Bestimmung von kalkulatorischen Zinsen in Theorie und Praxis. In: Verband der Bauindustrie für Niedersachsen (Hrsg.), Festschrift für Egon Heinrich Schlenke. Hannover 1997, S. 121-130.

Moews, Dieter: Kosten- und Leistungsrechnung. 7. Aufl., München, 2002.

Müller-Merbach, Heiner: Einführung in die Betriebswirtschaftslehre für Erstsemester. 2. Aufl. München 1976.

Riebel, Paul: Kosten und Preise. 2. Aufl., Opladen 1972.

Rollberg, Roland: Operativ-taktisches Controlling. München 2012.

Samuelson, Paul A. u. Nordhaus, William D.: Volkswirtschaftslehre. Das internationale Standardwerk der Makro und Mikroökonomie. Übers. der 18. Aufl., Landsberg am Lech 2005.

Scherrer, Gerhard: Kostenrechnung. 3. Aufl., Stuttgart 1999.

Schmalenbach, Eugen: Pretiale Wirtschaftslenkung. Band 1: Die optimale Geltungszahl, Bremen-Horn 1947 und Band 2: Pretiale Lenkung des Betriebes, Bremen-Horn 1948.

Schmidt, Heino u. Wenzel, Hans-Heinrich: Maschinenstundensatzrechnung als Alternative zur herkömmlichen Zuschlagskostenrechnung? „Kostenrechnungspraxis", o. Jg. (1989), S. 147–158.

Schneider, Erich: Industrielles Rechnungswesen. 5. Aufl., Tübingen 1969.

Sieben, Günther u. Schildbach, Thomas: Substanz- und Kapitalerhaltung. Handwörterbuch des Rechnungswesens. 2. Aufl., Stuttgart 1981, Sp. 1511–1528.

Weber, Helmut Kurt u. Rogler, Silvia: Betriebswirtschaftliches Rechnungswesen. Bd. 2: Kosten- und Leistungsrechnung. 4. Aufl., München 2006.

Wedell, Harald u. Dilling, Achim Arno: Grundlagen des betriebswirtschaftlichen Rechnungswesens. 13. Aufl., Herne 2010.

Wedell, Harald: Grundlagen des betriebswirtschaftlichen Rechnungswesens. 6. Aufl., Herne 1993.

Wilkens, Klaus: Kosten- und Leistungsrechnung: Lern- und Arbeitsbuch. 7. Aufl., München/Wien 1990.

Wilkens, Klaus: Kosten- und Leistungsrechnung: Lern- und Arbeitsbuch. 9. Aufl., München 2004.

Wöhe, Günter u. Döring, Ulrich: Bilanzierung und Bilanzpolitik: betriebswirtschaftlich, handelsrechtlich, steuerrechtlich. 8. Aufl., München 1992.

Wöhe, Günter u. Döring, Ulrich: Bilanzierung und Bilanzpolitik: betriebswirtschaftlich, handelsrechtlich, steuerrechtlich. 9. Aufl., München 1997.

Wöhe, Günter u. Döring, Ulrich: Einführung in die Allgemeine Betriebswirtschaftslehre. 24. Aufl., München 2010.

Stichwortverzeichnis

Abschreibung 70, 82
- bilanzielle **21**, **23**, 29f., **35f.**, 88, 118, **178-181**
- kalkulatorische **21**, **22-28**, **35f.**, 55, 83, 88, 118, 167, **178-185**, 195f., 210, 226
- leistungsbezogene 42
- verbrauchsbedingte 51

Abweichung 32f., 43, 55, **171**, 173-175
- gemischte 172-175
- preisbedingte 172-175, 261
- verbrauchsbedingte 172-175, 261

Abweichungsanalyse 15, 171-175
Äquivalenzziffernrechnung 72, **76-78**, 100, **220f.**
Auftragseinzelkosten 53, 85, 94
Auftragsgemeinkosten 85, 94
Aufwand **18-22**, 31, 70, 88, **109f.**, 118, 177, 191, **195f.**, 208, 211
- neutraler 23f., 178f.

Ausgabe 18-20, 21f., 177f., 187
Ausgleichsrechnung 44
Auszahlung 18-20, 21f., 52, 177f.

Basisvariable **135**, **137-140**, 142, 144f., 151
Bedienungsverhältnis 85f., 88, **232-234**, **237**
Bereich, zulässiger **119**, 132
Bereichsgemeinkosten **58**, 215
Beschäftigung 26, **35f.**, 167f.
Bestandsbewertung 30, 206, 239
Betriebsabrechnungsbogen 69, **75f.**, 81, 225
Betriebserfolg, kalkulatorischer 104, 244
Betriebsergebnis 17f., **20**, 27, 30f., **40**, 55-58, 99, 108f., 111f., 117f., 122f., 125-130, 206-208, 244, 248
Betriebsergebniskonto 95-97, 203f.
Break-even 28, **203**

Controlling 2
Cost driver **92**, 94

Deckungsbeitrag 108, 110f., 113f., **117f.**, **122-125**, 127-130, 138, 164, 249-254
Deckungsbeitragsrechnung **108**, 110, 113f., 249, 251
Divisionskalkulation 39, **62-66**, 68, 108, 162, **218**, 247
- einstufige **63**, 66, 221
- zweistufige **64**, 219
- mehrstufige **65f.**, 220f.

Durchschnittspreisverfahren 45, 211
Dualvariable 128

Eigenfertigung 1, 112
Einnahme **5-7**, 9, 175
Einzahlung **5-7**, 9, 68, 175, 210
Einzelfertigung 70
Einzelkosten **24f.**, **35-37**, 108, 163, 219, 223, **228f.**, 232, 243
Endkostenstelle **76-78**, 103, 216-218, 225f., 243
Engpaß 110
Ergebnis
- kalkulatorisches **20-23**, 67, 99, 221
- neutrales **20**, 193-195

Ertrag 5-10, 175f.

Fertigungseinzelkosten **73-75**, 77, 85, 102, 231f., 236
Fertigungsgemeinkosten 76, 82f., 94, 229-233, 236f.
Fertigungslohn 83, 104
Fertigungszeit 118, 120, 125-130, 137
Fixkosten 29, 108, 113f., **163f.**, **204f.**, 247f., 264
Fixkostendeckungsrechnung **163-165**, 264
Fremdbezug 1, 112, 250, 253

Gemeinkosten **24f.**, **35-37**, 108, 163, 215, 219, 223, 228, 232f., 237

- primäre 87, 243
- sekundäre 87

Gemeinschaftskontenrahmen **19**, 21, 23, **41**, 43, 98

Gesamtkostenverfahren 29, 95f., 104-106, **204**, 245f.

Gleichungsverfahren 62, 78, 87, 216

Grenzkosten **26f.**, 196-201

Grundkosten **8**, 11f., 61, 178

Herstellkosten 74, 80f., 94, **100-105**, 108, 218-220, 228, 231, 236, 239, 244

Herstellungskosten 46, 89, **100-102**

Istkosten **37**, 168

Istkostenrechnung 37

Industriekontenrahmen 19

Jahresabschluß 18

Kalkulationsverfahren 39, 55, **63**, 68, 70, 86, 93, **99**

Kapazitätserweiterungseffekt 189

Kapitaldienst 180-182, **184**

Kapitalrentabilität **58**, 215

Kosten **1**, **5-8**, 19f., 24-26, 32, 34-37, 167, 171, 202f., 210, 216f., 248
- beschäftigungsfix 30, **36**, 109
- beschäftigungsvariable 30, **35f.**, 75, 210, 224, 228
- fixe **24-26**, 28f., 31f., 34-37, 80, 99f., **108**, **163**, 206, 264
- kalkulatorische 20, **41**
- leistungsmengeninduzierte 93f.
- leistungsmengenneutrale 93f.
- primäre 86f., 216-218
- sekundäre 86f., 217f.
- variable **24-26**, 32, 34-37, 80, 99f., 108, 206, 228, 248

Kostenarten 8, 19, **40**, **42**, 83, 210, 229

Kostenartenrechnung 39-41

Kostenauflösung 34, 80, 108

Kosteneinflußgröße 25f., 167, 209

Kostenfunktion **26f.**, 33

Kostenrechnungssysteme 92

Kostenstelle 19, 24, **39f.**, 43, **55**, 59-61, 65-69, 73-78, 92f., 216

Kostenstelleneinzelkosten 70, 75, 93

Kostenstellengemeinkosten 55, 75

Kostenstellenrechnung **39f.**, 43, 74, 86, 98, 102, 223

Kostenträger 19, **24**, 43, 70

Kostenträgereinzelkosten 42, 50, 70-72, 210

Kostenträgergemeinkosten 35f., 42, 50, 70-72, 210, 223f.

Kostenträgerrechnung 39, 43, 55, **63**

Kostenträgerstückrechnung 39f., **63**

Kostenträgerzeitblatt 95-97, 99, 103, 105f.

Kostenträgerzeitrechnung **39f.**, 95, 102, 104, 243, 245

Kuppelproduktion **35**, **89f.**, 228, 239

Lagerbestandsbewertung 95, 105, 108, 247f.

Leerkapazität 137

Leistung **1**, **5-7**, 10, 17f., 20, 39, 41, 95, 177, 198
- marktfähige 55
- vermögenswirksame 50-52

Leistungsverrechnung, innerbetriebliche 77, 226

Lenkungsrechnung **159-161**, 258, 261

Lohmann-Ruchti-Effekt 186

Maschinenstundensatzkalkulation 39, **80**, 82-86, 88, 96, **99**, 105, **229-233**, 235, 237f., 245

Maschinenlaufzeit 94, 116f., 119f., 124, 127-129, **238**

Materialeinzelkosten 73-75, 86, 101f.

Materialgemeinkosten 73f., 76, 82, 93f., 99f.

Materialkosten 39, **41f.**, **44f.**, 93, 101, 168-170, 210, 230f., 243, 245f.

Nettogeldvermögen **5-7**, 175

Nichtbasisvariable **135**, 138f., 144f.

Opportunitätskalkül 11, 180f.

Optimaltableau 137, 142-145, 148, 151f.

Optimierungsmodell 116, 121, 129

Personalkosten 18, 39, 41, 50-**54**, 68, 216, 222
Pivotelement **139-141**, 146-148, 151f.
Plankostenrechnung **37**, 167-169, 171, 264
Planungsrechnung 1f.
Preis-Absatz-Funktion 30, 207
Preisabweichung 44
Preisobergrenze 1
Preisuntergrenze 2, 27, **198**
Produkteinzelkosten 43
Programmierung, lineare **118**, 253, 255f.
Prozeßgröße 94, 240-242
Prozeßkosten 94
Prozeßkostenrechnung 39, **92-94**, 240f.
Prozeßkostensatz 94, **240-242**
Rechnungswesen **1**, **5**, 7, 58, 79, 171
Reinvermögen **5**, **7**, 175
Restwertmethode **89**, 239
Schattenpreis **128-130**, 132, 137, 142, 161, 256
Schlupfvariable **134**, 137f., 142, 150
Selbstkosten 2, 65, 67, **73-75**, 84, 86, 94, 231
Simplexmultiplikator **127**, 143, 145
Simplexverfahren **134-137**, 145f., 148, 150
Sollkosten 167
Sondereinzelkosten 41f., **210**, 243f.
Sortenfertigung 68
Standardoptimierungsmodell 135
Standardoptimierungsproblem **134**, 148f., 154
Stelleneinzelkosten 56, 72
Stellengemeinkosten 56, 72
Stückkosten **26-28**, 30, 62-64, 110, 113-115, 196-202, 208, 218f., 247, 250, 253
Substanzerhaltung, reproduktive 27f., 180, 183-184
Teilkostenrechnung 37, 108, 163
Tragfähigkeitsprinzip 239

Umsatzkostenverfahren 28-30, 95, 97, 102, 104, 201, **204f.**, 243f.
Unterbeschäftigung 101
Unternehmerlohn, kalkulatorischer **8**, 18, 22, 41, 52-54, 57, 71, 192, 194f.
Unternehmensergebnis **6**, **20**, 192f.
Verbrauchsfolge 47
Verbrauchsfolgeverfahren 46
Vermögen, kalkulatorisches 6f.
Verrechnungspreis 45, 59f., **159**, 161f., 212, 261, 263
Verteilungsmethode 89
Vertriebsgemeinkosten **73f.**, 81, 100
Verwaltungsgemeinkosten **73f.**, 81, 100
Vollkostenrechnung 37, 105f., **108**, 162
Vorkostenstelle 59f., 62, 76-78, 86f.
Wagnis 8, 17, 21, 37, 41, 191, 193f.
Wirtschaftlichkeit 44
Zahlungsmittel 6, 175
Zeitabschreibung **31**, 163, 208
Zinsen 100, 184
- betriebsbedingte 41
- kalkulatorische 14, **18**, 45, 58, 71f., 180, 184, 229
Zusatzkosten **8**, 11f., **20**, 100-102, 109, 178, 192, 194, 219f., 228f., 248
Zusatzleistung **10**, **20**, 177
Zuschlagskalkulation 39, 55, 63, **70f.**, 73, 75-77, 79f., 83, 85f., 88, 93f., 99, 103, 106, 223
Zweckaufwand **8**, 17